알고 드리는 **예배**
알고 듣는 **설교**

평신도가 알아야 할
예배·설교 상식

알고 드리는 **예배**
알고 듣는 **설교**

초판 1쇄	2021년 3월 25일
2쇄	2021년 5월 3일

지 은 이	정장복
펴 낸 이	김현애
펴 낸 곳	예배와 설교 아카데미
주 소	서울특별시 광진구 아차산로73길 25
전 화	02-457-9756
팩 스	02-457-1120
홈페이지	www.wpa.or.kr
등록번호	제18-19호(1998.12.3)

디 자 인	디자인집 02-521-1474
총 판 처	비전북
전 화	031-907-3927
팩 스	031-905-3927

ISBN	978-89-88675-91-5

값 24,000원

※ 본서의 저자 인세를 비롯한 모든 수익금은 예배·설교학을 전공하는
　신학생들을 위한 장학금으로 사용합니다.
※ 잘못 만들어진 책은 교환해 드립니다.

알고 드리는
예배
알고 듣는
설교

평신도가 알아야 할
예배·설교 상식

저자 **정장복**

독자님들에게 드립니다

세계인이 우러러보는 항목이 날이 가면 갈수록 증가하는 나라가 바로 우리나라입니다. 새로운 시대를 선도해 나갈 국가로서의 자질과 결과물들이 속속 등장하고 있습니다. 지구촌 곳곳에 고통을 안겨준 코로나19의 역병 가운데서도 우리 국민은 국제무대의 주목을 받으면서 놀라운 행진을 이어가고 있습니다.

한국교회 역시 많은 나라의 교회로부터 찬사를 받으면서 오늘에 이르렀습니다. 세계교회사의 석학이신 마삼락(Samuel H. Moffett) 교수는 한국교회의 5대 특성을 다음과 같이 말합니다. 첫째, 모이기에 힘쓰는 교회, 둘째, 성경공부에 최선을 다하는 교회, 셋째, 전도와 선교에 정성을 기울이는 교회, 넷째, 새벽을 깨우면서 기도에 힘쓰는 교회, 다섯째, 십일조의 예물을 충실히 드리는 교회입니다.

알고 드리는 예배, 알고 듣는 설교

실로 한국교회는 온전한 그리스도인들이 되기 위하여 위의 특성들을 지켜온 아름다운 전통을 가지고 있습니다. 이 특성은 "예수 그리스도님을 믿는 일과 아는 일에 하나가 되고 성숙한 사람이 되어 그리스도님의 충만하심의 경지에 다다르게 되는"(엡 4:13) 지름길임에 틀림이 없습니다.

그런데 문제가 있습니다. 하나님을 예배하고 설교를 경청하는 성실함은 대단한 수준인 데 반해 그 예배나 설교에 대한 기초상식이나 지식을 위한 교육이 거의 없는 형편입니다. 천주교에서는 새 신자 교육에 있어 예배자로서의 기본을 갖추게 하는 교육을 가장 우선시합니다. 그래서 천주교인들은 어떤 감언이설의 이단이 출현해도 좀처럼 움직이지 않습니다. 그러나 우리 개신교는 올바른 예배에 대한 교육이 제대로 이루어지지 않기에 언제 어디서나 찬송과 기도와 설교만 있으면 그것을 예배라고 믿고 따릅니다. 목사가 설교시간에 무슨 말을 해도 그것이 하나님 말씀의 대언(代言)이라고 받아들이고 '아멘'으로 화답합니다. 그 결과는 "사람의 속임수나 간사한 유혹에 빠져 온갖 교훈의 파도에 이리저리 밀려다니는 어린아이"(엡 4:14)의 모습을 벗어나지 못하게 됩니다. 무수한 이단들이 등장하여 신앙을 교란하고 교회에 막심한 손상을 입히게 됩니다.

그동안 저는 한국교회 선지동산에서 가장 빈약했던 예배·설교 분야를 정착시키고 교육하기에 여념이 없는 33년의 세월을 보냈습니다. 한국교회의 현실을 직시(直視)하면서도 평신도를 위한 예배·설교 분야의 교육은 손을 대지 못한 삶을 살았습니다. 한국교회 평신도들에게 무한한 책임과 죄스러운 심정을 안고 퇴역한 몸이 되었습니다.

5년 전 「평신도신문」에서 한국교회 평신도들을 위한 '예배·설교'에 관한 연재를 부탁받고, 이 귀한 청탁을 주님의 명령으로 알고 4년 동안 정성을 기울였습니다. 마침내 이 작은 종의 꿈이 450쪽에 이르는 책이 되어 한국교회 평신도들을 만나게 되었습니다.

이제는 평신도들이 예배와 설교에 대한 기초적인 상식과 지식을 갖추게 되었습니다. 목회자들은 맹종하는 성도들이 아니라, 성숙한 성도들을 섬기는 단계에 올라서게 되었습니다. 하나님이 원하시는 예배를 드리고, 하나님의 말씀을 올곧게 경청하는 평신도들이 되는 데 본서가 일조할 수 있게 되었습니다. 한국교회 평신도를 위해 처음으로 펴낸 본서가 "유식한 평신도"를 양육하는 막중한 소임을 수행할 수 있으리라 확신합니다.

우리 주님이 다시 오실 때까지 하나님이 기뻐하시고 영광 받으시는 예배가 한국교회에 충만해야 합니다. 동시에 하나님의 말씀이 올바로 선포되고 해석되며 우리의 삶에 바르게 적용되어 하늘나라 시민의 수준에 올라서야 합니다. 이제 목회자와 평신도들이 함께 힘을 모아 예배 우등생(The True Worshipers)이 되는 결실을 맺어야 합니다. 하나님은 지금도 "영과 진리로 예배하는 자들"을 찾고 계십니다.

본서가 독자들을 찾게 되기까지 함께 땀 흘린 분들에게 감사의 뜻을 표합니다. 지난 4년 동안 본서의 내용을 「평신도신문」에 연재하도록 하신 "평신도신문사"의 김용재 사장과 최호철 전무를 비롯하여 본서의 편집과 기획을 맡아 출판해 준 "예배와 설교 아카데미"의 김현애 대표와 윤혜경 편집장, 그리고 집필의 과정에 교정을 계속하여 맡아준 나의 연구조교 최영국 목사에게 고마움의 뜻을 보냅니다.

특별히 은퇴 후에 개인 공간으로 쓸 수 있는 연구실을 마련해 주면서 집필을 독려해 준 나의 인생 조련사이며 반려자인 김준희님께 고마움의 뜻을 담아 본서를 안겨드립니다.

끝으로, 허물이 많은 미천한 몸인데 이 소중한 작업을 맡겨주신 하나님께 "나의 나 된 것은 하나님의 은혜로 된 것"(고전 15:10)임을 머리 숙여 다시 고백합니다. 그리고 외칩니다.

"하나님 곧 우리 아버지께 세세 무궁하도록 영광을 돌릴지어다 아멘"(빌 4:20)

2021년 부활절에
예설멘토링센터에서

목차

2부 알고 듣는 설교

평신도가 알아야 할
예배·설교 상식

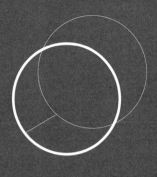

1부
알고 드리는 예배

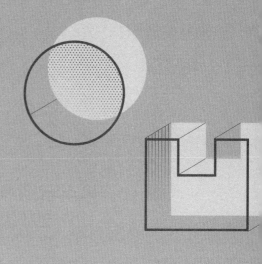

1장

평신도가 알아야 할 예배의 기본 원리

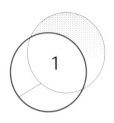

그리스도인의 제일 된 목적을
먼저 살핀다

오늘을 살고 있는 많은 사람들이 일차적으로 추구하는 목적은 안정된 의식주의 정착이다. 그 목적이 성취되면 부의 축적과 함께 남이 우러러보는 명예와 섬김을 받는 권세의 자리를 향하여 질주한다. 그러나 예수님을 통하여 십자가 진리를 깨닫고 하나님의 자녀가 된 성도들은 그 삶의 방향과 목적이 달라진다. 하나님을 모르는 사람들과 동일한 사회에서 살게 되지만 그들의 특유한 목적으로 인해 그들의 언행심사(言行心事)는 그 질과 모습에 있어 확연히 차원을 달리한다. 그리스도인들은

알고 드리는 예배, 알고 듣는 설교

자신들의 삶의 주인을 자신으로 여기지 않고 성삼위일체 되신 하나님을 주인으로 섬긴다. 그리고 그 하나님이 명령하신 것을 생의 최우선으로 맞이하고 그 안에서 기쁨과 감사의 희열을 느끼며 살아간다.

하나님은 그리스도인들이 추구해야 할 최선의 목적을 다음과 같이 정확하게 밝히신다.

"너희가 먹든지 마시든지 무엇을 하든지 다 하나님의 영광을 위하여 하라"(고전 10:31).

이 말씀의 핵심은 "하나님의 영광을 위하여"이다. 이 명령이 함축하고 있는 의미는 매우 엄격하다. 인간이 무엇을 하든지 하나님의 영광을 최우선으로 하여야 한다는 준엄한 명령이다. 이 말씀에 근거하여 개혁교회 신학의 원조인 장 칼뱅은 1541년 작성한 기독교 교리에 "인간의 제일 된 목적은 무엇인가?"라는 질문을 첫 출발로 삼았다. 그리고 1541년 장로교의 원조인 스코틀랜드교회(Church of Scotland)는 웨스트민스터 요리문답을 완성하면서 동일한 질문을 맨 앞에 두고 다음과 같은 답을 하고 있다.

"인생의 제일 된 목적은 하나님을 영화롭게 하고 그를 영원토록 즐거워하는 일이다."

여기서 우리는 "하나님을 영화롭게"라는 말과 "영원토록 그를 즐거워하는 일"에 대하여 깊은 관심을 기울이고 진지하게 다루어야 한다. 무엇을 해야 하나님이 존귀함을 받으시고 그 이름이 세상에 빛나게 될 것인지를 생각해야 한다. 성숙한 그리스도인에게 주어진 과제는 무엇을 어떻게 하는 것이 하나님을 기쁘시게 모시는 일인지를 깊이 생각하고 기원하는 일이다.

우리의 주님이시요, 그리스도이신 예수님은 어느 서기관이 "모든 계명 중에 첫째가 무엇이니이까?"라고 물을 때, "첫째는 이것이니 … 네 마음을 다하고 목숨을 다하고 뜻을 다하고 힘을 다하여 주 너의 하나님을 사랑하라"(막 12:29-31)고 대답하셨다. 이 가르침은 십계명의 전반부를 요약한 말씀이다. 십계명 전반부의 내용은 "오직 하나님만 예배하라"는 명령이었다. 어떤 신이나 우상이나 형상을 만들어 예배하는 행위에 대해 엄금하는 내용이다. 그 깊은 뜻을 예수님은 우리의 마음, 목숨, 뜻, 힘을 다하여 하나님만을 사랑하는 것임을 밝히고 있다.

그래서 그리스도교 역사는 수천 년을 지나오면서 교회의 많은 부분에 변화를 가져왔지만, 하나님을 예배하는 일에는 변함이 없었다. 오히려 하나님을 영화롭게 하고 그 하나님을 반기는 예배에 더 많은 열정을 쏟으려는 노력이 더 깊어만 갔다. 진정 하나님을 향하여 온 정성을 모아 예배하는 것이 하나님의 자녀들이 최우선으로 해야 하는 의무이며 책임이었다.

그런데 최근 예배의 초점이 흐려지고 있다. 넘쳐나는 물질문명의 발

알고 드리는 예배, 알고 듣는 설교

달, 첨단과학, 과거와는 비교할 수 없는 각종 기술의 개발 등이 현대판 바벨탑으로 솟기 시작하면서 인생의 제일 된 목적이 변질되고 있다. 하나님만을 뜨겁게 예배하라는 명령이 들리지 않는 현실이다. 복음의 진리가 세속에 합류되거나 감추어지면서 하나님을 향한 관심과 눈길들이 떠나고 있다. 그리스도인이 갖추어야 할 인생의 제일 된 목적이 실현되는 예배의 현장이 많이 달라지고 있다. 하나님만이 초점이 되고 대상이 되어야 할 예배가 그 빛을 잃어가고 있다. 하나님보다 인간의 심성에 아부하는 예배의 탈선이 극심하다. 하나님의 존전이라고 느끼기 힘들 정도로 우리의 예배는 인간 본위의 예배로 전락하고 있다. 예배의 본질이 무엇인지를 알아보려 하지 않는다.

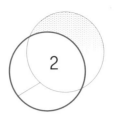

예배에 대한 가르침을 구했던
사마리아 여인을 보라

예수님께서 예루살렘을 떠나 갈릴리로 가기 위해서는 사마리아를 통과하셔야 했다. 예수님 일행은 대낮의 따가운 사막 길을 잠시 멈추고 수가라는 동네의 유서 깊은 야곱의 우물가에서 피로를 풀고 계셨다. 그때 물을 길러 온 사마리아 여인과 대화를 나누셨다. 대화를 통하여 예수님이 선지자임을 깨달은 여인은 대뜸 예배에 대한 질문을 던진다. 이 장면을 주의 깊게 보면 평소에 여인이 하나님을 향하여 바르게 예배드리기를 열망했음을 보게 된다. 여인의 질문은 올바른 예배 장소에 대한

알고 드리는 예배, 알고 듣는 설교

것이었다. 그러나 예수님은 "너희는 알지 못하는 것을 예배하고 우리는 아는 것을 예배하노니…"(요 4:22)라는 한 차원 높은 대답을 하신다. 이 말씀은 마치 예배의 대상을 말하는 것처럼 보이나 벵겔 주석에서는 이 말씀을 "너희는 어떤 예배를 드리고 있는지 모른다. 우리는 우리의 예배가 무엇인지 안다"는 매우 적절한 해석을 하고 있다.

보여주신 이 대화의 장면을 통하여 무명의 사마리아 여인이 취하였던 예배에 대한 깨달음이 얼마나 시급하고 중요한지를 알게 된다. 예수님은 예배를 드리는 장소보다 예배의 본질과 진정성을 강조하시면서 예배는 성부 하나님께 드리되 성령님의 역사 아래 예수 그리스도님으로 말미암아 성취된 진리 안에서 예배해야 함을 가르치셨다. 여기서 우리는 예배 현장에 참여하면서 "나는 과연 예배에 대한 지식을 얼마나 소유하고 예배를 드리고 있는가?"라는 질문을 진지하게 되새겨보아야 한다.

사실 개신교는 지금까지 새 신자가 등록하면 먼저 교리에 집중하여 교육하면서 자신들의 교회생활을 알리는 데 주된 관심을 보인다. 하지만 가톨릭교회는 예배(미사)에 대한 교육을 최우선으로 삼는다. 바로 예배의 절차, 그리고 순서마다 갖는 의미를 가르치는 데 주안점을 둔다. 그러나 한국의 개신교는 새 신자를 향한 예배교육이 거의 전무한 상태이다. 그 결과 토속신앙이나 재래종교에 익숙해 있는 소원성취, 무병장수, 부귀영화를 추구하는 방편으로 예배 행위를 계속하는 경우가 많다. 이는 대상만 다를 뿐 타종교에서 행한 예배 심성의 연속이며, 그리스도교 예배에서 용납할 수 없는 위험한 행위까지 보이는 경우가 많다.

성숙한 그리스도인들은 예배를 바르게 학습해야 한다. 우선 예배를 자신의 말로 설명할 수 있는 지적인 바탕을 위해 다음 몇 가지 항목이 필요하다.

1) 예배의 중요성이 얼마나 지대하고 그 당연성이 무엇인가?

2) 성경에서 예배를 위한 가르침이 어떠하며, 자신이 어떤 신분으로 누구에게 예배를 드려야 하는가?

3) 그리스도교 역사에서 예배는 어떻게 시작되었고, 어떻게 발전하여 오늘에 이르렀는가?

4) 예배에서 갖추어야 할 올바른 신학적 소양, 마음가짐, 자세는 어떻게 해야 하는가?

5) 예배의 원리와 실제적인 절차를 구체적으로 이해하고 있는가?

6) 자신들이 드리는 기도의 내용이나 찬양의 원칙은 무엇인가?

7) 하나님을 예배하는 공동체의 일원으로서 그 사명은 무엇인가?

한국교회는 인구의 10%가 기독교인이면서도 이 사회에서 그리스도의 향기를 내지 못하고 오히려 부정적인 비판을 받고 있다. 그것은 그리스도인이라는 이름은 있으나 그 삶의 장에서 전혀 성도로서 그 빛을 발하지 못하기 때문이다. 그러한 성도들을 가리켜 흔히 '교회를 가보는 사람(Churchgoer)' 또는 '주일 성도(Sunday Christian)'라고 부른다. 그 이유는 예배를 통하여 성삼위 하나님을 뵙고 삶의 의미와 목적이 늘 새롭게 다짐되지 못하기 때문이다. 결국 구원의 감격이 없이 교회를 다니고 예배하는 생활이 습성화(習性化)되어 버린 결과이다.

그 원인은 다양하게 규명될 수 있지만 제일 우선되는 항목은 예배를 위한 교육의 부재 때문이다. 예배를 인도하고 성례전을 집례하는 목회자들의 예배에 대한 학습의 결여가 심각하다. 설교만이 예배의 전부로 아는 단편적인 예배 지식이 한국교회 예배의 원리와 실상을 정상적인 궤도에 올려놓지 못하고 있다. 이러한 환경에서 예배생활을 계속한 한국교회의 평신도는 더욱 심각한 지경에 이르렀다. 교회마다 수적인 성장에 민감하고 예배교육을 등한히 해 왔던 결과가 속속 나타나고 있다. 이런 상태가 계속 이어진다면 교회의 정체성이 흐트러지고 바른 예배의 길이 보이지 않게 된다. 수가의 사마리아 여인이 올바른 예배를 갈망하다가 예수님을 뵈었을 때 바른 예배의 방향과 내용을 알고 싶어 가르침을 청했던 그 기록을 보면서 우리는 깊은 교훈을 새롭게 새겨야 한다.

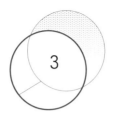

종교개혁의 불길은
예배의 열기에서 확산되었다

1054년 하나였던 교회가 동·서방교회로 갈라선 지 363년이 지나자 또다시 분열을 낳았다. 서방교회, 곧 로마 가톨릭교회는 '영원한 로마'의 막강한 정치·군사·경제를 등에 업고 천하를 호령하는 교회로 군림하였다. 동방교회를 능가하고 세계를 지배하는 교회로 군림했을 때, 그들의 교회와 예배는 그리스도교의 본질을 벗어나 탈선을 거듭하는 일들이 일어나기 시작했다. 그래서 교회가 달라지고 예배가 달라져야 한다는 함성이 도처에서 형성되고 있었다.

에딘버러 대학교수였던 맥스웰(William Maxwell)은 그의 명저 『예배의 발전과 그 형태』에서 그 당시의 예배 현장을 상술하면서 다음과 같은 의미심장한 말을 남겼다. 그의 말을 음미해 보면 예배하는 사람들이 종교개혁의 필요성을 얼마나 갈급해했는지를 알게 된다.

"16세기 초 서방교회에서 집례된 성찬은 하나의 연극적인 장면이었다. 그것은 성찬성례전이기보다 화체(化體)의 기적으로 절정을 이루었고, 순수치 못한 미신적 경배 속에 행해졌다. 미사는 알지 못하는 언어 속에서 청취를 불능케 했고, 설교는 무덤 속으로 퇴락되었으며, 대부분의 교구 신부들은 설교를 하기에 너무 무식하였다. 성경말씀이 봉독되어야 할 부분은 성자들의 생활담과 전설로 채워졌고, 성경은 예배에 참여한 사람들의 모국어로 전달되지 않았다. 그리고 미사의 헌금과 면죄부의 구입은 성직매매와 착취의 근원이 되었다. 그러기에 종교개혁은 시급하고도 필연적이었다."

마틴 루터가 선봉장이 되어 1517년 10월 31일, 비텐베르크 성 성당 대문에 내걸었던 "95개조 반박문"이 종교개혁의 불을 붙인 것은 역사적인 사실이다. 그러나 개혁의 불길이 이신칭의와 같은 신학적 주장 때문이었다는 견해는 매우 단편적이다. 개혁의 불길이 단시간에 확산된 것은 맥스웰의 주장처럼 무엇보다도 신앙이 꽃피는 예배 현장이 그 주역의 장이었다. 교통이나 통신수단이 열악했던 16세기 초에 그렇게도

신속하게 개혁의 불길이 확산되었던 이유는 예배의 현장에서 변화를 경험한 성도들의 추종 때문이었다. 지금까지 알아듣지 못하는 언어로 진행된 형식 위주의 예배에 지적인 기능은 작동을 멈춘 지 오래였다. 오직 하나님의 자녀 된 신분을 지키기 위해 주어진 예배 의무를 반복하는 예배가 있었을 뿐이었다. 그러나 종교개혁의 불길이 예배 실상을 새롭게 밝힐 때 하나님을 뵙는 감격이 솟아오르게 되었고, 종교개혁의 광채는 온누리에 가득하게 되었다.

예배의 현장에 어떤 부분들이 달라졌기에 그렇게도 뜨거운 반응을 불러일으키면서 개혁의 불길이 삽시간에 확산되고 종교개혁이라는 거대한 역사의 줄기가 생성되었는지 재음미해 본다. 새롭게 생성된 예배의 열기가 바로 오늘의 개신교가 드리는 예배의 새로운 뿌리로 활착되었기에 그 의미가 매우 크다.

1) 무엇보다도 최우선적인 요인은 예배에서 사용된 언어가 라틴어 일변도에서 자신들의 모국어로 바뀌게 됨으로 밝고 시원한 예배의 감각과 감동을 경험하게 되었다. 소통되지 않는 언어로 진행된 예배에서 아무런 메시지를 받을 수 없었던 성도들은 모국어로 집례된 예배에서 열화와 같은 반응을 보였다.

2) 오직 미사(성찬성례전)만 고집하는 예배에 자신들의 모국어로 말씀 선포(설교)가 이루어지자, 성도들은 완전히 새로운 예배의 세계에서 깊은 감동에 젖어 "하나님과의 만남"을 이룩하였다. 초

대교회가 예배 때마다 말씀과 성찬예식을 병행했던 예배 전통을 회복하는 감회가 성도들의 가슴을 울렸다.

3) 특별히 모국어로 번역된 성경을 스스로 읽고 깨달음에서 복음과의 만남이 생생하게 이루어졌다. 그리고 말씀의 종교로서 정체성을 이루게 되는 새로운 세계를 체험하면서 종교개혁의 진수를 깨닫게 되었다.

4) 초대교회 예배에서 각광을 받지 못했던 성모 마리아 숭배와 성인들을 경배하는 행위에 대한 재평가와 더불어 온 마음과 뜻과 정성을 다하여 하나님만을 예배해야 한다는 성경의 가르침이 새로운 신앙의 시각을 열어주었다.

5) 그동안 하나님과 예배자들의 중간 존재로 군림한 사제들 앞에서 가졌던 고해성사와 같은 과정이 생략되고, 하나님 앞에 직접 죄를 고백하고 용서의 확신을 갖게 된 감격이 하나님을 가까이하는 새로운 동기부여를 안겨주었다.

이상과 같은 주요 항목들은 성도들의 예배 열의를 더욱 뜨겁게 하였을 뿐만 아니라, 종교개혁을 추종하는 성도들의 열정이 예배를 통하여 잠자던 영의 세계를 깨우치게 하였다.

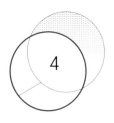

새롭게 음미해 보는
예배의 깊은 뜻

예배자들이 예배 역사의 뿌리를 모르고 산다는 것은 과거와 단절된 삶을 사는 것과 같다. 그래서 지난 강의들은 개신교 예배 역사의 줄기를 찾는 데 주안점을 두었다. 구약과 신약에서 찾아본 예배의 근본을 비롯하여 로마의 핍박기와 신앙의 자유가 주어졌을 때의 예배의 실상, 그리고 종교개혁이 가져온 개신교의 다양한 예배의 전통과 18세기 이후에 생성된 교단들의 예배에 이르기까지 예배의 역사와 그 변천사를 살펴보았다.

21세기에 접어들면서 교단마다 전통과 특색이 있었던 개신교의 예배 형식은 그 경계선이 거의 지켜지지 않고 있다. 장로교가 주종을 이루는 한국교회인데 예배의 현장에서는 오순절교회의 양태가 빈번히 나타나고 있다. 그런가 하면 예배의 엄숙함과 형식이 철저했던 영국국교회의 뿌리를 둔 교단인데 그 흔적이 보이지 않는 현실이다. 동일한 교단임에도 지교회마다 자신들의 취향에 맞게 예배 형식을 취하고 있다.

이러한 현상은 교단마다 자신들의 교리교육에는 철저했으나 신학교육에 필수가 되어야 할 예배학이 1980년대 후반에 겨우 시작된 것이 그 원인 중에 하나이다. 그러나 본 강의에서는 이러한 실태의 원인을 분석하는 데 초점을 두지 않고, 오직 평신도들이 갖추어야 할 올바른 예배의 상식과 근본을 찾아 바른 예배의 길을 찾는 데 목적을 두고 있다.

한국에서는 예배 전통이 각기 다른 교단들이 한자리에서 예배를 드려도 전혀 거부감이 없을 정도로 자신들의 예배 전통이나 정체성에 무관심하다. 이러한 현장에서 오히려 상실감을 느낄 수도 있다. 그러나 하나님을 향한 예배라는 큰 틀에서는 그러한 부정적 감정의 소유보다는 성삼위일체 되신 하나님의 동일한 백성의 신분으로 정성을 다하여 하나님을 예배하는 일이 최우선되어야 한다. 이러한 성숙한 자세를 갖춘다면 그리스도교의 예배는 한 차원 높은 긍정적인 자세를 견지할 수 있다. 그러기 때문에 모든 그리스도인들이 올바른 예배의 인식을 갖추고 하나님 앞에 나아가는 것이 무엇보다도 우선적이어야 한다.

그러한 의미에서 이제부터 예배자들이 알아야 할 예배의 기본 뜻과 내용을 파악하는 데 관심을 기울이고자 한다. 첫 번째 단계로서 예배의 정의(定義, Definition)이다. 예배하는 이들이 예배의 뜻을 명백히 알고 드리는 것은 하나의 의무이다. 알지 못하고 관습적으로 예배의 현장에 앉아 있는 것은 "네 마음과 뜻과 정성을 다하여" "영과 진리"로 예배하라는 주님의 명령을 지키지 않는 행위이다. 그리고 그것은 곧 예배의 본질을 망각한 안타까운 일이다.

예배의 근본 뜻을 파악하는 데 있어서 유의해야 할 점은 교단마다 자신들의 예배에서 강조하는 부분들이 예배의 전체적인 환경을 조성하기 마련이다. 예를 들어, 어떤 교단의 예배는 경배와 찬양에 강조점을 두는가 하면, 어떤 교단은 말씀에 주안점을 둔다. 또는 성령님의 역사에 강조점을 두면서 기도, 방언 또는 예언을 예배의 으뜸가는 방편으로 삼고 신비한 체험에 예배의 보람을 느끼기도 한다.

그러나 그러한 단편적인 경험이나 지식을 가지고 그리스도교의 예배를 이해한다면 그것은 바로 예배의 탈선과 직결되는 결과를 초래한다. 우리는 성경에 뿌리를 두고 신학적으로 타당성이 있는 예배의 이해가 필요하다. 그럴 때 성삼위일체 되신 하나님을 예배하는 그리스도교의 특수성이 살아 움직이게 된다. 그 특수성은 다음과 같은 예배 정의에서 다시 확인할 수 있다.

예배란 하나님과 그 백성 사이에 발생한 경이로운 사건(event)이다. 그 백성들이 하나님이 주신 창조의 은총과 예수 그리스도님을 통하여 주신 구원의 은총을 깨닫고 감격하여 드리는 응답의 행위이다. 그 응답의 내용은 주로 경배, 찬양, 감사, 참회, 봉헌, 간구이다. 하나님은 그 백성의 응답을 받으시고 선택하여 훈련시키시고 온전히 헌신한 종을 통하여 말씀과 성례와 강복을 선언하게 하신다.

이 정의는 예배를 인생의 제일 된 삶의 이정표로 삼고 살아가려는 성도들에게 매우 깊은 의미를 보이고 있다. 바로 우리가 드리는 예배에 대한 확고한 이해가 빈약할 때 우리의 예배는 중심을 잃게 된다.

5

성례전에 대한 올바른 이해는
성숙한 그리스도인의 큰 과제이다

세계교회 앞에 큰 자랑이었던 한국의 개신교가 성장을 멈추고 있다. 하강 길을 매우 빠른 속도로 달리고 있다는 통계는 뜻이 있는 그리스도인들로 하여금 초긴장을 하도록 만든다. 생각하면 어느 때보다도 목회자가 차고 넘치고, 화려한 예배당이 경쟁하듯 즐비하게 세워지고, 유창한 설교들이 가득하고, 재정적인 능력이 대단한 수준임에도 불구하고 예배하는 교인들이 줄어들고 있다는 보도는 선뜻 이해가 되지 않는다. 돌이켜보면 한국교회는 어느 나라 교회보다 모이기에 힘쓰는 교회였다. 뿐만 아니라 새벽을 깨우는 기도의 열심, 세계교회가 우러러보는 선교와 전도의 열정, 성경을 애독하고 공부하는 열심, 십일조를 바치는 실천적인 신앙 등이 탁월하다. 그럼에도 마이너스 성장이 해마다 거듭된다는 사실은 이해하기 힘들다.

그러나 한국의 가톨릭교회는 오히려 흔들림 없이 성장하고 있다. 그들은 1976년에 『공동번역』 한글성경을 한국 천주교 역사상 처음으로 만나게 되었다. 그전까지 일반 신도들은 성경을 소유하거나 읽을 길이 없었다. 그리고 1965년 제2차 바티칸 공의회 결의문이 나오기 전까지는 예배 가운데 설교도 없었다. 개신교회와 같은 다양한 예배나 새벽기도회나 주기적인 부흥회도 없었다. 그러함에도 불구하고 개신교 신도들이 천주교로 옮겨가는 비율이 상대적으로 높다. 대표적인 분석 중 하나로, 매스컴에 가끔 보도되는 개신교 목사들의 비윤리적이고 비신앙적인 행위들에 반하여, 천주교 신부들의 성스러운 면과 사회정의를 향한 바른 소리 등을 그 강점으로 지적한다. 여기에서 우리는 그들이 행하는 예배의 내용을 눈여겨볼 필요가 있다. 그것은 그들이 전통적으로 지켜온 성례전에 관한 의식(儀式)과 내용이다.

개신교는 종교개혁을 실천하면서 세례와 성찬만을 성례전으로 지키고 있다. 그러나 천주교는 7성례전을 변함없이 지키고 있다. 7성례전은 "세례", 세례교인이 완전한 신자가 되도록 하는 "견진성사(堅振, Confirmation)", 개신교의 성찬성례전과 같은 "성체성사(聖體, Eucharist)", 신부를 세우는 "신품성사(神品, Ordination)", "혼인성사(婚姻)", 일 년에 일 회

이상 사제들 앞에서 죄를 고백하는 "고백성사(告白, Penance)", 죽음에 임박한 환자를 위한 "병자성사(病者, Anointing of the Sick)"이다. 이러한 성례를 고수하고 있는 천주교의 각종 성사를 살펴보면, 그것은 단순한 언어 위주의 사역이 아닌 제의(祭儀)적 감각을 가지고 하나님과 밀접하게 연접된 신앙을 이어가는 예식이다.

성사(聖事)란 개신교의 성례전(聖禮典)과 같은 말이다. 이 말은 새크라멘툼(sacramentum)이라는 라틴어에서 유래한 말로 병사가 로마 황제 앞에 놓인 성화(聖火)를 보면서 손을 들어 "황제를 위하여 나의 생명을 바쳐 충성을 다하겠다"고 맹세하는 의식을 가리키는 말이었다. 이 의식을 눈여겨보던 3세기의 교부이자 평신도 신학자로서 '삼위일체'라는 신학용어를 최초로 사용한 바 있는 터툴리안(Tertullianus)은 이 용어를 교회의 성례전에 도입하였다. 그래서 우리 개신교의 세례성례전의 영어 표기는 "Sacrament of Baptism"이고, 성찬성례전은 "Sacrament of Eucharist" 또는 "Lord's Supper"이다.

이제 설교만을 예배의 전부로 여겨온 개신교가 성례전이 가지고 있는 신학적 의미를 새롭게 음미해 볼 필요가 있다. 초기 기독교의 예배는 말씀의 예전(Liturgy of Word)과 성찬성례전(Liturgy of Lord's Supper)으로 구분되어 있었다. 1부 말씀의 예전이 끝나면 세례교인들만 남아서 2부 성찬성례전에 참여하였다. 하나님의 백성으로 인침을 받은 세례교인들은 성찬성례전에서 주님의 성체와 보혈을 받으면서 감격의 눈물을 흘렸다. 그리고 모두가 한마음, 한 정신으로 다음의 말씀을 다짐하였다.

"누가 우리를 그리스도의 사랑에서 끊으리요 환난이나 곤고나 박
해나 기근이나 적신이나 위험이나 칼이랴"(롬 8:35)

이러한 예배의 역사를 바르게 이해했던 루터나 칼뱅은 세례의 존엄
성을 강조하고 매주일 예배에서 성찬성례전을 엄수할 것을 주장하였
다. 실질적으로, 성도들이 주일예배에서 말씀을 경청하고 성찬성례전
을 엄수하는 것은 교회가 존속하는 힘의 근원이 되었다. 한국교회가 새
로운 힘을 얻어 소생하는 길은 그동안 단순한 관행으로 여겨온 성례전
에 관한 새로운 관심을 갖는 일이다. 그 이유는 그리스도인들의 올바른
성례전의 이해와 실천이 한국교회를 갱신할 수 있는 지름길이 될 수 있
기 때문이다.

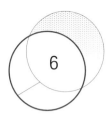

언제나 올바른 이정표를 보면서
예배해야 한다

코로나19라는 역병이 지금 세계인들의 생명을 위협하는 수위가 너무 높아 매일 긴장하고 있다. 모든 나라의 일상을 멈추게 하고 사회와 경제와 가정에 심각한 피해를 끼치고 있다. 그 와중에서도 교회가 가장 큰 고통을 겪으면서 신음을 내고 있다. 그 이유는 역병의 확산을 막기 위해 교회의 생명인 예배를 예배당에서 드릴 수 없다는 규제 때문이다. 한국교회는 세계의 어느 교회보다 모이기에 열심을 다하는 교회이기에 예배를 함께 드릴 수 없다는 것은 참으로 수용하기 힘든 부분이다.

최근에 한국교회가 사회로부터 눈총을 받으면서 매우 어려운 국면에 접어들었다. 그것은 예배라는 이름으로 여기저기 몰려다니는 무절제한 성도들의 집단행동으로 인하여 코로나19 확진자를 양산하고 있기 때문이다. 이제는 시민들이 교회를 이 역병의 진원지처럼 여기면서 싸늘한 눈길을 보내고 있다. 2020년 3월에 신천지라는 이단에 의하여 대구에서 집단 발병을 일으켜 온 국민을 공포에 몰아넣었는데, 8월 12일에 사랑제일교회에서 확진자가 나오면서 1,168명이라는 감염 확산을 가져왔다. 이로 인하여 멀쩡한 교회들마저 비대면 예배만 계속해야 한다는 정부의 강력한 방침이 나오게 되고, 교회는 심각한 고통을 겪고 있다.

눈을 뜨고 그 실상을 파헤쳐 보면 모두가 예배의 고유한 특성이나 기본적인 규칙을 모르고 예배에 참여하는 성도들의 책임이 크다. 언제나 올바른 예배에 대하여 이해가 부족한 성도들의 맹종이 문제를 유발한다. 자신이 몸담은 교회의 목사가 예배라는 이름만 붙이면 아무런 분별없이 맹종하면서 '아멘', '할렐루야'를 연발하는 현실이 참으로 안타까운 일로 여겨지고 있다. 심지어는 물불을 가리지 않고 목사의 말을 따르는 성도들만 '생명책'에 기록하겠다는 이단적인 말에도 '아멘'의 함성을 높인다. 그 모임이 목회자의 입신출세를 위하여 예배라는 이름으로 자신의 뜻을 펼치는 행위임에도 불구하고, 그것을 수용하는 추종자들이 과연 하나님을 위하여 예배하는 성도들인지 의심하지 않을 수 없다. 이제는 뜨거운 열심만 가지고 말씀을 외치고, 힘차게 찬송을 부르

고, 기도의 함성을 내뿜는 것만이 참되게 예배하는 성도들의 바른 길인
지를 심사숙고해야 할 때가 되었다. 이제는 참 목자와 거짓 목자를 분별
할 수 있는 기본 상식과 지식을 갖추어야 한다.

성도들이 마음에 새겨야 할 예배의 중요한 지침은 대한예수교장로
회(통합) 총회가 2008년 채택한 『예배·예식서』(24-26쪽)에 잘 밝히고 있
다. 필자는 이 『예배·예식서』를 펴낸 "총회 예식서 개정위원회" 위원장
으로 섬기면서 다음과 같은 예배의 이정표를 제시하였다.

먼저, "예배를 위한 지침"으로 (1) 하나님을 예배하는 성도들은 온
전히 영과 진리로 정성을 다하여 타의가 아닌 자의적인 예배가 되
도록 온 힘을 기울여야 한다. (2) 공적인 예배를 인도하는 사람은
하나님이 기뻐하시는 예배가 되도록 최선을 다해야 할 막중한 책
임을 져야 한다. (3) 오늘의 개혁교회가 말씀 중심의 예배로 정착
되었으나 초대교회의 전통을 따라 성찬성례전을 자주 하는 예배
가 되도록 노력해야 한다. (4) 모든 성도들은 하나님을 기쁘시게
해 드리는 예배를 삶의 중요한 목표로 삼고 예배의 생활화에 힘
써야 한다. (5) 어떠한 경우에도 예배가 인간을 대상으로 하는 일
이 없게 하기 위해 예배와 예식을 구분하여 그 명칭부터 주의해야
한다.

둘째로, "예배의 기본적인 신학과 구조"로서 (1) 장로교 예배신학
의 전통은 말씀과 성찬성례전을 중심으로 했던 초대교회에 뿌리

를 두어야 한다. (2) 진정한 예배는 단순히 열심만을 나타내는 것에 그치지 않고, 뜨거운 구원의 체험이 표현되고, 하나님을 기쁘시게 해 드리는 신앙의 표현이 있어야 한다. (3) 예배란 마음의 뜻과 정성을 다하는 총체적 표현이 있어야 한다. (4) 이상과 같은 원칙 아래 초대교회가 지켰던 예배 전통을 이어가야 한다. 즉, 주님이 부활하신 날에 모두가 모여서 위대한 구속의 역사를 깨닫고 감격하여 하나님의 말씀을 듣고, 성례전을 가졌던 그 예배를 계승해야 한다. (5) 이 예배는 개인의 의향대로 드리는 것이 아니라 모두가 예배하는 공동체로 모여 질서 있는 순서들을 가지고 하나님을 예배해야 한다.

이상과 같은 예배의 이정표를 따라 예배를 드리는 한국교회가 되어야 이 사회가 우러러보는 성스러운 교회가 될 수 있다.

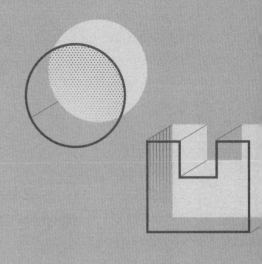

2장
평신도가 알아야 할 예배의 핵심

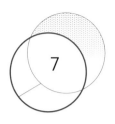

교회는
예배하는 공동체다

한국에 있는 개신교의 대부분은 예배당 건물에 어김없이 교단의 이름 다음에 '○○교회'라는 현판을 걸어 놓고 있다. 그러나 그곳에 새겨야 할 정상적인 이름은 예장 통합의 경우 '대한예수교장로회 ○○교회 예배당'이다. 한국 개신교의 어머니 교회로서 자랑스러운 기록을 가지고 있는 새문안교회는 예배당에 '새문안교회 예배당'으로 이름을 새겨 놓았다. 그 현판을 볼 때마다 필자는 항상 그 교회는 바른 교회관을 가지고 예배하는 그리스도인들이라는 생각을 하곤 했다.

알고 드리는 예배, 알고 듣는 설교

교회는 그리스 원어로 '에클레시아'인데 하나님을 예배하는 사람들의 모임을 가리키는 말이다. 교회가 확산되면서 지역 이름이나 고유한 이름을 붙여 ○○교회라 불렸고, 그들이 모인 장소를 말할 때는 '○○교회 예배당'이라고 불렸다. 그런데 근래에 들어와 수많은 교회가 새로운 예배당 건물을 지으면서 '예배당'이라는 이름은 사라지고 '교회'라는 이름으로 총칭되고 있다. 간단한 현판에 불과한 문제라고 보일지 모르지만 교회의 본질이 희석되는 매우 아쉬운 현상임에 틀림이 없다.

교회는 예수 그리스도님을 구원의 주님으로 영접하고 하나님의 자녀 된 성도들이 모여 형성된 예배하는 공동체다. 근래 한국교회는 시대의 변화와 함께 교회에 대한 인식에 있어 많은 부정적인 영향을 받고 있다. 다시 말해, 교회를 수준 높은 도덕적 가치를 지탱하는 인격 수양의 모임으로 알고 찾는 발길들이 있다. 어떤 이는 봉사와 구제의 선행을 실천하는 사랑의 공동체로 규정한다. 그런가 하면 질병을 비롯한 고통을 벗어나 치유되는 '축복받는 기관'으로 여긴다. 심지어는 친교의 폭을 넓혀 자신의 출세가도를 달리는 데 유용한 집단으로 교회를 오용하는 사람들도 종종 보인다.

그러나 교회의 진정한 목적은 위의 항목들과는 전혀 다르다. 교회의 최우선의 목적과 본질은 하나님의 자녀로 구원받은 사람들이 지존자 앞에 나아와 구원의 감격을 되새기는 데 있으며, 주신 은총에 대한 응답의 행위를 예배로 표현하는 데 있다. 이 기본 행위가 성스럽고 충성스럽게 이행되어야 교회는 제자리를 잡게 된다. 교회의 최우선의 선결조건은 진정한 예배이다. 그래서 교회를 예배하는 공동체(worshiping community)로 정의한다.

　종교개혁자 마틴 루터의 신학을 정리하여 루터교 신조로 삼았던 "아우구스부르크 신앙고백"(The Augsburg Confession, 1530)은 교회를 "복음이 순수하게 선포되고 그 복음에 일치되게 성례전이 거행되는 모든 그리스도인들의 모임"이라고 정의하고 있다. 그리고 개혁교회의 필수적인 신앙지침이 되었던 "제2차 스위스 신앙고백"(1566)에서는 "교회란 무엇인가?"라는 질문을 앞부분에서 다루면서 "교회란 그리스도님을 통하여 주어진 은혜의 동참자들이 말씀과 성령님에 의하여 예수 그리스도님 안에서 참 하나님을 바르게 알고 섬기며 예배하는 사람들의 공동체"로 명시하고 있다. 이러한 교회관은 현대 신학자들에 의하여 변함없이 이어지고 있다. 폴 틸리히(Paul Tillich)와 같은 신학자는 교회가 존재하는 궁극적인 터전(ultimate ground)을 예배라고 주장한 바 있다. 이처럼 올바른 신학의 전통은 교회의 본질을 예배하는 공동체로 규정하고 있다. 그래서 현대의 변화가 아무리 거셀지라도 하나님 중심의 교회는 변함없이 예배를 교회의 본질로 삼고 일차적인 의무로 지키고 있다.

　여기서 그리스도인들이 유의해야 할 것이 있다. 바로 교회가 순수한 예배의 사명을 다하지 못할 때 교회의 정체성이 흔들린다는 사실이다. 사탄이 추구하는 제일의 목적은 하나님을 향하여 드리는 예배를 온전하지 못하게 만드는 일이다. 사탄은 예배를 통하여 하나님과의 만남을 가져오고 새로운 영혼의 양식을 공급받는 일을 차단시키는 데 광분하고 있다. 그래서 사탄은 하나님을 예배하는 공동체가 모이는 신성한 예배당을 향한 행진을 멈추게 하기 위해 여러 가지 방법으로 유혹하고 있다. 믿음이 깊지 못한 그리스도인은 사탄이 지극히 합리적이고 보암 직하고 먹음직한 항목들을 제시할 때 예배를 향한 발길을 쉽게 멈춘다. 날이 갈수록 그리스도인들이 거룩한 주님의 날에 신성한 예배당을 찾 아가 예배하는 삶을 힘들게 만드는 세속의 파고가 극성을 부린다. 이럴 때 그리스도인은 예배를 향한 고결한 정신과 의지를 좌우의 수평에 두 지 않고, 오직 위에 계신 성삼위 하나님께 집중해야 한다.

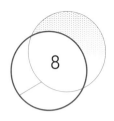

로마의 박해 속에서 지탱했던
초기교회의 예배는 어떠했을까?

우리의 주님이시요 그리스도이신 예수님의 생애와 사역의 마무리가 십자가에 매달려 보혈을 다 흘리고 운명하심으로 완전한 실패로 끝나는 듯했다. 그러나 인류 역사에 없던 주님의 부활, 그리고 승천의 실제와 재림의 약속은 주님을 따르는 사람들에게 새로운 세계를 향한 눈을 뜨게 했다. 그리고 그 세계를 향한 예배의 행진은 거센 박해의 파고를 견디어 나가고 있었다.

그리스도인들을 향한 유대종교의 율법사와 바리새인들과 서기관들로부터 거세게 일어났던 박해는 로마의 통치기간에 더욱 거세게 진행되어 무수한 순교의 피를 흘리게 하였다. 황제숭배의 행위 외에 어떤 예배 활동도 불가능했을 때, 그들은 지하로 들어가 굳센 소망의 닻을 내리게 되었고, 하나님을 향한 예배의 불길은 날로 더 거세게 번져가고 있었다. 지금도 로마의 카타콤베를 비롯하여 터키의 데린쿠유 지하도시를 찾아가 보면 깊은 감격을 안고 그들의 예배 흔적을 또렷하게 만나게 된다.

초기 그리스도인들이 생명을 내놓고 눈물을 흘리면서 예배를 드렸던 그 실상을 찾는 것은 예배신학자들의 깊은 관심거리이다. 지하교회로 들어가 비밀리에 예배를 드려야 했던 이들이었기에 기록물을 남긴다는 것은 참으로 어려운 일이었다. 그럼에도 불구하고 로마의 클레멘트가 주후 90년경에 고린도에 보낸 첫 번째 편지를 비롯하여 200년경에 기록된 사도들의 전승 등 발견된 약 5개의 문헌이 이때의 예배 실상을 알려주고 있다. 그 문헌들을 통하여 정리해 놓은 초기 그리스도인들의 예배 내용은 다음과 같다.

1) 초기 그리스도인들이 드리는 예배에서는 시와 찬미와 신령한 노래로 예배자들의 마음을 드리는 데 집중했다. 그들은 예배의 시작을 통해 혹독한 박해 속에서 갖게 된 육적인 공포와 절망의 심신을 주님께 온전히 내놓았다.

2) 구약의 말씀과 사도들의 가르침을 읽고 그 말씀의 뜻을 설명하

면서 그들이 지켜야 할 신앙의 기본과 생활의 원칙을 강조한 설교가 있었다. 이때 성도들은 하나님만을 온전히 경배하고 이웃을 사랑하라는 기독교의 기본 진리를 새롭게 다짐하였다.

3) 그들은 하나님께 드리는 기도에 깊은 관심을 가지고 있었다. 특별히 주님이 가르치신 기도가 기본이 되었고, 감사와 간구, 이웃을 위한 기도, 그리고 주님의 재림을 소원하는 기도(maranatha)가 있었다. 그리고 강복선언(축도)이 이어졌다.

4) 이들은 공동으로 드리는 참회의 기도를 비롯하여 개인의 죄를 자복하는 참회의 기도를 드리고 용서를 구했다. 이 부분에서 이들은 하나님 자녀의 신분으로서 성결한 삶에 대한 성찰을 계속했다.

5) 교회 공동체의 신앙고백을 함께 했다. 이 신앙고백은 주님을 위해 생과 사를 바치려는 깊은 경지의 신앙 다짐이었다.

6) 감사와 헌신의 표현으로서 하나님께 예물을 바쳤고, 이 예물은 주로 어려운 이웃을 돕는 데 주님의 사랑으로 전달되었다.

7) 이상의 내용으로 1부 예배가 끝나면 초신자들은 해산을 하고, 이어 2부 순서로 세례 받은 성도들만 참여하는 가장 뜻깊은 성찬성례전을 진행했다. 이 순서는 예배의 절정을 이루는 예전이었다. 이 예전을 통하여 목숨을 함께하는 공동체의 일원이 되는 돈독한 신앙의 결정체가 형성되었다. 이때 반복하여 부르는 "주님! 자비를 베푸소서(Kyrie eleison)"의 응답송은 주님의 보혈

알고 드리는 예배, 알고 듣는 설교

로 뭉쳐진 예배하는 공동체로서 어떤 박해 속에서도 굴하지 않고 살겠다는 다짐이었다.

이렇게 다져진 성도들은 성령님의 역사 속에 어떤 박해 가운데서도 꺼지지 않는 등불이 되어 십자가의 도를 전하였다. 훗날 그리스도교가 로마의 국교로 승화되었을 때 이들은 부활의 승리를 경험하면서 하나님의 섭리 앞에 뜨거운 감격의 찬양을 올렸다.

여기에서 오늘의 성도들은 초기 그리스도인들이 드렸던 예배 내용을 보면서 이를 지적인 관심의 대상으로 끝내서는 안 된다. 그들이 생명의 위협 속에서도 변함없이 예배생활을 했던 뜨거운 혼이 우리에게 이어지고 있는지에 대한 성찰이 있어야 한다. 거기에 더하여 구약을 통해 주신 하나님의 말씀과 예수님이 남기신 복음서의 말씀, 그리고 사도들의 가르침을 전해 듣고 감격했던 순수성을 새롭게 음미해 볼 필요가 있다. 무엇보다 그들이 그리스도인으로 새롭게 태어난 생명체임을 깨닫고 감격에 넘치는 감사와 찬송과 경배로 가득했던 그들의 심성을 주목해야 한다. 그리고 극심한 로마의 박해 속에서 생명의 위험을 무릅쓰고 드렸던 이들의 예배 정신과 의지와 용기는 현대의 그리스도인들이 계승해야 할 유산이 되어야 한다.

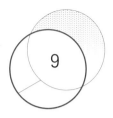

성찬성례전의 종합적인 해석과
이해와 수용이 필요하다

성찬성례전에 대한 개혁자들의 독자적인 주장은 루터파 계열과 개혁교회의 츠빙글리 계열이 대표적으로 대립의 양상을 띠며 전개되고 있었다. 이때 종교개혁의 막후에서 크게 공헌을 하였던 헤센(Hessen)의 영주 필립은 프로테스탄트 교회가 연방 체제를 구축하여 하나의 방향을 갖추기를 원하였다. 1529년 그는 두 중심 계열의 신학자 60여 명을 독일의 마르부르크에 모이게 하여 개혁교회의 공통된 교리를 만들어 보려는 노력을 기울였다. 루터 계열에서 준비해 온 15개 항목을 가지고 논의를 진행했던 그들은 14개 항목에 합의하여 하나 된 개혁의 줄기를 만들 수 있는 듯 보였다. 그러나 가장 핵심적인 항목이었던 "그리스도님이 어떻게 성찬성례전에 임하시는가?"에 대해서는 일치를 보지 못하였다. 루터파는 "그리스도님의 참 몸과 피가 실질적으로 성찬성례전에 임재하신다"는 주장을 굽히지 않았고, "성찬성례전은 그리스도님의 살과 피의 신비한 상징이며 이것은 계속적인 기념 속에서 지켜지는 예식"이라는 츠빙글리의 주장도 타협을 거부하였다. 이로써 종교개혁은 크게 루터파와 츠빙글리의 개혁교회파로 나뉘어 정착되었다. 이들은 "하나님의 말씀 중심"이라는 공통된 개혁의 이념을 따르고 있었지만 성찬성례전에 대한 자신들의 주장만은 끝내 굽히지 않고 결별의 길을 택하게 되었다.

20세기 후반에 들어서면서 서로가 자신들의 교리와 신학을 절대시하던 상황 속에서 인식의 변화가 일기 시작하였다. 특별히 1965년 로마 가톨릭교회의 제2차 바티칸 공의회가 새로운 예배예전의 문을 열자 변화의 물결이 일기 시작하였다. 전 세계교회의 신학자들은 성경과 역사적 전통에 근접한 예배를 통하여 분열보다는 하나의 교회를 가져오는 길을 찾는 데 깊은 관심을 기울이게 되었다. 그중에 대표적인 것은 세계교회협의회(WCC)의 "신앙과 직제 위원회"가 1982년 페루의 수도 리마에서 모여 『세례, 성만찬, 사역』(*Baptism, Eucharist, Ministry*)이라는 "리마 문서"를 채택한 역사적인 일이다. 지금까지 성찬성례전에 대한 자신들의 신학적 이해를 초월하여 성찬성례전에 함께 참여한다는 것은 꿈같은 이야기였다. 그러나 1983년 WCC 밴쿠버 총회는 "리마 문서"에 기초하여 기독교 역사상 최초로 세계교회의 대표들이 공동으로 집례하는 성찬성례전을 행하게 됨으로 "주님의 하나 된 교회"의 가능성을 보였다. 이때 발표된 성찬성례전의 통합적 신학이 다음과 같이 5가지 범주로 정리되었다.

1) 성부 하나님께 감사를 드리는 성찬성례전

2) 그리스도에 대한 회상과 재현으로서의 성찬성례전

3) 성령님의 초대로서의 성찬성례전

4) 신앙 공동체로서의 성찬성례전

5) 하나님 나라의 식사로서의 성찬성례전

위와 같이 5개의 범주로 묶인 성찬성례전에 관한 신학적 표현은 지금까지 화체설, 공존설, 기념설, 영적 임재설을 주장해 온 단편적인 주장에 대한 관용과 이해를 통해 통합된 변화를 가져왔다. 그리고 이러한 광범위한 개념을 통하여 성찬성례전의 본래의 뜻을 현대인들에게 이해시키는 데 큰 영향을 끼치게 되었다. 또한 이 작업은 모든 교파들이 지키고 있는 성만찬 신학에 관한 시비를 가리려는 의도보다 상대의 주장을 서로가 존중하며 동일한 하나님 나라의 시민 됨을 인정하는 데 큰 신학적 바탕을 만들었다.

이상의 5가지 신학적 표현을 살펴보면 성찬성례전의 신학은 '감사'

와 '기념'과 '임재'와 '희생'이라는 핵심을 함축하고 있다. 환언하면, 그리스도교 성찬성례전이 갖는 의미는 창조와 구속의 은총을 주신 하나님께 드리는 감사와 찬양의 예배이며, 예수님의 희생에 대한 회상과 재현, 그리고 기념이다. 또한 성령님의 임재 속에 행하여지는 예수님 안에서 한 몸인 성도들의 교제이며, 장차 하나님 나라에서 갖게 될 잔치의 모형이다.

그러므로 오늘날 평신도들이 성찬성례전에 참여할 때 가슴에 깊이 품어야 할 의미를 어떤 교리적이고 신학적인 표현에 집중한다는 것은 바른 태도가 아니다. 성찬성례전에서 성물을 받는 순간에 있어야 할 최우선의 자세와 반응은 나와 같은 죄인을 살리시기 위하여 그 고결한 옥체를 다 상하시고, 그 보혈을 다 흘리심에 죄스럽고 고마운 신앙의 고백과 참회이다. 거기에 더하여 그 옥체가 나의 살이 되고, 그 보혈이 나의 맥박에 담겨 하나님의 자녀 된 확고한 정체성의 다짐이 따라야 한다. 그리고 주님의 한 몸 한 피를 받은 공동체의 일원으로서 하나님을 예배하고 기쁘시게 해 드리는 데 전심전력을 다하려는 결단이 굳게 서야 한다.

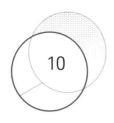

기도는 살아 있는 성도들의
숨결이다

우리나라는 오랜 역사와 함께 재래종교가 이 민족의 문화를 형성하는 데 절대적인 바탕이 되었다. 일찍부터 토착화되어 있던 무속종교를 비롯하여 유교, 불교, 도교와 같은 종교들이 그 축을 이루면서 수천 년 동안 이 땅에 정착된 종교문화를 형성하였다. 이러한 종교를 따르는 신도들은 그들이 섬기는 신앙의 대상에게 직접 소통할 수 있는 길이 없었다. 오직 예식을 진행하는 무당이나 승려들 또는 집전자들을 통하여 그 길이 있을 뿐이었다. 1784년 이 땅에 들어온 기독교의 큰 줄기인 천주교도 이러한 틀을 크게 벗어나지 못하였다. 겨우 몇 줄로 기록되어 있는 기도문을 인용하거나 사제들의 기도에 동참하는 것이 하나님과 소통하는 길이었다.

천주교보다 한 세기 늦게 1884년에 종교심이 가득한 이 땅의 백성들과 만나게 된 개신교는 신앙의 대상과 직접 소통이 가능한 새로운 종교로 문을 열었다. 하나님의 말씀인 성경을 직접 읽고 들을 수 있고, 사제를 통하지 않고 직접 하나님을 아버지라 부르면서 아뢸 수 있는 기도의 세계를 알려주었다. 지금까지 경험해 보지 못한 개신교의 이러한 가르침은 이 민족의 열화와 같은 반응을 가져와 사람들이 구름 떼처럼 교회를 찾기에 이르렀다. 그리고 구원의 주님이시고 그리스도이신 예수님을 진정한 길, 진리, 생명으로 영접하여, 그 말씀에 도취되고 기도에 심취되었다. 그 결과 오늘의 한국교회는 말씀과 기도가 살아 있는 교회로 세계교회 앞에 서 있다.

그러나 세계교회의 선두에 서 있는 우리의 교회는 성찰해야 하는 부분이 많다. 그중에서 시급한 것은 우리가 드리는 기도에 대한 문제이다. 새벽기도회를 비롯하여 수요기도회, 금요심야기도회, 가정기도회로 이어지는 우리의 기도에 대한 진단이 필요하다. 한국교회는 "기도를 많이 하라"는 명만 있을 뿐 기도에 대한 바른 교육이 부족한 현실이다. 하나님 앞에 상달되는 기도가 되기 위하여 다음의 몇 가지 기본 틀을 갖추어야 한다.

첫째, 우리의 기도는 "예수 그리스도님의 이름으로" 드려야 한다.

그 이유는 재래종교에서 볼 수 없는 기도에 대한 예수님의 가르침 때문이다. 예수님은 요한복음에서 보여주신 고별설교에서 모든 기도는 자신의 이름으로 할 것을 말씀하시면서 기도의 진정한 응답은 오직 주님의 이름으로 할 때만이 가능함을 가르치신다(요 14:13-14, 15:16). 또 하나의 이유는 에덴동산에서 추방당한 인간은 하나님과 소통할 길이 단절되었다. 그러나 예수님의 구속의 죽음이 다시 회복할 수 있도록 길을 열어주셨다. 그래서 하나님과 죄인 된 자신과의 중보자로서 주님의 이름이 있어야만 기도의 상달이 가능하다.

둘째, 우리의 기도는 은총에 대한 응답이 반복되어야 한다.

이 민족 속에 뿌리내린 기도의 개념은 기도자의 소원과 필요한 사연들을 신앙의 대상에게 호소하여 얻어내려는 것이 전부이다. 그래서 소원성취가 기도의 목적이며 내용이다. 자신들이 섬기는 신에게 경배와 찬양과 감사를 드리는 기도는 거의 없다. 그러나 그리스도인들은 인간의 생명과 자연을 만드신 창조주 하나님, 그리고 죗값으로 죽었던 생명을 독생자 예수님을 통하여 구원시켜 주신 그 은총에 언제나 감격하는 응답이 기도에 포함되어야 한다.

셋째, 우리의 기도는 주어진 기도의 모형을 따라야 한다.

그리스도인들은 일반종교와는 달리 "주님이 가르쳐주신 기도"가 기본적인 모형으로 주어져 있다. 이 기도에는 종합적인 신학이 담겨 있다. 먼저, 하나님을 경배하고 찬양하고 하나님 나라의 실현을 기도한다.

그리고 용서를 구하는 고백과 삶의 영위를 위한 보호를 탄원하고 있다. 마지막에는 모든 영광과 주권의 하나님을 다시 확인한다. 기도신학자로 불리는 버트릭은 주님이 가르쳐주신 기도야말로 "다양한 의미를 날로 새롭게 해 주는 완벽한 기도이다"라고 서술한 바 있다.

넷째, 우리의 기도는 하나님의 뜻에 모든 것을 맡겨야 한다.

그 이유는 하나님께 드리는 기도의 모든 내용이 기도자의 뜻대로 이루어지는 것이 아니라, 기도를 들으시는 하나님의 뜻에 달려 있기 때문이다. 이런 사실은 십자가의 대속의 죽음을 앞두고 드렸던 예수님의 기도에서 분명하게 나타난다. "나의 아버지, 하실 수만 있으시면, 이 잔을 내게서 지나가게 해 주십시오. 그러나 내 뜻대로 하지 마시고, 아버지의 뜻대로 해 주십시오"(마 26:39, 새번역).

우리의 기도가 이상과 같은 기본 골격을 갖춘다면, 칼뱅의 말대로 "공포의 면류관"이 "은혜의 면류관"으로 바뀌게 되어 한국교회의 참모습을 새롭게 보이게 될 것이다.

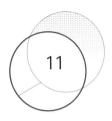

그리스도인들이 갖추어야 할
기도자의 필수 요건

앞에서 그리스도인들이 드려야 할 기도의 기본 틀을 함께 생각하였다. 그 틀은 타종교에서 볼 수 없는 그리스도교 기도의 고유한 성격이며 원칙이다. 이 원칙은 그리스도인들이 설정한 것이 아니라 예수님께서 친히 가르치고 보여주신 기도에 관한 교육이며 모범적인 실례이다. 그러한 까닭에 우리 성도들이 드리는 기도는 타종교의 기도와는 그 내용과 형태에 있어 차원이 다르다. 이제 성도들이 기도를 드릴 때 갖추어야 할 필수 요건들이 무엇인지 진지하게 생각할 단계이다.

알고 드리는 예배, 알고 듣는 설교

먼저, 기도자가 갖추어야 할 믿음의 자세이다.

내가 드리는 기도의 대상이신 하나님에 대한 확신이 우선이다. 하나님에 대한 반신반의의 자세는 절대 금물이다. 그것은 기도를 허무한 독백으로 만든다. 하나님은 히브리서를 통하여 "하나님께 나아가는 사람은, 하나님이 계시다는 것과, 하나님은 자기를 찾는 사람들에게 상을 주시는 분이시라는 것을 믿어야 합니다"(11:6, 새번역)라고 가르치고 있다. 또 하나의 사실은 기도자는 하나님의 생각이 기도자의 생각과 일치할 수 없다는 사실을 마음에 간직해야 한다. 완전하신 하나님이 불완전한 기도자의 생각을 따르는 분으로 착각해서는 안 된다(사 55:8-9). 하나님은 시간과 장소와 환경을 초월한 영원자로서 완전한 판단과 응답을 하시는 존재임을 인식해야 한다. 또 하나 중요한 믿음은 기도자의 죄가 주홍같이 붉을지라도 자신의 죄를 고백하고 용서를 구하면 하나님은 선하시고 인자하신 손길을 펴주신다는 사실을 믿는 믿음 또한 기도자의 매우 중요한 자세이다.

둘째, 감사의 마음 상태를 갖추어야 한다.

원래 우리 민족은 자신의 노력으로 이룩된 일도 조상과 신의 돌봄 때문이라는 사은(謝恩)의 마음을 가진 선천적인 종교심의 소유자들이다. 그러나 긴 세월 동안 외세의 침략과 가난과 질병과 분쟁의 갈등을 겪으며 생존해 오면서 불안과 초조, 갈등과 고통이 겹치는 삶을 살아왔다. 그 결과 모든 종교인의 기도는 자신들의 불행한 사연을 토로하고 보호를 희구하는 내용으로 가득하였다. 그러나 성경의 가르침은 욕구불

만보다는 감사의 마음 상태로 기도에 임할 것을 가르치고 있다. 그 감사는 세속적인 항목을 벗어나 하나님이 주신 창조의 은총과 예수 그리스도님을 통하여 주신 구원의 은총에 대한 감사다. 즉, 하나님을 아버지로 부르면서 기도할 수 있는 은총을 입은 실존임을 깨닫고 감사의 심성을 품어야 한다는 사실이다. 하나님은 바울을 통하여 "무엇을 하든지 말에나 일에나 다 주 예수의 이름으로 하고 그를 힘입어 하나님 아버지께 감사하라"(골 3:17)는 말씀을 하셨다. 그래서 기도자는 자신의 필요를 채우기 위한 항목을 나열하기 전에, 받은 바 은혜에 대한 감사가 먼저 고백되어야 한다.

셋째, 기도자의 흠점(欠點)을 먼저 인정해야 한다.

현대인의 삶의 양태는 자신의 결핍과 죄악 된 사고와 행동들에 대한 반성을 망각하는 경우가 많다. 현대인은 자기 지식에 도취되고 자신의 사고와 행위를 최상의 것으로 여기는 교만의 극치를 달리고 있다. 인간이 쌓아올린 바벨탑에 올라 하나님 말씀의 불순종을 일반화하는 상태이다. 그러나 하나님 앞에서 엎드린 기도자는 스스로 부끄러운 죄의 항목을 생각하고 용서를 먼저 구하는 자세를 갖추어야 한다. 기도의 현장에 임할 때마다 "나는 죄인입니다"라는 겸손한 고백을 통해 하나님과 교제의 시간이 되어야 한다. 거룩하신 하나님의 존전(尊前)에 엎드린 사람이 죄악으로 얼룩진 자신의 모습을 인정하는 것은 실로 기도자의 소중한 자세이다.

넷째, 경건의 사고와 실천의 의지이다.

경건이란 그리스도인이 하나님만을 생각하고 그에게 삶의 전폭적인 부분을 드리고 사는 사고와 생활의 형태이다. 하나님은 이러한 성도들을 찾으시고 그들의 기도에 귀를 기울이신다. 혹자는 현대인들이 첨단을 달리는 오늘의 환경에서 경건의 삶을 지속한다는 것은 매우 어려운 일이라고 한다. 그러나 하나님 앞에 즐겁게 나아가 기도하기를 원하는 성도들에게는 필수적인 조건이다. 성경에서는 군인의 신분으로 하나님을 경외하며 경건하게 살았던 고넬료의 기도가 상달되었음을 잘 보여주고 있다(행 10:2). 이제 성도들은 "거짓을 말하고 악독을 발하는 혀로 드리는 기도"(사 59:1-3)는 외면당하기 쉽다는 것을 깨달아야 한다.

이상과 같은 올바른 요건을 갖추고 드리는 기도는 인생의 새 아침을 여는 햇살이 될 수 있고 죄악의 밤을 닫는 빗장이 될 수 있다. 이제 죄의 문이 닫힌 신선한 아침을 맞이하도록 하자.

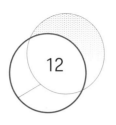

예배 순서마다
깊은 의미가 있다 (1)

　　모든 종교가 존속할 수 있는 방편은 논리정연한 교리의 확립이 전부
가 아니다. 물론 출발은 설득이 되고 진리로 따를 수 있는 가르침이 그
종교에 있기에 관심을 기울이고 추종한다. 그러나 그 진리의 대상을 따
르는 이론만으로는 그 종교를 확산시키면서 지탱하기가 매우 어렵다.
여기에는 그 교리를 현장화하여 영속(永續)시키는 제의적(祭衣的)인 행위
로서의 의식(儀式)이 있어야 한다. 이 의식이 원시적이고 비합리적이고
수준이 미숙할 때 추종자들은 감소하고 그 종교는 사멸된다.

그리스도교가 가지고 있는 성경의 진리와 그 진리의 주체이신 성삼위일체 되신 하나님을 경배하는 예배는 교회의 존속을 지탱시키는 두 기둥이다. 그리스도교의 창조와 구원의 교리는 타종교의 추종을 불허한다. 그런데 그 우월성을 지속시키는 힘은 바로 신비와 성스러움을 간직한 예배에 있다. 그 예배가 합리적이고 깊은 의미가 있기에 우리 교회는 2천 년이 넘도록 건재해 오고 있다. 이 예배를 통하여 진리가 구현되고, 섬기는 성삼위일체 되신 하나님과의 연접(連接)이 세대가 바뀌더라도 더욱 돈독해진다. 하지만 오늘의 시대가 첨단문화에 편승하면서 예배가 형식화되고 의미상실이 깊어지고 있다. 심지어는 자신이 드리는 예배의 순서가 무슨 뜻을 가졌는지 관심을 기울이지 않는다. 이 시점에서 성도들은 정신을 가다듬고 예배 때마다 긴장의 끈을 늦추어서는 안 된다. 자신이 매주일 예배에 동참하면서 드리는 순서 하나하나에 담긴 깊은 뜻을 터득해야 함은 당연한 의무이다. 그리고 그 순서에 주의를 끊임없이 기울여야 하나님이 찾고 있는 "참된 예배자들(true worshipers)"의 대열에 서게 된다.

앞으로 연속해서 "참된 예배자들"이 되기를 원하는 성도들을 위해 예배 순서의 뜻과 내용을 찾아 설명하고자 한다.

모임(Gathering)

예배의 출발은 예배하기 위해 거룩한 성전에 모이는 순간부터 시작된다. 주님의 날에 거룩한 곳에서 정해진 시간에 모이는 자체가 예배의 행렬이다. 성전에 자리한 성도는 하나님의 계명과 예수님의 구원의 은총을 명상한다. 그리고 예배의 현장에 동참하도록 인도하신 성령님의 역사에 감사한다. 드리고자 하는 예배에서 지존하신 하나님만이 영광을 받으시고 기뻐하시는 예배가 되도록 간구하는 기도로 예배를 준비한다.

오르간(피아노) 전주

예배 시간이 되면 오르간이나 피아노 전주가 연주되면서 예배에 임하게 된다. 이때 예배자들은 각자 마음을 정리하면서 세속의 삶으로부터 헝클어진 마음을 정리한다. 거룩하신 하나님의 존전에 마음을 추스르고 나를 선점하고 있는 복잡한 사연들을 멀리하고 온전히 예배에만 집중하도록 한다.

예배 선언(Invitation to Worship)

한국교회는 "다 같이 묵도함으로 예배를 시작하겠습니다"를 예배 선언으로 하고 있으나, 묵도는 예배 시작 전에 이미 진행됨으로 "이제 우리의 마음과 뜻과 정성을 모아 하나님께 (예 : 대림절 둘째 주일) 예배드리겠습니다"와 같은 선언을 하면서 초청의 의미를 담는다.

예배로 부름(Call to Worship)

예배사(禮拜辭)라고도 불리는 이 순서는 하나님의 말씀으로 회중을 예배에 임하게 하는 부분이다. 여기서 예배의 주도권이 인간에게 있는 것이 아니라 하나님에게 있음을 알리는 부분이다. 이 순서를 통하여 하나님의 명령에 따라 예배드림을 회중이 느끼게 된다. 그때 회중은 엄숙한 하나님의 말씀 앞에 머리를 숙이면서 순종과 경건의 올바른 자세를 새롭게 갖춘다. 이때의 성경말씀은 교회의 절기에 따라 적절한 성구를 선택하여 장엄하게 들리도록 한다.

응답송

예배에 온전한 몸과 마음을 바치라는 하나님의 명령이 선포될 때 회중이 "명령대로 하겠나이다"를 표현하는 순서이다. 이 순서가 없이 '예배로 부름' 다음에 바로 예배 인도자가 기원에 들어감으로 평신도들이 기도를 시작할 때 성구를 먼저 읽어야 하는 것처럼 착각하는 경우가 흔히 발생한다. 그러므로 '예배의 부름' 다음에는 회중이 아주 짧은 응답송을 부르거나 오르간 또는 피아노 반주를 통하여 응답함이 이러한 혼돈을 막을 수 있다.

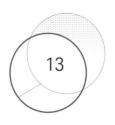

예배 순서마다
깊은 의미가 있다 (2)

기원(Invocation)

응답송이 끝나고 예배 인도자가 바로 드리는 기원은 일반기도(pray)와는 내용이 다르다. 기원의 내용은 성령 하나님께서 임재하셔서 예배 드리는 성도들을 먼저 성결하게 해 주시사 성스러운 예배가 되도록 역사해 달라는 청원과 이 예배를 통하여 오직 하나님만을 영화롭게 높이기를 원한다는 내용이다. 여기서는 일반기도와 달리 참회나 간구가 없이 성령님의 역사에 예배를 맡기는 간결한 청원이 되어야 한다.

경배의 찬송(Hymn of Praise)

이 찬송은 신령과 진정으로 예배하라는 말씀을 듣고 회중이 일어서서 경배와 찬양과 감사의 응답을 드리는 순서이다. 이 순간 회중은 죄인 된 자신을 하나님의 거룩한 존전에 예배할 수 있도록 불러주심에 대한 깊은 감격을 되새겨야 한다. 그리고 하나님 나라의 시민으로 매우 특권적인 삶을 누리고 있는 시간임을 인식해야 한다. 그럴 때 진정한 경배와 감사의 심성이 솟구치고, 경건한 자세가 갖추어진 찬송이 우렁차게 울려 퍼지게 된다. 이러한 의미 때문에 이 부분의 찬송은 예배 찬송으로 분류된 경배와 찬양의 뜻이 담긴 찬송을 부른다.

성시교독(Antiphonal Reading)

성시교독은 매우 오랜 역사를 가지고 있다. 신약시대와 초대교회에서는 오늘과 같은 찬송이 없었고 시편송으로 찬송을 불렀다. 시편을 통하여 하나님을 찬양할 뿐만 아니라 신앙을 고백하고, 신앙의 결단을 다짐하였다. 그러나 종교개혁 이후 시편송의 자리에 매우 많은 변화가 있었다. 16세기의 루터와 18세기의 웨슬리를 중심으로 한 인물들이 오늘의 찬송가를 보급함으로써 시편송이 예배에서 사라지게 되었다. 그러나 칼뱅과 츠빙글리 같은 개혁자들은 초대교회의 예배 정신을 이어받기 위하여 시편송을 고수하였다. 현대 예배신학자들은 시편송의 역사성과 그 전통이 보존되어야 한다는 데 뜻을 같이하면서 시편교독으로 그 자리를 지키도록 하였다. 최근에는 순수한 시편송의 성격을 벗어나 적절한 성구들을 모아서 찬양시의 성격보다는 절기에 따라 적절한 성구를 교독하는 경향으로 가고 있다.

참회의 기도 또는 고백의 기도(Prayer of Confession)

하나님의 거룩한 존전에 서 있는 죄인에게 있어서 가장 시급한 것은 자아의 죄를 고백하고 하나님의 용서와 임재를 간구하는 일이다. 예배자가 자신의 죄를 품고 거룩한 하나님 앞에 선다는 것은 매우 어려운 일이다. 성경에서는 이사야가 하나님의 임재를 깨닫게 되자 즉시 죄인된 몸임을 실토하고 용서를 받은 경우가 이 순서의 근거가 된다(사 6:2-7). 용서함 받은 몸으로 거룩한 예배를 드려야 함을 교회는 오랜 시간 가르치고 있다. 로마 가톨릭에서는 주일 미사를 드릴 수 있는 몸과 마음을 갖추기 위해 금요일에 고해성사를 한다. 칼뱅과 루터는 참회의 기도를 예배의 첫 순서로 하고 그다음의 예배 순서를 진행하였다. 이 순서는 일반적으로 예배하는 공동체가 함께 용서받아야 할 죄를 고백하고, 이어서 개인과 하나님만이 아는 죄를 고백하도록 한다.

사죄의 확신(Assurance of Pardon)

사죄의 확신은 예배자들이 공동체와 개인의 죄를 고백했을 때 하나님은 침묵하시지 않고 죄를 용서하신다는 것을 알리는 매우 의미 깊은 부분이다. 사죄의 확신은 예배를 인도하는 목사가 하나님의 말씀인 성구를 가지고 고백한 죄가 용서받게 됨을 선언한다. 성경말씀으로 자신이 고백한 죄가 용서받게 됨을 확신할 때, 예배자들은 눈을 들어 감사하고 정성어린 예배를 드리게 된다.

영광송(Gloria)

하나님의 말씀으로 죄의 용서함을 들었을 때 모두가 뜨거운 감회에 젖는다. 이 영광송은 가장 엄숙하면서도 감격어린 응답을 올려 드리는 송축가(頌祝歌)이다. 나의 죄가 용서받았음을 실감했을 때 인자하신 하나님께 보여드릴 수 있는 최상의 반응이다. 이때 회중은 하나님의 인자하심을 새롭게 경험하면서 벅찬 가슴으로 진심어린 경외와 감사를 드린다.

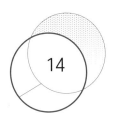

14

예배 순서마다
깊은 의미가 있다 (3)

목회기도(Pastoral Prayer)

일명 중보기도(intercessory prayer)라고도 한다. 예수님이 중보자로서 인류의 죄를 담당하시면서 하나님께 용서를 구하는 기도를 하셨던 맥을 이은 뜻을 내포하고 있기에 중보기도라고 칭하였다. 그러나 지금은 예수님만이 중보자라는 신학적 논쟁이 생겨 목회기도라는 이름을 사용한다. 원래 이 기도는 예배를 인도하는 목회자가 자신이 섬기고 있는 회중이 한 주간 동안 세상 가운데서 살면서 하나님의 말씀을 온전히 순종하지 못하고 살아온 죄를 용서해 달라는 내용의 기도를 하는 것으로 시작된다. 그리고 자신이 섬기고 있는 회중에게 내려주신 은혜를 감사하면서 그들이 직면한 각종 상처와 질병과 곤경의 치유를 간구하는 데 목적이 있다. 그러나 초기에 외국 선교사들이 눈을 감고 한국말로 기도하는 것이 너무 어려워서 동행한 조사 또는 장로에게 이 기도를 하도록 했던 것이 관례가 되어 한국교회는 이 기도를 평신도 대표들이 맡아 매우 성실히 이행하고 있다.

성경봉독(Scripture Lessons)

성경봉독 이전까지는 '예배로 부름'과 '사죄의 확신'을 제외하고는 모두 하나님께 드리는 부분이다. 성경봉독은 인간이 드리는 경배와 찬송과 참회를 받으신 하나님이 예배자들에게 주시는 말씀을 설교자의 해석이나 적용이 없이 성경을 통하여 직접 경청하는 시간이다. 특별히 말씀 중심의 개신교 예배에서는 가장 정점을 이루는 부분으로서 어떤 경우도 간과(看過)해서는 안 되는 순서이다. 봉독 전후에는 봉독자가 다음과 같은 말을 한다. "오늘 하나님께서 우리에게 주시는 말씀은 마태복음 5장 1절에서 12절의 말씀입니다. 이제 봉독합니다. 경청하십시오." 봉독 후에는 "이 말씀은 하나님이 우리를 위해 주신 말씀입니다"라고 말하고, 봉독이 끝나면 회중이 모두 "아멘" 또는 "하나님, 감사합니다"로 응답한다. 이때 봉독자는 본문을 단순한 낭독의 형태가 아니라 하나님의 말씀으로 믿는 확신과 존엄과 감격이 보이는 감정과 태도를 갖추고 봉독해야 한다.

찬양대의 찬양(Anthem)

찬양대의 기원은 언약궤가 예루살렘 성전으로 옮겨지고 첫 예배를 드렸을 때 다윗 왕이 성전에서 노래만을 하도록 찬양대를 정하고 사명을 수행하게 한 것이 그 기원이다. 설교 전에 부르는 찬양대의 찬양은 하나님을 향하여 가장 아름다운 경배와 영광을 드리는 부분이다. 이 순서는 예배자들의 진심을 하나님 앞에 이끌어가는 것과 하나님의 말씀을 경청할 수 있도록 마음 그릇을 준비시키는 사명까지 맡게 된다. 무엇보다도 찬양대원들이 하나님의 영광을 위하여 그 심신을 온전히 드려 노래하는 성스러운 내용과 태도가 필수이다. 거기에 더하여 청아한 음악 소리의 전달에 초점을 두는 것보다, 찬양이 담고 있는 메시지 전달을 위한 정확한 발음과 함께 마음과 몸이 일치가 되어 찬양이 이루어져야 한다. 지휘자는 찬양곡을 선정하는 데에 있어서 교회의 절기와 설교자의 메시지와 동일한 방향과 내용을 갖추도록 최선을 다해야 한다.

설교 전 기도(The Prayer of Illumination)

이 기도의 기본 내용은 설교자와 그 앞에 말씀을 기다리는 회중을 위한 기도이다. 즉, 성령님께서 임재하셔서 회중의 마음을 열어주시고 그 말씀에 귀를 기울이게 해 달라는 내용을 담고 있어야 한다. 그리고 설교자를 감추시고 오직 도구로 사용하시되 성령님이 직접 말씀을 심령마다 들려달라는 간절하면서도 간단히 드리는 기도이다. 이 기도는 설교를 인간의 말이 아니라 하나님의 말씀으로 성령님이 주관하시고 선포하시고 해석하시고 회중의 삶에 적용시켜 달라고 청하는 매우 중요한 기도이다. 칼뱅이나 부처와 같은 개혁자들이 매우 중요한 기도로 여겼고, 미국 장로교의 『예배서』(The Worship Book)에서도 이 기도를 필수적인 예배 순서로 지킬 것을 강조하였다. 이 기도는 기도문을 작성하여 회중과 함께 읽는 방법도 있으나, 최근에는 설교자가 설교를 시작하기 전에 간단히 드리는 것이 일반화되어 있다.

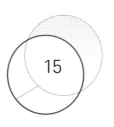

예배 순서마다
깊은 의미가 있다 (4)

설교(Preaching)

초대교회 예배는 말씀의 예전(Liturgy of Word)과 주님의 성찬(Liturgy of Lord's Supper) 또는 성찬성례전이라고 부르는 예전으로 분류되었다. 이 전통은 지금도 동방정교회를 비롯하여 천주교, 성공회, 루터교회에서 지켜지고 있다. 그러나 개혁교회는 말씀 중심의 교회 정체성을 확립하게 되었고, 성찬성례전은 많으면 월 1회 또는 연 2회 정도로 행하고 있다.

설교는 봉독한 하나님의 말씀인 성경본문을 회중이 알아듣도록 선포하고, 해석하고, 삶의 장에 적용시키는 가장 중요한 순서이다. 예배하는 회중은 이 말씀을 곧 하나님 말씀의 전달 또는 운반으로 여기며 경청하고 응답한다. 종교개혁 이전까지는 로마를 중심으로 한 교회들이 라틴어 성경을 신부들의 전용물로 사용했고 회중이 개인적으로 소장하고 읽을 수 있는 환경이 아니었다. 그래서 예배시간에 하나님의 말씀인 성경말씀을 듣는 것은 실로 큰 감격이었다. 그러나 어거스틴과 같은 설교자들의 사후 수백 년 동안 예배에서 설교가 사라지고 오직 "성체성사"만 지켰다. 이를 개탄한 종교개혁자들은 성경 번역을 서둘렀고, 설교를 예배의 중요한 축으로 회복시켰다. 그때 회중의 반응이 불길처럼 솟아 세상을 바꾸어 놓았다.

이러한 역사적인 배경을 가진 '설교'라는 순서는 하나님이 세우신 말씀의 종을 통하여 예배하는 회중에게 들려주시는 영의 양식이다. 그러나 문제는 설교자들이 자신의 생각과 경험과 세상 이야기와 예화로 시간을 채우고 그것을 하나님 말씀이라고 하면서, '아멘'을 강요하는 데서 현대 교회의 갈등이 깊어지고 있다. 그 갈등이 심화되어 설교에 대한 경외심이 추락하는 불행한 결과가 여기저기서 도출되고 있다. 예배 가운데 설교는 설교자와 회중이 힘을 합하여 하나님의 말씀을 통한 뜻깊은 만남이 형성되어야 한다. 그리고 그 말씀으로 힘을 입어 하나님 나라의 시민으로 힘 있게 살아가게 될 때 설교의 존재 가치가 정립된다.

설교 후 기도(Prayer after Preaching)

설교가 끝난 후 설교자는 자신을 도구로 삼아 전달한 메시지의 결실을 위한 기도를 한다. 성령님께서 뿌리신 말씀의 씨앗이 성도들의 옥토에 뿌려져 싹이 나고 열매를 맺어, 온전한 하나님의 백성들로 살아가게 해 달라는 내용의 기도를 한다. 이 기도 속에 꼭 언급되어야 할 것은 하나님의 말씀에서 벗어난 설교의 내용이 있었다면 성도들의 기억에서 지워 달라는 내용이다. 흔히들 성도들이 설교를 듣고 돌아가 기억해야 할 것은 잊어버리고 기억할 필요가 없는 것은 깊이 기억하는 일들이 발생하기 때문이다. 다시 말하면, 이 기도는 하나님의 온전한 말씀만 성도의 기억 속에 살아 움직여 세속의 삶에서 하나님의 백성다운 생활을 살아가도록 기원하는 내용이 되어야 한다.

응답의 찬송(Hymn of Response)

그리스도교 예배의 특성은 양방관계가 뚜렷한 데 있다. 하나님이 내려주신 은총 앞에 감격하여 응답하면 하나님은 말씀으로 찾아오시고, 그 말씀을 듣고 결단의 응답을 하는 절차가 예배의 구조이다. 설교 후의 찬송은 그날의 메시지와 연관된 찬송을 부르면서 말씀에 대해 응답과 결심을 다짐하는 순간이다. 이 찬송은 하나님이 주시는 말씀을 상기하면서 드리는 감사와 결단이 되어야 한다.

신앙고백(Creed)

이 순서는 일반기도가 아니고 하나님을 예배하는 성도들이 성삼위 일체 되신 하나님을 섬기는 동일한 신앙을 가진 하나님의 백성임을 고백하는 순서이다. 이를 통해 "한 피 받아 한 몸 이룬 하나님의 자녀"로 이룩된 공동체로서 예배드리고 있음을 확인한다. 이 순서는 동방정교회나 가톨릭교회나 개신교가 모두 같이 지키고 있다. 종교개혁자 루터나 츠빙글리의 예배에서는 성경봉독 다음에, 칼뱅과 부처의 예배에서는 설교 뒤에 신앙고백을 두었다. 실질적으로 이 순서는 성찬성례전을 시작하면서 수찬자들이 공동체의 신앙을 고백하는 순서로서 의미를 더하였다. 이 신앙고백은 예배 밖에서도 언제 어디서나 확인하는 그리스도인들의 중심 교리이다. 또한 그리스도인들이 반복하여 고백하면서 지켜야 할 신조이며 전통이다. 대표적인 신앙고백으로는 니케아 신조와 사도신경이 있다.

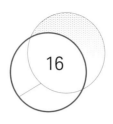

16

예배 순서마다
깊은 의미가 있다 (5)

주님의 기도(Lord's prayer)

주님께서 가르쳐주신 기도는 사도적 전승을 이어받은 모든 교회가 예배에서 드리는 예배의 중요한 순서이다. 이 기도는 모든 기도의 모범이 되어 예배 이외의 기도회나 각종 모임에서 드리고 있다. 문제는, 주님의 기도를 자주 드림으로 자칫 주문을 외우듯이 의미를 새기지 않고 드리는 모순이 따른다. 성도들은 이 기도를 드릴 때마다 형식적으로 드리지 않고 그 의미를 되새기면서 진지하게 드려야 한다.

알고 드리는 예배, 알고 듣는 설교

봉헌(Offering)

'헌금' 또는 '연보'라고 부르기도 하는 이 순서는 성도들이 하나님 앞에 응답하는 예물의 뜻을 가지고 있다. 초대교회에서는 성찬성례전에 사용할 빵과 포도주를 바쳤으나 곧 물질(돈과 곡물 등)로 대체하여 드리게 되었다. 이 봉헌은 자신이 복을 받기 위한 방편이 아니라, 하나님께 정성어린 감사의 응답이 담긴 순수한 예물로 드려야 한다.

성찬 감사기도(Eucharistic Prayer)

개혁교회의 예배에서는 설교가 중심이 되고 있으나 원래 그리스도교 예배는 성찬성례전이 중심이었다. 이 순서는 말씀의 예전 다음에 이어지는 성찬성례전을 시작하면서 집례자가 드리는 감사의 기도이다. 주님의 희생과 명령을 따라 주님의 보혈과 성체를 받도록 하심에 감사하는 기도이다.

제정의 말씀(The Word of Institution)

이 순서는 성찬성례전이 교회가 임의적으로 드리는 예전이 아니라 주님의 엄격한 명령에 따라 드리게 됨을 성경말씀으로 보여준다. 일반적으로 집례자가 복음의 말씀(마 26장; 막 14장; 눅 22장)이나 고린도전서 11장의 말씀을 봉독하고 그 말씀의 깊은 뜻과 적용을 간단하게 설명한다. 이때 회중은 어느 때보다 경청하고, 주님의 대속의 죽음에 대한 감격과 그 사실을 경건하게 마음에 깊이 새긴다.

성령님의 임재를 위한 기도(Epiclesis)

이 기도는 가장 오랜 전통을 가진 기도로서 봉헌된 성물(포도주와 빵)을 앞에 놓고 성령님의 임재를 구한다. 가톨릭교회에서는 이 기도가 끝나면 성물이 주님의 몸으로 변화된다는 화체설을 신봉하기에 매우 깊은 의미를 가지고 있다. 개혁교회에서도 성령님이 오셔서 이 성물을 받는 성도들에게 주님의 대속의 죽음을 실감하게 해 달라는 것과, 주님의 성체와 보혈을 받게 되는 수찬자들에게 새로운 변화를 일으켜 달라는 기도를 한다.

성물분할(Elevate the Host/Fraction)

성찬성례전의 가장 절정(highlight)의 순간으로 본래 명칭은 거양성체(擧揚聖體)이다. 빵을 높이 들어 쪼개고 잔을 높이 들어 축사하는 순서로서 주님의 살이 찢기시고 보혈을 흘리신 것을 연상시키는 매우 중요한 순서이다. 집례자가 이 순서를 어떻게 진행하는가에 따라 본 순서의 경건성과 의미의 인식이 달라진다.

성찬 참여(Communion)

집례자가 성물을 축사한 후에 나누어주는 빵과 잔을 받게 되는 순서이다. 여기서 회중은 주님의 희생에 감격하고 주님의 지체가 되는 신비한 역사에 참여하게 된다. 참여의 순서는 집례자가 먼저 먹고 분병분잔 위원들이 받아먹는다. 그리고 회중에게 나누어준다. 수찬의 형태는 분병분잔 위원들이 세례교인들에게 가져다주거나, 세례교인들이 일어서 있다가 받거나, 또는 세례교인들이 앞으로 나와서 받게 되는 방법 등이 있다.

성찬 후 감사기도(Post-Communion Prayer)

수찬자들이 하나님의 자녀로 구원받아 주님의 성체와 보혈을 받은 감격, 그리고 성찬을 통하여 주님의 사람들임을 재확인하게 됨을 감사하여 드리는 집례자의 기도이다.

위탁의 말씀과 축도(Charge and Benedition)

위탁의 말씀은 집례자가 예배를 드리고 세상으로 파송받는 회중에게 주는 한두 줄의 간결한 부탁이다. 축도는 하나님이 축복(祝福)하심이 아니라 강복(降福)하심을 선언하는 예배의 마지막 순서이다. 이 강복 선언의 본문은 아론의 축도(민 6:24-26)를 가장 많이 사용하며, 미국의 침례교와 개혁교회 일부에서는 바울의 축도(고후 13:13)를 사용한다. 여기서 유의할 것은 한국 목사들이 축도의 순서에서 마지막 기도를 하고 축도를 하는 경우가 많다. 이런 경우는 기도 끝에 "예수님 이름으로 기도하오며"를 분명하게 하고 축도를 해야 한다. 회중이 기도와 축도를 구분할 수 있도록 함이 바람직하다.

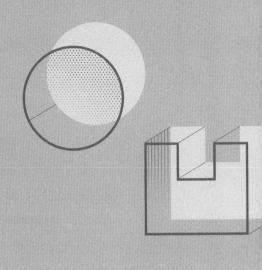

3장

평신도가 알아야 할 예배의 역사

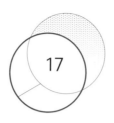

17

성경에 나타난 '예배'라는 용어를
먼저 이해하자

한국교회가 각종 기도회나 예식, 그리고 경건회에 거의 모두 '예배'라는 용어를 사용함으로 예배의 본질과 실상이 심각하게 손상을 입고 있음을 지난 강의에서 살펴보았다. 되짚어보면 그동안 평신도들은 예배에 대한 본질과 신학적인 바탕을 공부할 수 있는 기회가 거의 없었다. 오직 예배의 실천에 집중했을 뿐이다. 그 결과 예배의 깊은 뜻을 헤아릴 길이 없었고 맹종의 길을 걸어왔다. 이제 우리는 성경에서 표현하고 있는 예배라는 용어들을 먼저 살펴봄으로 예배에 대한 진지한 관심과 그

알고 드리는 예배, 알고 듣는 설교

깊은 뜻을 파악할 필요가 있다.

표준국어대사전에서 예배란 "신과 같은 초월적 존재 앞에 경배하는 의식 또는 그런 의식을 행함"이라고 그 뜻을 풀어놓았다. 이것은 그리스도교 예배의 의미와 매우 가깝게 여겨진다. 먼저, 구약에 나타난 예배의 대표적인 히브리어 원어는 "아바드"로서 '봉사' 또는 '섬김'의 뜻을 가지고 있다. 영어권에서 예배의 행위를 'service'라고 부르는 것은 이 뜻에서 유래하였다. 또 하나의 원어는 "샤하아"로서 '굴복하는 것' 또는 '자신을 엎드리는 것'으로서 숭배와 순종, 봉사의 뜻을 가지고 있다. 이 용어는 예배드리는 사람들이 마음과 몸을 가지고 최대한으로 존경하는 태도를 보이는 것을 의미한다.

구약에 나타난 이 두 용어에 담겨진 뜻을 보면 모든 인간은 지존자이신 하나님 앞에서 온전히 바쳐진 몸이라는 사실이다. 그리고 하나님의 은총을 입은 신분으로서 그 존전에 엎드려 경배하고 오직 그의 뜻을 순종하고 섬겨야 하는 존재이다.

헬라어로 기록된 신약성경에 맨 먼저 나타나는 '예배'라는 용어는 "프로스퀴네오"이다. 예수님께서 광야에서 사탄의 시험을 받으실 때 "주 너의 하나님께 경배하고 다만 그를 섬기라"(마 4:10)고 하실 때 사용하셨던 경배가 바로 신약에 나타난 '예배'의 대표적인 단어이다. 모든 영어성경에는 "Worship the Lord your God..."으로 기록하여 예배라는 용어의 고유성을 나타내고 있는데, 우리 성경에서는 이것을 일반적인 '경배'로 옮겨 놓았다. 이 용어는 24회나 언급되는데, 그 뜻은 '굽어 엎

드리다', '절하다', '입 맞추다'로서 헬라어권의 사람들에게 매우 보편적으로 사용되었다. 그 다음으로, 예수님이 같은 말씀에서 "라트레이아"라는 용어를 사용하였는데, 그 뜻은 종으로서 자신의 상전(上典)만을 예배해야 할 신분과 행위를 강조한 뜻이었다.

그 외에 예배를 인도하는 직분의 수행시에 사용되었던 "레이투르기아"라는 용어가 있다. 이 단어는 제사장의 직무(눅 1:23), 그리스도의 직분(히 8:6), 교회의 예배 등을 말할 때 사용되었다. 이러한 말들을 함축하여 표현한 영어의 "worship"이라는 말에 대한 뜻이 매우 흥미롭다. 이 용어는 앵글로 색슨어인 'weorthscipe'에서 유래한 것으로서 가치(worth)와 신분(ship)의 합성어이며 "존경과 존귀를 받을 가치가 있는 자"라는 뜻이다. 풀어 말하면, "예배는 하나님께 최상의 가치를 돌리는 것"을 의미한다. 바로 "여호와께 그의 이름에 합당한 영광을 돌리며 거룩한 옷을 입고 여호와께 예배할지어다"(시 29:2)의 말씀과 "죽임을 당하신 어린양이 능력과 부와 지혜와 힘과 존귀와 영광과 찬송을 받으시기에 합당하도다"(계 5:12)의 말씀이 바로 "worship"이라는 용어에 잘 표현되고 있다.

이상에서 살펴본 히브리어의 "아바다"와 "샤하아", 그리고 헬라어의 "프로스퀴네오"와 "라트레이아"와 같은 원어나 영어의 "worship"이 내포하고 있는 뜻은 거의 동일하다. 예배신학의 명저 『예배의 원리』를 펴낸 압바(Raymond Abba)는 성도들이 "오! 하나님, 당신은 나의 하나님이시옵니다"라고 부르짖으며 예배를 할 때 그 고백 속에는 "오! 주님, 주님만이 영광과 경배와 찬양을 받으시기에 합당하신 분입니다"라는 깊은 뜻이 담겨 있다고 강조한다.

'예배'라는 용어를 바르게 이해하고 예배하는 성도들은 이러한 고백이 가슴 깊이에서 자연스럽게 우러나올 수밖에 없을 뿐만 아니라, 우리 성도들은 예수님께서 십자가의 희생을 통하여 보여주신 순종의 모습을 '예배'를 통하여 하나님 앞에 드리게 된다. 성경에 나타난 예배는 주님의 말씀처럼 "우리의 마음을 다하고 목숨을 다하고 뜻을 다하여 하나님을 경배하고 섬기고 사랑하라"는 깊은 뜻을 담고 있다. 이 용어가 예배의 자리에서 진지하게 이해된다면 거기에 우리의 성숙한 예배, 곧 하나님이 기뻐하시는 예배가 실천될 수 있을 것이다.

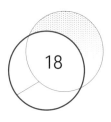

구약에서 보여준 예배의 변천사를
눈여겨보자

그리스도교는 66권으로 편집되어 있는 성경을 유일한 경전으로 여기고 있으며, 어느 종교보다 이 경전의 내용과 그 권위를 절대시한다. 거의 모든 교단의 신앙고백서에는 성경을 "우리의 신앙과 행위에 대한 정확무오한 유일의 법칙"으로 고백한다. 그러한 까닭에 그리스도인들은 언제나 성경을 "신앙과 행위에 관한 가장 정확한 표준"으로 삼고 있다.

오늘날 현대교회가 드리고 있는 예배의 역사는 성경에 그 뿌리를 두고 있다. 그러므로 성경에서 예배에 대한 하나님의 관심과 그 형태와 발전이 어떻게 진행되었는지를 살펴보는 것은 최우선의 절차이다. 먼저 구약에서 하나님이 선택한 이스라엘 민족을 통하여 나타난 예배의 본질과 그 형태와 변천을 찾아본다.

구약의 예배는 모세를 기점으로 그 이전과 이후를 구분한다. 그 이유는 모세가 이스라엘 민족의 영도자로 등장하기 전까지의 예배는 일정한 규례가 없었기 때문이다. 가인과 아벨의 제단부터 에녹과 노아의 제단을 비롯하여, 아브라함이 이스라엘 민족의 시조로 부름을 받고 이삭과 야곱으로 이어지면서 하나님께 드렸던 예배 행위는 모두가 독창적이고 관례적이었다.

일반 종교학에서는 이들이 일정한 규례가 없이 드렸던 제사 행위들이었기에 당시 주변의 자연 발생적인 미신 행위와 동일시하는 경향이 있다. 하지만 프랑스의 도미니칸 사제로서 이스라엘의 삶과 제도에 조예가 깊은 바욱스(Roland de Vaux)는 이스라엘 족장들이 드렸던 예배와 일반 원시종교의 차이를 분명히 하였다. 그의 분석에 의하면, 원시종교는 자연의 신들(多神)을 찾았고, 섬기는 신으로부터의 계시나 응답이 없이 조각이나 회화를 통하여 가시적인 접근을 하였다. 그러나 하나님을 섬겼던 사람들은 하나님 한 분만을 섬기는 유일신 종교로서 정착을 하였고, 하나님의 임재와 인격적인 만남이 있었다. 타종교와 달리 하나님에 대한 일체의 형상을 남기지 않았고, 하나님의 말씀에 순종하면서 베푸신 은혜에 응답하는 예배의 내용을 갖추고 있었다.

하나님이 모세를 부르시고 이스라엘 민족을 이집트로부터 나오게 한 사건은 예배의 변천에 큰 획을 긋게 되었다. 모세가 하나님의 명령으로 율법서를 비롯하여 하나님 앞에 드려야 할 예전(禮典)의 구체적인 내용을 하나님의 명령으로 기록하였고, 이스라엘 민족은 그 규례에 따라 광야 40년 동안 예배 훈련을 받게 되었다. 400년 동안 이스라엘 백성은 바알종교 사회의 노예로 살면서 그들의 시조 아브라함 때부터 이어온 여호와 하나님을 예배하던 정신과 실제에 큰 손상을 입었기에 하나님을 온전히 예배하는 훈련이 급선무였다.

광야에서 40년 동안 이집트의 바알종교에 오염되었던 1세대 60만 명은 여호수아와 갈렙 두 사람을 제외하고는 모두 죽었고, 하나님이 명하신 규례에 따라 예배 훈련을 받았던 2세대 60만 명이 가나안에 들어가 사사들의 지도하에 하나님을 예배하는 생활의 맥을 이어갔다. 하나님의 기대를 벗어난 사울 왕에 이어 2대 왕 다윗에 의하여 예배회복운동은 활발히 전개되었다. 3대 왕 솔로몬에 이르러 성전이 완공되면서 하나님을 향한 예배는 최고 절정에 다다랐다. 이때 성전예배의 특징은 다음과 같다.

1) 십계명이 담긴 법궤를 성전에 모셨다.
2) 진설병과 황금 등대 등 기구들로 성전을 장엄하게 장식하였다.
3) 찬송과 함께 수금과 나팔과 같은 악기를 사용하였다.
4) 예배자들이 십일조를 비롯한 각종 제물을 드렸다.
5) 예배 행위가 지극히 능동적으로 음악, 춤, 기도, 행렬이 있었다.

6) 간단한 설교(homily)와 선조들에 대한 회상과 고백이 있었다.

7) 거룩한 식사를 함께 나누기도 하였다.

그러나 솔로몬 말기에 보여준 탈선은 하나님의 진노를 가져왔고, 그 아들 르호보암 때에 남·북왕국으로 분열되었다. 마침내 북왕국은 주전 722년경에 앗수르의 침략으로 자취를 감추게 되었고, 주전 587년 남왕국도 바벨론에 의하여 점령당하고 포로생활에 젖게 되었다. 주전 444년에 마침내 느헤미야의 인솔 아래 유대 민족이 귀환하고 에스라와 함께 예배회복운동이 전개되면서 하나님의 선민으로서 성전을 재건하고 예배하는 공동체를 이어가게 되었다.

여기서 눈여겨보아야 할 기록은 유대 민족이 바벨론 포로기간 중에 성전이 없는 아픔을 겪으면서 회당에서 행한 예배 행위이다. 이 회당예배는 제사장들을 대신해서 랍비들이 말씀 중심으로 드렸다. 이러한 회당예배의 면모가 훗날 그리스도교 예배의 새로운 뿌리가 되었다.

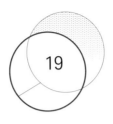

19

신약에서 보여준 예수님과 사도들의
예배 이해와 활동

구약에서 보여준 예배의 변천사는 모세를 분기점으로 이어졌다. 그 이유는 하나님께서 모세를 통하여 예배 법규를 구체적으로 정하여 주셨기 때문이다. 그 법규에 따라 광야의 40년은 바알종교로부터 오염된 이스라엘 백성들이 여호와 하나님을 예배하는 규례에 따라 훈련을 받았다. 그동안 이집트로부터 나온 1세대들은 여호수아와 갈렙 외에는 모두 죽고, 그 훈련기간에 태어난 2세대들이 약속된 가나안 땅에 들어가 하나님을 예배하는 공동체로 살았다. 이스라엘 민족의 역사상 가장 융

성했던 시기는 하나님이 명하신 대로 솔로몬이 성전을 짓고 예배를 드린 그때였다. 그러나 솔로몬의 탈선과 그의 죽음 이후 남·북왕국의 분열과 멸망은 그 자랑스러웠던 예배의 기록이 단절되는 아픔을 가져왔다. 오직 남왕국이 바벨론에서 포로로 사는 기간 동안에 등장한 회당예배(synagogue worship)는 예배 역사에 중요한 변화의 가교역할을 한다.

지금까지 제사장들은 성전에서 번제, 소제, 화목제, 속죄제, 속건제를 드릴 때 동물을 죽여 제단에 바치거나 곡물을 태우는 등의 의식을 주관하였다. 그러나 성전을 잃고 포로생활을 이어가는 중에 등장한 회당예배는 새로운 내용을 보여주었다. 거기는 먼저 희생제사 대신 랍비들이 성경을 읽고 해석하는 일이 예배의 중심이었다. 그때 모두가 말씀 앞에 일어서서 지극한 경외감을 표시하고 축원 또는 기도, 시편을 가지고 하나님을 찬양하였다. 이들은 회당에서의 예배를 일회적으로 끝내지 않고 가정으로 이어갔으며, 새벽, 아침, 정오에 드리는 기도생활도 활발하게 전개하였다. 이러한 회당예배는 포로생활을 끝내고 귀국한 후에도 성전예배와 함께 지속되어 신약시대 말씀 중심의 예배 발전에 지대한 영향을 끼치게 되었다.

신약시대의 예배는 성전예배와 회당예배가 공존하는 시대였다. 예수님은 유월절을 비롯한 그 민족의 절기들을 지키는 성전예배를 인정하면서도 말씀 중심의 회당 모임을 선호하셨다. 예수님은 "하나님을 사랑하며 네 이웃을 네 몸과 같이 사랑하라"는 계명을 반복하시면서 하나님을 예배하는 일과 실천 중심의 윤리성을 계속 가르치셨다. 그러면서 예수님은 예배에 대한 백성들의 내면적인 각성과 실천을 강조하셨다. 때로는 상업의 무대로 변한 성전에서 화를 내시면서 성전의 고결성을 부르짖었다(마 21:12-13). 그리고 예배는 "영과 진리로 드려야 함"을 강조하시면서 예배의 본질 회복을 가르치셨다(요 4:23-24).

예수님의 예배에 대한 가르침과 실천은 새로운 모형을 제시하였다. 그것은 바로 하나님이 주신 말씀과 역사 속에서 하나님의 현재적 음성을 듣는 일과 예수님이 십자가 위에서 구속의 대업을 위해 희생제물이 된 것을 재현하고 회상하는 성찬성례전의 제정이었다. 그리고 예배의 대상은 하나님과 동등하신 자신을 향한 예배가 되어야 함을 말씀하셨으며(마 2:27-28), 이는 결국 종교지도자들의 분노로 유발되었고 십자가 수난이 이어졌다.

예수님이 승천하신 이후 신약시대의 주역이었던 사도들이 보여주었던 예배의 관심과 활동은 크게 세 부분에서 뚜렷이 나타나고 있었다.

먼저, 그들은 예수님이 보여주신 대로 성전을 출입하며 예배를 이어갔다. 이스라엘 민족의 선민사상과 그들이 성자 예수님을 영접하지 않는 문제에 심각한 갈등을 느끼면서 그 민족의 구심점이었던 성전예배를 소중하게 생각했다. 유대 종교지도자들과의 갈등이 심각했으나, 그리스도교의 유대화를 위해 성전을 중심으로 한 활동을 멈추지 않았다(눅 4:53).

둘째, 동시에 예루살렘 이외의 지역에 있었던 회당에서의 모임과 예배에 안식일마다 함께하였다. 뿐만 아니라 바울을 비롯한 많은 사도들은 회당을 전도와 예배의 처소로 사용하였다. 이들이 회당에서 드린 예배의 내용은 성경을 봉독하고, 랍비들이 그 말씀을 강해하고, 신앙과 교훈과 윤리의 핵심을 가르치는 일이 먼저였다. 그 다음으로는 고정된 기도의 내용과 형태를 가지고 기도를 드렸다.

셋째, 날이 가면 갈수록 예수님께서 제정하신 성찬성례전이 예배의 핵심으로 자리를 굳혔다. 사도들은 주님께서 인류를 구원하시기 위해 찢기신 성체(性體)와 남김없이 흘리신 보혈을 매주 받아먹는 성찬성례전을 단순한 기념의 개념을 넘어 매우 중요한 예배의 핵심으로 여겼다. 이 예식을 통하여 주님이 담당하신 구속의 실상을 회상하고 재현하면서 순교도 불사하는 신앙을 키워나갔다. 그 이후 성찬성례전은 보이는 말씀(visible words)으로 예배의 모든 순서 중에 가장 우위에 놓이게 되었다. 그 결과 신약성경의 예배 전통은 말씀과 성찬성례전이 예배의 핵심으로 뿌리를 내렸다.

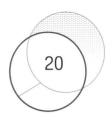

20

신앙의 자유를 누리면서 변하게 되는
예배의 모습

로마의 황제 콘스탄티누스가 313년 "밀라노칙령"을 발표하자 그리스도교는 새로운 전환점을 맞게 되었다. 그동안 지하에서 비밀리에 2~30명씩 집단을 이루어 예배를 드리던 그리스도인들이 자유롭게 세상에 등장하자 로마는 그리스도인으로 가득하였다. 그리고 380년 로마의 황제 데오도시우스가 그리스도교를 로마의 국교로 선포하기에 이르자 그리스도교는 새로운 국면을 맞이하게 되었다. 이러한 역사의 대변혁이 일어나자 교회는 이전에 단순했던 옛 모습으로 지탱하기가 힘

알고 드리는 예배, 알고 듣는 설교

이 들었다. 그래서 지역적으로 새롭게 교구를 정하고 성전들을 건축하고, 이에 따른 행정체계를 갖추기에 이르렀다. 그 결과 주교, 대주교, 총대주교, 그리고 교황으로 이어지는 조직을 갖추게 되었다.

특별히 콘스탄틴 대제가 예루살렘과 베들레헴, 그리고 콘스탄티노플에 대성전을 건축하는 것을 비롯하여 도처에 대형 예배당들이 세워짐으로, 지금까지 소집단으로 명맥을 유지하면서 단순하게 드리던 예배에도 거대한 변화를 가져오기에 이르렀다. 거대한 조직사회로 변화되면서 예배는 개교회의 임의대로 예배 내용을 갖춘 것이 아니라, 교황청이 제시한 예배 형태를 따라야 했다. 이러한 예배의 변화는 크리소스톰(347-407)과 어거스틴(354-430)과 같은 위대한 설교가들을 낳았고, 설교가 예배의 중요한 축으로 자리잡도록 이끌면서 예배의 장엄한 현상은 그리스도교의 새로운 세계를 누리게 하였다.

반면에 그리스도교가 로마의 국교로서 정치와 사회의 모든 분야에 막강한 영향력을 끼치게 되자 교회와 성직자들의 순수성은 시들기 시작하였다. 특별히 430년 어거스틴의 죽음 이후 설교가 암흑기에 진입하게 되면서 말씀이 예배에서 활기를 잃게 되자, 교회와 사회는 중세의 암흑기를 향하여 달리게 되었다. 지금까지 '말씀의 전례'와 '성찬전례'가 두 축이 되었던 예배에 설교는 점차적으로 생명력을 잃게 되고, 마침내는 '말씀의 전례'가 생략되기에 이르렀다. 그리고 성찬성례전만을 중심한 예배는 신비적 현상과 미신적인 형태로 변질되기 시작하였다. 인위적인 예배 순서가 예배 속에 들어오게 되었고, 성찬성례전은 극적인 신비의 현상으로 변질되는 경우가 빈번하였다. 거기에 더하여 성경이 성직자의 전유물이 되어 성도들이 전혀 볼 수 없는 환경이었기에 성경의 중요한 교훈들을 벽화와 성상조각을 통하여 보여주려는 의도가 보편화되었다. 그러나 그 결과는 본래 의도와는 달리 숭배의 대상으로 변하기도 하였다.

콘스탄티노플을 중심한 동방교회와 로마를 중심한 서방교회는 신학적인 문제를 비롯하여 예배예전에 이르기까지 심각한 대립을 가져왔다. 동방교회는 전통적인 예배예전을 고집하였고, 서방교회는 자유로운 신학과 예전을 추구하면서 서로가 각기 다른 길을 걷기 시작하였다. 동방교회는 그리스어를 사용하는 헬라문화권 중심지에 뿌리를 내렸기에 그들의 시와 문학과 예술과 철학이 그들의 신앙생활에 지대한 영향을 끼쳤다. 그래서 성전의 구조부터 예배예전의 순서에 이르기까지 풍부한 상상력과 표현으로 이루어진 수많은 초상(肖像, Icon)과 벽화들로 성전이 장식되기도 하였다. 여기에 반하여 서방교회는 라틴어를 사용하는 게르만문화가 지배하면서 실용주의 정신이 신앙과 예배 속에 적용되었다. 특별히 서방교회가 성모 마리아를 신격화하여 인간 이상으로 경배하고 각종 성자축일과 성상을 만들어 숭배하는 예배 행위들은 예배의 본질을 훼손시키는 요소로 나타났다. 특히 연옥설이나 교황의 무오설과 같은 신학적 주장은 동방교회의 비난의 대상이었다.

이러한 언어와 문화권의 차이를 비롯하여 동·서방교회의 신학과 정치적 분열은 교회에 직접적인 영향을 끼쳐 갈등을 거듭하게 되었고,

알고 드리는 예배, 알고 듣는 설교

마침내는 1054년 동방교회와 서방교회가 각각 독자적 길을 걸음으로써 하나였던 교회가 둘로 갈라서는 최초의 교회 분열의 기록을 남겼다. 마침내 동방정교회(Eastern Orthodox Church)는 그리스와 제정 러시아를 중심으로 존속하였고, 서방교회(Catholic Church)는 로마의 교황청을 중심하여 오늘에 이르고 있다.

여기서 우리는 교회가 절대 권력과 재물을 소유했을 때 순수성을 잃게 됨을 읽게 된다. 뿐만 아니라 주어진 자유는 하나님을 향한 절박한 감사와 찬양으로 이어지는 예배를 위함이 아닌 인간 중심의 탈선을 재촉하는 촉매제로 오용된다는 교훈을 받게 된다.

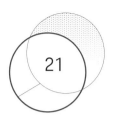

종교개혁은 개신교에
다양한 예배의 줄기를 형성시켰다 (1)

종교개혁이 예배를 통하여 놀라운 속도로 진전되자 개혁자들은 예
배에 대하여 특별한 관심을 기울이기 시작하였다. 종교개혁의 주역들
은 지난 강의에서 열거한 예배 개혁의 항목들에 원칙적인 합의를 보
고 개혁의 공동보조를 취하였다. 종교개혁이 성공적인 결실을 거두자
그들은 예배에 대한 자신들의 입장을 굽히지 않고 독자적인 노선을 걷
게 되었다. 개혁자들이 속한 국가와 교회와 신학의 배경은 예배의 형태
와 내용을 각기 달리하는 데까지 영향을 끼치게 되었다. 그들은 개신교

(Protestant)라는 한 지붕 밑에 있으면서도 예배 개혁의 현상을 각기 달리하며 다음과 같은 독자적인 줄기를 형성하게 되었다.

1. 예배전통을 소중히 여겼던 루터와 예배 개혁

"오직 의인은 믿음으로 말미암아 살리라"(롬 1:17), "우리가 믿음으로 의롭다 하심을 받았으니…"(롬 5:1)라는 말씀을 통해 마틴 루터(Martin Luther, 1483-1546)는 새로운 서광을 보게 되었다. 이 말씀에 의하여 구원에 대한 새로운 확신을 갖게 되었던 그는 당시 "행함에 의한 구원"을 강조한 로마 가톨릭에 반기를 들고 개혁의 기치를 들게 되었다. 그의 예배개혁은 매우 온건한 편이었다. 그는 중세교회의 미사로부터 어떤 급격한 변화를 주장하지 않았다. 오직 문제가 되는 현안들에 대하여 수정보완하려는 자세를 취하였다.

루터의 최우선적인 관심은 지금까지 사용해 온 미사의 형태나 내용에 대한 획기적인 변화보다 "예배는 온 회중이 이해할 수 있는 자신들의 언어로 드려야 함"에 있었다. 그래서 그는 『독일어 예식서』 발간과 함께 독일어 찬송을 부르게 하고, 마침내는 독일어 성경을 번역하는 거대한 작업을 펼쳤다. 가장 획기적인 것은 "말씀의 예전"을 회복하여 성경을 봉독하고 설교를 하는 일이었다. 모국어를 사용하는 예배 집례를 비롯한 성경과 설교는 하나님을 새롭게 모시고 예배하는 감동을 불러일으켰고, 삽시간에 백성들의 절대적인 지지를 받게 되는 거대한 촉진제가 되었다. 그는 또한 음악을 하나님이 주신 선물로 간주하면서 회중이 쉽게 부를 수 있는 찬송의 작사, 작곡에 대단한 열의를 보였다. 그리고 예배를 마칠 때의 축도는 지금까지의 바울의 축도(고후 13:13) 대신 아론의 축도(민 6:24-26)를 하였다. 또 하나 중요한 것은 지금까지 믿어온 성물(聖物, 떡과 포도주)이 그리스도님의 몸과 피로 변한다는 화체설(化體說)에 반대하고, 성찬에 그리스도님께서 "실질적으로 임재함(the real presence)"을 의미하는 공존설(共存說, Consubstantiation)을 주장하였다. 그 외에 죽은 자를 위한 미사, 성직자의 독신주의, 평신도에게 성찬 잔을 주지 않는 것, 고해성사 등을 반대하였다. 하지만 그 외의 예배 부분들은 기존 형태를 고수하려는 입장을 취하였다.

2. 영국국교회의 예배 개혁

영국의 국왕 헨리 8세는 종교개혁의 확산에 힘입어 1543년 수장령을 발표하고 영국의 왕이 영국국교회(Church of England)의 머리 됨을 선언함과 동시에 로마교회를 벗어나 독자적인 노선을 걸었다. 그는 켄터베리 대주교 토마스 크랜머(Thomas Cranmer, 1489-1556)를 앞세워 예배 분야의 개혁을 시작하였다. 크랜머는 예배의 핵심을 말씀과 성찬성례전에 두었으며, 1549년에는 유명한『공동기도서』를 만들어 영국국교회의 예배 개혁을 완성하기에 이르렀다. 이 교회의 예배 성격은 가톨릭과 개신교의 양면성을 가지고 있는 특색을 보이면서도 예배의 방향과 표준에 있어서는 성경에 바탕을 두고 있었다. 또한 이들은 가톨릭교회의 7성례를 지키면서도 화체설은 거부하였다. 거기에 더하여 가톨릭의 연옥, 면죄부, 성상 및 유물의 숭배를 거부하였고, 고해성사와 같은 중보의 행위를 수용하지 않았다. 이들은 준비 없는 즉흥적인 기도보다는 철저한 준비와 명상 속에서 작성된 기도문을 예배시간에 드릴 것을 강조하면서 왕을 위한 기도를 제도화하기도 하였다. 현대의 예배신학자들은 이들의 예배가 훌륭한 예배신학과 실제의 전통을 담고 있다는 평을 하고 있다. 이러한 예배 내용의 특색 때문에 세계 도처에서 지금도 건재할 뿐만 아니라, 로마 가톨릭과 개신교의 중간 지점에서 예배의 대화를 이끌고 있다. 그러나 왕권을 교회의 최고 위치에 놓고 예배를 엄격한 제도 속에 묶어버리는 결과를 초래하였다. 그러자 하나님 앞에 순수하고 경건하게 신앙생활을 하고 싶어 하는 청교도들이 자연스럽게 무리를 이루어 새로운 교회의 세계를 추구하였다.

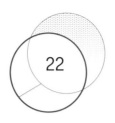

22

종교개혁은 개신교에
다양한 예배의 줄기를 형성시켰다 (2)

3. 울리히 츠빙글리와 그 계열의 예배 개혁

스위스 취리히를 중심하여 개혁 활동을 전개했던 츠빙글리(Huldrych Zwingli, 1484-1531)는 종교개혁에 있어 루터와 쌍벽을 이루었던 인물이다. 그는 로마 가톨릭교회가 지켜온 신조나 예배예전을 거부한 극단적인 개혁의 주도자였다. 그는 1523년 자신의 개혁사상을 담은 67개 항을 제시하였다. 그 내용은 화체설, 교황의 권위, 성자숭배, 순례의식, 연옥설,

알고 드리는 예배, 알고 듣는 설교

금식, 우상화된 성상숭배, 미사의 희생제사적 성격 등을 부인하는 것이었다.

그는 개혁의 현장에서 성찬성례전의 기념설을 주장함과 동시에 예배에서 음악을 배제하고 시편의 교송으로 대체하는가 하면, 매주일 가졌던 성찬성례전도 1년에 4회로 축소해 버리고 오직 설교만을 강조하였다. 뿐만 아니라 예배당 안의 십자가를 포함하여 모든 상징물들을 철거하는 매우 급진적이고 과격한 개혁을 주도한 개혁자였다. 그의 예배개혁은 초대교회 때부터 매주일 지켜왔던 성찬성례전을 비롯한 기타의 성스러움과 신비의 감각을 배제하고 말씀만을 강조하였다.

츠빙글리는 어느 개혁자보다도 하나님 이외에는 어떤 대상도 숭배할 수 없다는 확고한 의지를 가지고 곳곳에 만연된 성상과 제단을 제거하고 말씀에만 의거하는 교회가 되어야 한다는 주장을 굽히지 않았다. 그는 장로교를 비롯한 말씀 중심의 개혁교회가 오직 복음 중심의 교회가 되게 하는 데 지대한 영향을 남기게 되었다. 그의 사역 말년에 "내가 믿기로는 설교는 가장 거룩하고 신성한 사역이다. 설교자의 설교사역은 믿음에 의해서 이룩되며 그 믿음은 성령님에 의해서 주어졌다"라고 갈파하였다. 진정 그는 설교 위주의 예배만을 고집하면서 살다가 떠난 개혁의 주역이었다.

그러나 예배의 소중한 유산과 전통을 지나치게 배제한 그의 예배개혁을 두고 맥스웰은 "츠빙글리의 예배는 가장 미흡한 개혁교회 내용을 담고 있으며 가장 슬픈 영향을 후대에 남겼다"는 평가를 한다.

4. 마틴 부처의 예배 개혁

마틴 부처(Martin Bucer, 1491-1551)는 루터가 종교개혁의 당위성을 발표한 토론회에서 깊은 인상을 받고 루터를 따라 수도사에서 종교개혁자로 전향하게 된 인물이다. 그는 루터를 "신학자들 가운데 가장 진지하고 그리스도인들 가운데 가장 존경하는 아버지"라고 부르면서 그의 추종자가 되었다. 그가 혼신의 힘을 다하여 개혁을 진행했던 곳은 독일의 스트라스부르였다. 1530년 그가 그곳 교구의 감독이 되면서 예배 의식의 개혁뿐만 아니라 교육 개혁에까지 새로운 변화를 시도하였다. 그가 단행했던 예배 개혁은 보수적인 입장을 취했던 루터와 지나치게 예배의 전통을 외면하고 단순화한 츠빙글리의 중간 지점에서 단행되었다는 점에서 후대의 새로운 관심을 끌게 되었다. 그 내용을 요약하면 다음과 같다.

1) 지금까지 예배의 현장에서 성직자를 '신부(priest)'라고 호칭한 것을 '목사(minister)'로 부르게 하면서 예배의 집례뿐만 아니라 교인들을 섬기는 직무까지 부여하였다.
2) 예배를 미사(Mass)라고 불렀던 것을 '주님의 만찬(Lord's Supper)'으로 칭하고 제단(altar)이라는 용어 대신 성찬상(holy table)이라는 용어를 사용하였다.
3) 미사(성찬)만이 있었던 지금까지의 예배에 '말씀의 예전'과 '성찬

성례전'을 분리하여 드리게 하였다. 그러나 매주일의 성찬성례
전은 대성당에서 지키도록 하고, 일반 교회는 월 1회로 시행할
수 있도록 하였다.

4) 지금까지 신앙고백은 신앙고백이 구체화되어 있는 니케아 신조
를 사용해 왔으나 간결성을 고려하여 사도신경으로 대체하였다.

5) 축도는 지금까지 바울의 축도(고후 13:13)에서 아론의 축도(민
6:24-26)를 하도록 했다.

6) 성찬성례전에서 수찬의 형태는 회중이 성찬상 앞으로 나아가
서 서서 받거나 무릎을 꿇고 받도록 하여 수찬자의 경건한 자
세를 강조하였다.

부처의 예배 개혁의 광채는 훗날 훨씬 강한 빛을 발하였다. 특별히
개혁교회가 예배의 전통을 지나치게 상실하였음을 깨닫게 되자 부처는
새로운 예배개혁자로서 조명을 받게 되었다.

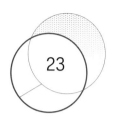

종교개혁은 개신교에
다양한 예배의 줄기를 형성시켰다 (3)

5. 장 칼뱅의 예배 개혁

칼뱅(Jean Calvin, 1509-1564)은 루터나 츠빙글리보다 25년 후에 태어났으며, 종교개혁 2세대의 가장 중요한 인물로 평가를 받고 있다. 그는 마틴 루터와 츠빙글리가 쌍벽을 이루면서 시작한 종교개혁을 완성시킨 개혁자이다. 그의 명저 『기독교강요』(1536)는 기독교의 바른 신학을 정립했을 뿐만 아니라 개혁교회, 특히 장로교의 신학적 바탕으로 오늘도

알고 드리는 예배, 알고 듣는 설교

사용하고 있다.

칼뱅은 제네바를 중심하여 개혁의 열정을 다했으나, 츠빙글리의 개혁사상이 뿌리를 내렸던 터전에서 29세의 젊은 신학자의 이상적인 개혁은 환영을 받지 못하였다. 그 한 예로, 그는 매주일 성찬성례전을 거행해야 함을 주장했지만 의회는 받아들이지 않고 츠빙글리의 연 4회 성찬을 고수하면서 그를 1538년 추방하기에 이르렀다.

칼뱅은 1541년 제네바의 부름을 받고 다시 돌아왔지만 새로운 예배 개혁을 시도하지 않고 앞에서 언급한 부처의 예배 형식을 그대로 수용했다. 그러나 그는 어느 개혁자보다 성찬성례전에 대해 깊이 있는 신학을 발표하였다. 그는 가톨릭교회에서 전통적으로 지켜온 7성례를 거부하고 세례와 성찬만을 성례로 인정할 것을 주장하였다. 또한 츠빙글리가 주장한 "기념설"에 반대하고 "영적 임재설"을 강조하면서 성물(聖物)은 영적인 생명을 유지하게 하는 것으로 효력을 발생해야 하고, 그리스도님은 성령님의 역사와 말씀을 통하여 임재하신다는 성찬성례전 신학을 확립하였다. 그의 신학은 후에 개혁교회의 기본으로 자리잡게 되었다.

6. 존 낙스의 예배 개혁

장로교의 신학적인 원조는 장 칼뱅이지만 장로교의 조직과 예배의 원조는 스코틀랜드 개혁자 존 낙스(John Knox, 1513-1572)와 멜빌(A. Melville,

1545-1622)이다. 낙스는 로마 가톨릭의 신부로 있다가 개혁자 위샤트(G. Wishart)를 만나 개혁자의 길을 걷게 되었다. 그는 영국 메리 여왕의 혹독한 박해 앞에서도 굽히지 않는 개혁자였다. 그가 제네바로 망명하여 영국의 망명객들을 위한 목회를 하면서 부처와 칼뱅의 예배 형식을 수용하였고, 칼뱅 밑에서 신학적인 기반을 닦았다. 그가 메리 여왕의 사후에 귀국하면서 예배모범을 들고 와서 스코틀랜드교회의 총회 비준을 받았으나 영국의 제임스 1세와 대를 이은 찰스 1세가 왕을 교회의 수장으로 여기는 예배모범을 거부하자 치열한 싸움을 거친 후에 『웨스트민스터 예배모범』이 1645년에 제정되었다. 이 예배모범은 모든 장로교 예배의 기본이 되어 오늘까지 이르고 있다. 그 내용을 보면 다음과 같다.

1) 주일성수는 철저히 준수한다.

2) 예배의 분위기는 엄숙하고 진지해야 한다.

3) 주일예배의 시작은 '죄의 고백'으로 한다.

4) 설교 전에 설교자의 죄까지 고백하고 하나님의 은혜를 간구한다.

5) 성경봉독은 66권을 차례대로 엄숙하게 봉독한다.

6) 설교는 복음 선포에 가장 중요한 부분임으로 설교자는 성경의 원어를 비롯하여 신학, 문학, 과학의 지식을 소유해야 한다.

7) 성찬성례전은 자주 갖는 것을 원칙으로 하고, 집례시 제정의 말씀과 그 말씀의 적용을 간단히 한다. 수찬자들은 모두 앞으로 나와서 받는다.

알고 드리는 예배, 알고 듣는 설교

8) 예배 찬송은 시편으로 고유한 운율에 의하여 부른다.

이러한 원칙을 가지고 말씀의 예전은, 예배로 부름/기원/구약봉독/ 신약봉독/시편송/고백과 중보의 설교 전 기도/설교/설교 후 기도/주님의 기도를 드리고, 이어지는 성찬성례전은 봉헌/성찬 초대사/성물의 배열/성찬 제정사/권면/성찬기도/성체분할/분병분잔/성찬 참여/권면/성찬 후 기도/시편송/강복선언으로 예배를 구성하였다.

7. 재세례파의 예배 개혁

재세례파는 16세기 종교개혁 당시 급진적인 개혁을 주장했던 개혁 교회의 한 종파로서 초대교회의 순수성 보존을 주장했다. "예배를 위해 들어오시오. … 섬김을 위해 나가시오"라는 표어대로 공동체의 삶 속에서 예배의 연속을 추구하였다. 그들은 유아세례를 반대하고 로마 가톨릭교회에서 받은 세례도 무효로 하였다. 이들은 성경적 근거가 없는 찬송가는 거부하였고, 정·교 분리 원칙에 따라 신자의 정치 참여와 군입대를 거부하였다. 제네바와 네덜란드를 비롯하여 유럽의 신·구교 거의 모든 교회가 이들을 이단으로 취급하면서 극심한 핍박을 가하였다. 지금은 미국의 메노나이트 교회를 비롯하여 전세계에 120만의 신자가 있는 것으로 알려지고 있다.

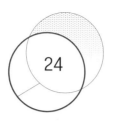

18세기 이후에 등장한
새로운 예배의 줄기들

종교개혁의 결실로 이어진 예배의 새로운 전통은 주로 영국국교회(Church of England)와 루터교, 그리고 개혁교회로 그 줄기를 형성했다. 이들은 모두가 모국어 성경과 설교를 예배 가운데 회복함으로 과거에 경험해 보지 못한 활기찬 예배를 실감하였다. 또한 약 2세기 동안 개신교라는 한 지붕 아래에서 예배의 형식과 강조점의 차이를 서로가 인정하면서 예배의 줄기를 이어가고 있었다. 그러나 영국의 막강한 정치, 경제, 군사력을 등에 업고 영국국교회가 세계로 확장해 나갈 때, 교회는 제도권 속에서 순수한 복음이 식어지고 예배는 형식화되면서 영적인 각성의 필요성이 높아지고 있었다.

1. 존 웨슬리 계열의 감리교와 성결교

영국국교회의 사제였던 웨슬리(John Wesley, 1703-1791)는 동생 찰스 웨슬리와 함께 옥스퍼드대학에서 영적 생활의 회복을 위한 새로운 운동을 전개하면서 신성회(Holy Club)를 조직하고 경건생활에 매진하였다. 이 모임은 후에 영국과 미국에서 감리교단을 형성하게 되었다.

웨슬리의 신학사상은 칼뱅의 예정론을 거부하고 인간의 자유의지를 주장하면서 하나님의 은총에 대한 인간의 반응이 반드시 수반되어야 함을 강조하였다. 예배에 있어서 그들은 성화(聖化)의 삶을 돈독하게 하기 위해 가급적 매주일의 성찬 참여를 독려하였고, 이 예전에서 그리스도와의 만남이 이룩됨을 강조하였다. 이들은 예배를 통하여 하나님과의 대면을 이룩하고 예배자들의 정화됨을 가르친다. 또한 경배와 헌신의 의미가 담긴 찬송을 강조하면서 감리교 교리를 시와 가락으로 만드는 것에 많은 힘을 기울였다. 웨슬리는 영국국교회의 사제로서 예배예전의 형식들을 중요하게 여겼기에 예배 순서에 있어서는 어떤 개혁교회보다 더 섬세하고 엄격하였다. 그러나 1795년 감리교협회가 영국국교회로부터 독립을 하고 관계를 단절하자 자유로운 예배 형식을 보이기 시작하였다.

한국교회의 주요 교단 중의 하나인 성결교회는 19세기 말 미국의 성결운동(Holiness movement)의 영향을 받아 설립되었다. 존 웨슬리의 그리스도인의 완전성화론을 뿌리로 하였던 감리교 계열의 그리스도인들은 교회가 성경보다 이성을 중시하고 개인의 성화보다 사회적 관심에 비중을 더하는 것에 반대하면서, 완전한 성화에 이를 수 있는 신학적 바탕을 성결, 중생, 신유, 재림에 두고 성결운동을 전개하였다. 이러한 성결운동은 동양선교회(Oriental Missionary Society)가 모체가 되어 1921년에는 한국인들의 성결교회가 설립되었고, 이들은 '사중복음'을 성경 해석과 신앙생활의 요체로 삼아 중생, 성령세례, 신유의 복음, 그리고 재림을 대망하는 종말론적 신앙이 강조된 메시지와 기도와 찬송을 강조하였다.

2. 오순절 계열의 예배

19세기 말 성결교와 감리교에서 분리된 오순절교회는 성령세례와 방언, 신유의 은사를 강조하는 새로운 예배 전통을 가져왔다. 이들은 하나님을 찬양하기 위해 함께 모이는 집회적 특성을 보였다. 그 결과 오순절교회의 음악은 창의력과 표현력을 달리하면서 복음성가를 보편화시켰다. 더욱이 악기들의 활용에 있어서는 지금까지의 전통적인 교회보다 훨씬 더 중요시하였다. 그들이 드리는 기도 현장은 방언기도가 활발하였고, 체험적 신앙이 강조되었다. 설교는 일정한 시간의 제약을 받지 않았으며, 성찬성례전은 월 1회 정도 설교 후에 이어지도록 하였다.

3. 침례교 계열의 예배

현대 침례교는 17세기 초 제도화된 영국국교회에 저항을 하다 심한 박해를 받고 네덜란드로 갔다가 돌아온 분리주의자들에 의하여 활발히 전개되었다. 이들은 형식적인 예배로부터 자유로운 예배를 추구했다. 이들은 설교와 성찬을 하나님의 계시가 주어지는 중요한 방편으로 여겼다. 이에 대한 응답으로서 경배, 회개, 감사, 탄원, 봉헌, 중보기도가 있었으나, 그들의 예배는 교단이나 예식서에 의존하지 않고 회중에 의하여 즉흥적이고 자유롭게 이어졌다. 그러나 예배의 중심은 언제나 성경을 기반으로 한 설교에 두었다. 어느 교단보다 열의를 가지고 성경교육에 우선을 둔 결과 설교의 역사에 있어 거장들을 많이 배출하였다.

그 외에도 17세기 미국으로 이주한 청교도들의 계열인 회중교회를 비롯하여 형제단교회, 퀘이커교, 19세기의 구세군 등의 다양한 예배 전통이 있다.

4장

평신도가 참여해야 할 예배의 실천

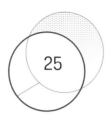

우리는 '예배'라는 용어를
너무 남발하고 있다

하나님은 일찍이 야고보를 통하여 인간의 언어생활과 관련하여 매우 의미심장한 가르침을 주셨다. 그것은 수없이 실수를 저지르는 인간의 삶에서 가장 주의를 기울여야 할 것이 "말의 실수"라고 말씀하시면서 말의 실수가 없는 인간이 완전한 사람이라는 가르침이다(약 3:2).

인간이 사용하는 말이란 자신의 사고 또는 자신이 알고 있는 사실을 표현하는 가장 기본적인 도구이다. 그래서 표현하는 언어에 따라 그의 이성과 지성의 정도를 파악하게 된다. 주전 6세기의 철학자였던 피

타고라스는 "언어는 정신의 호흡이다"라는 유명한 말을 남겼다. 이를 생각해 보면 언어 호흡이 바르게 작동하지 못한다는 것은 정상적인 인간으로서의 구실을 하기 어렵다는 말이다.

한국교회와 예배에 있어서도 가장 먼저 문제가 되는 것은 바로 '예배'라는 용어의 남발이다. 그리스도인들이 일상적으로 교회생활을 하면서 주일예배 외에 각종 모임에 예배라는 이름을 붙인다. 수요예배, 새벽예배, 금요예배, 위임예배, 임직예배, 돌예배, 생일예배, 결혼예배, 회갑예배, 임종예배, 입관예배, 장례예배, 위로예배, 심방예배, 기공예배, 준공예배, 축하예배 등등 헤아리기가 힘들 정도이다. 이는 기독교의 전통을 이어온 다른 나라에서 들어보기 매우 힘든 표현들이다. 특별히 영어권에서는 상상도 할 수 없는 표현이다.

이처럼 예배 용어의 남발을 접하다 보면, 무엇보다 한국교회가 예배라는 용어의 깊은 뜻을 헤아리지 못하거나, 예배의 본질을 근본적으로 이해하지 못하고 맹목적으로 예배 행위를 답습하는 듯하여 안타까울 때가 많다. 성삼위일체 되신 하나님만을 예배하는 엄숙하고 경건해야 할 예배 행위가 마치 인간을 위한 예배 행위로 전락하고 있는 현장의 한복판에 서 있는 것과 같이 느껴질 때가 많다. 언어란 생각을 문자화하는 것이며 생활화시키는 절대적인 도구이다. 이 도구가 오용될 때 본질은 달라지고 탈선의 궤도를 달리게 된다.

이러한 기이한 현상의 원인을 다음 세 가지로 요약할 수 있다. 하나는 한반도에 일찍부터 자리잡은 재래종교들이 어디서나 공통적으로 복을 비는 행위가 기독교의 예배와 분리되지 않고 있는 현상이다. 둘째는 한국교회 신학교육에 있어서 교회마다 전무(全無)한 예배학교육이 한 세기가 다 되어서야 시작되었다는 점이다. 셋째는 우리말 성경에서 예배라는 용어를 올바르게 번역하지 않아 성경에 나타난 예배의 정신과 존엄성을 올바로 깨닫지 못한 이유 때문이다. 그 실례로, 100년이 넘도록 우리말 성경 구약에는 '예배'라는 단어가 한 군데도 없었다. 다행히 1977년 "독자들이 원문을 읽는 사람과 같은 내용을 파악할 수 있도록 하려는 목적"으로 신구교 학자들이 번역한 『공동번역』에서 구약 135회, 신약 36회에 걸쳐 '예배'라는 단어를 사용하고 있다. 지금 통용되고 있는 개역개정판에서는 겨우 구약에 30여 곳, 신약은 15곳에만 '예배'라는 단어가 보인다. 그 외에 사용된 예배라는 원어는 모두 '경배하다', '섬기다'로 번역하였다. 이는 영어성경(KJV)에서 'worship'이 구약 115회, 신약에서 75회가 쓰인 것과는 너무나 대조적이다.

이제라도 우리는 '예배'라는 용어를 적재적소에 활용할 수 있는 교회의 모습을 보여야 한다. 교단마다 이러한 고민을 안고 예배모범과 예배·예식서를 출간하여 '예배'라는 용어의 바른 사용을 권장하고 있지만, 앞에서 지적한 대로 오랜 시간 관습처럼 잘못 사용되어 온 예배 용어의 남발은 시정되지 않고 있다. 조금만 생각하면 돌예배, 생일예배, 위로예배, 축하예배, 임직예배 등등이 하나님께 드리는 예배가 아님을 알수 있게 된다. 이 모두는 인간을 향한 축하 행위임에도 불구하고 예배라는 용어를 거침없이 사용하는 안타까운 실정에 있다.

알고 드리는 예배, 알고 듣는 설교

그래서 다음과 같은 용어들로 그 이름들을 변환시키는 것이 매우 시급하다.

1) 예배라는 용어는 주일예배, 주일 찬양예배를 지칭하고, 특수한 경우에는 '추수감사예배', '3·1절 기념 감사예배'로 부른다.

2) 그 외에 교회가 함께하는 모임은 새벽기도회, 수요기도회, 금요 기도회(금요심야기도회)라 한다.

3) 교인들의 가정을 위한 모임에는 심방기도회, 돌(생일)감사기도 회, 위로기도회 등으로 일컫는다.

4) 기타 모임으로 위임, 임직, 결혼, 회갑, 임종, 입관, 장례, 기공, 준 공, 기타 축하행사 등에는 '예식'으로 부른다.

5) 교회의 각종 회의 전에 갖는 기도회는 '경건회'라는 이름을 사 용한다.

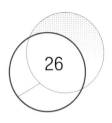

성도들은 경이로운 예배에 참여하는
하나님의 백성들이다

예배가 무엇인지를 정의하는 데서 제일 먼저 우리의 관심을 끄는 것은 어떤 사람들이 어떤 대상에게 예배해야 하는지에 대한 문제이다. 예배가 무엇인지를 다루었던 "4. 새롭게 음미해 보는 예배의 깊은 뜻" 글(본서 p. 28)에서는 예배하는 사람들을 하나님께서 백성으로 부르시고, 예배의 대상은 성삼위일체 되신 하나님으로 설명하였다.

이 규정은 일찍이 하나님이 성별하여 세운 이스라엘 백성에게 모세를 통하여 주신 십계명에 명기되어 있다. 십계명의 전반부의 명령은 하나님만을 예배하라는 간곡한 내용이었다. 그리고 이 예배가 그 백성들이 지켜야 할 최우선의 의무임을 강조하고 있다.

이 계명은 이스라엘 백성이 이집트에서 나와 광야생활을 하는 동안에 모세를 통하여 주어진 준엄한 명령이었다. 이 명령은 어느 시대나 환경의 제약을 받지 않고 지속되어야 하는 계명으로 오늘의 그리스도인들이 지키고 있다. 이유는 하나님은 영과 진리로 예배하는 하나님의 백성들을 지금도 찾고 계시기 때문이다(요 4:23). 그래서 현대 예배신학자들은 예배란 하나님과 그 백성 사이에서 발생된 경이로운 사건(event)이라고 하는 데 모두가 동의한다.

이어서 예배하는 하나님의 백성들이 먼저 갖추어야 할 기본 요건이 언급된다. 그것은 하나님이 주신 창조의 은총과 예수 그리스도님을 통하여 주신 구원의 은총을 깨달아야 한다는 원천적인 문제이다. 예배의 현장은 진정한 의미에서 아무나 원하는 대로 참여할 수 있고 예배의 특권을 누릴 수 있는 것이 아니다. 그리스도교의 진리에 대한 정확한 이해가 없이 참여한 예배는 하나의 관중일 뿐이다. 예배에서 진행된 순서 하나하나에 담겨 있는 깊은 뜻을 알기 위해서는 우리에게 주신 다음의 은총에 대한 확고한 이해와 깊은 신심이 있어야 한다.

먼저, 하나님이 누구시며 그분으로부터 어떤 은총을 입었는지를 깨닫는 것이 우선적이다. 하나님이 나의 영육의 생명을 주관하시는 창조주 아버지시며, 우주의 만물을 만드시고 다스리시는 조물주 하나님이심을 확신해야 한다. 또 하나의 사실은 죗값으로 사망에 이른 죄인 된 자신을 위해 성자 하나님이신 예수 그리스도님께서 십자가에서 대속의 죽음을 감수하시고 구원해 주신 은총을 실감해야 한다. 그리고 성령님의 역사 안에서 살게 된 몸으로 오늘의 예배를 계속하고 있음을 증언할 수 있어야 한다.

그래서 우리는 예배 때마다 사도신경의 내용을 공통된 신앙고백으로 삼고 우리의 신앙을 고백한다. 이 신앙고백은 예배하는 공동체가 하나님의 자녀로 함께 공생공존하고 있음을 입증하는 것이 된다.

> "나는 전능하신 아버지 하나님, 천지의 창조주를 믿습니다. 나의 그의 유일하신 아들 우리 주 예수 그리스도를 믿습니다. … 나는 성령을 믿으며…."

이 신앙고백 속에서 우리는 성부 하나님이 주신 창조의 은총과 성자 하나님의 구원의 은총, 그리고 성령 하나님의 역사하심을 믿고 따른다. 이 놀라운 은총을 입은 성도들이 예배하는 공동체를 이루어 그 일원으로 살게 된다는 사실은 놀랍고 신비한 사건임에 틀림이 없다. 미천한 신분, 곧 죄인 된 몸이 구원을 받아 하나님을 아버지라 부르면서 그 존전에 나아와 예배한다는 사실을 진지하게 음미해 볼 때 이것은 은혜 중에 은혜이다.

이러한 은총을 깨닫고 하나님의 자녀가 된 신분으로 예배를 드리는 사람은 그 순간을 자신에게 주어진 특권으로 여겨야 한다. 그럴 때 예배는 놀랍고 신기한 사건으로 감격을 안겨준다. 그리고 하나님을 예배하는 순간이 가장 행복한 사건으로 간주된다. 하나님은 이러한 예배의 삶을 이어가는 성도들에게 "옛날의 생활방식, 곧 거짓된 욕망으로 부패해 가는 옛 사람"의 옷을 벗기고 새 옷을 갈아입히신다. 그리고 "마음과 정신이 새롭게 되어 하나님의 모습대로 의와 진리의 거룩함으로 창조된 새 사람"으로 만드신다(엡 4:23-24). 이것이 예배를 통하여 경험하게 되는 신비한 변화이다.

하나님은 지금도 마음과 뜻과 정성을 다하여 예배하는 그의 백성들이 이러한 변화를 경험하기를 원하신다. 그리고 변화된 그들을 가리켜 "새로운 피조물"(갈 6:15)이라 일컫는다. 이처럼 새롭게 지음을 받은 생명들로 하나님을 예배하는 공동체 속에서 일생을 보낸다는 것은 진정 어디에서도 맛볼 수 없는 경이로운 사건(Marvelous Event)이다. 그래서 예배는 언제나 "하늘의 잔치"이며 "감격의 현장"이다.

27

세례성례전의 깊은 뜻을
매일 새롭게 음미해야 한다

그리스도인이 자신의 정체성에 무관심할 때 자신이 지켜야 할 궤도를 이탈하게 된다. 그러나 언제 어디서나 자신이 어떤 신분인지를 인식하고 살아갈 때는 중심을 잃지 않고 정도를 걷게 된다. 교회가 2천 년이 넘도록 지탱해 온 것은 성부, 성자, 성령의 이름으로 세례를 받은 하나님의 자녀들이 흔들림 없이 교회를 지켜왔기 때문이다. 교회가 역사적으로 수많은 신학적 논쟁과 개혁을 거쳐 왔지만, 세례에 대한 이견이나 논쟁은 거의 찾아볼 수 없다. 그 이유는 세례는 어떤 논쟁이나 새로운 해석이 필요 없는 그리스도교의 특유한 성례전이기 때문이다.

그러나 첨단문화의 발전이 위력을 떨치게 되고 신앙이 불요불급한 대상으로 변해가면서 세례의 가치와 위력이 시들기 시작하고 있다. 그 결과 하나님의 자녀로 입적되는 세례의 과정이나 긴급성의 필요성이 약해지고 있다. 심지어는 세례를 받고 하나님의 자녀로 인침을 받은 성도들도 예배를 도외시하고 교회를 부담 없이 떠나는 사례가 많아지고 있다. 이러한 현실을 보면서 세례성례전에 대한 정확한 이해의 필요성을 다시 강조할 필요성을 갖게 된다.

먼저, 세례의 신학적 의미를 살펴본다. 칼뱅은 세례를 "하나님에 의하여 그의 자녀로 삼으시는 거룩한 인침이며, 이것은 그리스도님과의 접붙임을 하는 새로운 출발"이라고 그 뜻을 밝히고 있다. 그리고 현대 신학자 폴 틸리히는 세례란 영적인 공동체에 참여하는 한 인간의 결단이라고 하면서 "새로운 존재(new being)"로 태어남이라고 말한다. 이 두 학자의 세례에 대한 정의에서 현격한 차이를 볼 수 있다. 칼뱅은 하나님에 의하여 선택받은 한 인간이 하나님의 자녀로 인침을 받는 것을 세례라고 정의한다. 폴 틸리히는 세례를 통하여 새로운 존재로 입문하게 되는 것을 인간의 결단으로 본다. 장로교는 하나님의 부르심과 선택에 의하여 세례에 임한다는 예정론 신학을 고수하고 있다. 자신이 받은 세례를 자신의 의지와 결단의 산물로 본다면 언제나 떠나고 싶을 때 떠날 수 있다. 그러나 자신이 받은 세례가 하나님의 주권 아래 행하여진 인침(seal)의 사건으로 믿을 때 하나님의 자녀 된 신분의 확고함과 구원의 영

구성이 확고해진다.

이상과 같이 세례를 성삼위일체 되신 하나님의 섭리로 받아들일 때 세례의 의미는 다음과 같이 오늘의 삶과 관계를 맺게 된다.

1) 세례는 그리스도이신 예수님을 통하여 하나님의 자녀로 인정받은 신분의 변화이다. 세례성례전은 그리스도님과의 연합됨을 공적으로 시인하고, 그분을 자신의 길, 진리, 생명으로 영접하겠다는 고결한 의식이다. 이 의식을 통하여 타락한 육적 생활의 옷을 벗고 그리스도로 옷을 갈아입은 하나님의 자녀 된 신분의 성스러운 변화가 이루어진다(요일 4:15; 갈 3:27).

2) 세례는 회개와 하나님의 용서가 공적으로 이행되는 성례전이다. 초대교회는 수세 전에 며칠간의 금식을 수반한 회개를 하는 절차가 있었다. 그 이유는 하나님의 용서와 함께 "의롭다 하심"의 선언을 받기 위함이었다(롬 3:25-26). 여기서 십자가 위에서 흘리신 보혈에 의한 죄 씻음 받은 은총을 실감하게 된다.

3) 세례는 새로운 피조물로서의 탄생이다. 이 성례전은 단순히 물로 받은 세례의식의 차원을 넘어 그 가운데 입재하시는 성령님의 역사가 우선이다. 그것은 변화된 새로운 생의 출발이다. 칼뱅은 세례를 "새 생명으로 인간을 재형성시키는 성령님의 은혜"라는 말을 한다.

4) 세례는 그리스도교 공동체의 일원이 되는 엄숙한 의식이다. 세

례를 받을 때 집례자는 교회의 신실한 구성원으로서 사명을
다할 것을 다짐한다. 주님을 위한 헌신과 순종의 서약을 한다.
그래서 세례는 교회 공동체 안에 들어오는 '입장 허가'이며, 성
찬성례전에 참여하게 되는 특권을 누린다. 그리고 "하나님이
약속하신 것을 받을 상속자들"(갈 3:29)이 된다.

현대 그리스도인들은 이상과 같은 세례성례전의 의미를 가슴에 품
고 살아야 한다. 그럴 때 그 중심에 주님이시요, 그리스도이신 예수님이
자리하게 된다. 그러나 이러한 세례의 고결한 의미가 오늘의 한국교회
성도들에게서 미흡한 상태로 지속한다면 교회의 내일은 매우 어둡게
된다. 그러하기에 지금부터라도 성도들은 세례를 통하여 "그리스도로
옷 입은 몸"임을 인지하고 살아가야 한다. 그럴 때 우리의 교회는 크게
변화될 것이다.

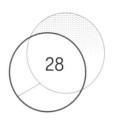

성찬성례전은
"새 계약의 재다짐"이다

교회가 일차적인 사명으로서 예배 전통을 따르지 않고 현대 사회의 요구에 무절제하게 접목이 되어갈 때 교회의 모습은 흐트러지기 쉽다. 거기에 더하여 교회가 드리는 예배가 그 본질적인 형태와 내용을 외면했을 때 성삼위일체 되신 하나님만을 예배해야 하는 기본을 상실하기 쉽다. 우리나라는 첨단을 달리는 물질문명의 선두에서 풍요로운 삶을 누리면서 하나님이 없는 세상을 즐기는 현상이 가득하다. 교회도 그 영향을 받아 많이 흔들리고 있다. 오늘날 교회가 드리는 예배의 현장을

알고 드리는 예배, 알고 듣는 설교

눈여겨보노라면 끝없는 질문들이 이어진다.

초기교회 예배의 전통을 얼마나 지키고 있는가? 예배의 기본 정신과 형태와 내용을 지키기 위한 노력에 열심을 다하는가? 예배라는 이름 아래 예배자들의 심성을 기쁘게 하는 데 초점을 두고 있는가? 아니면 "네 마음을 다하고 목숨을 다하고 뜻을 다하여 주 너의 하나님을 사랑하라"는 주님의 명령이 우리의 예배 가운데서 살아 움직이고 있는가?

그리스도교의 초기 예배에서 지켰던 핵심은 설교보다 주님이 제정하신 성찬성례전이었다. 세례를 받고서 그리스도의 사람으로 신분이 바뀐 사람마다 성찬성례전에 참여하는 의무와 특권을 누리면서 감격하였다. 오스카 쿨만은 이 감격의 은총을 경험한 사람들을 "새 계약의 재다짐" 또는 "주님을 다시 뵙고 경험하는 예전"을 드리는 성도들이었다고 말하고 있다. 그래서 개혁자들은 "교회는 말씀과 성례전이 바르게 선포되고 집례되는 곳"이라고 하였고, 현대신학자들도 이 예전을 "예배의 중심적 행위(the central act)"라고 말한다.

오늘날 한국교회가 매주일 드리는 예배 가운데서 성례전이 차지하는 위치를 살펴볼 때, 초대교회가 추구하고 경험했던 그 감격을 소유하고 있다고 말하기에는 거리가 멀다. 그 이유는 성찬성례전의 횟수에서 그렇고, 횟수와 그 준비의 과정, 그리고 집례자와 수찬자들이 지니고 있는 이해의 척도가 너무 빈약하기 때문이다. 좀 더 구체적으로 살펴보면 교회의 성찬성례전은 "나를 기념하라"는 언어적인 뜻 이상의 신학적인 의미 부여에 무관심한 현실이다. 한국교회는 너무 오랫동안 구태의연하고 형식적인 성찬성례전 의식을 그대로 답습하는 중대한 오류를 범하여 왔음을 부인할 수 없다. 그 이유 중 가장 큰 것은 목사를 배출하는 신학교육에서 예배학교육이 거의 없었기 때문이다. 다행히 80년대부터 시작된 신학교의 예배학교육에서 성찬성례전의 교육을 받은 목회자들이 목회의 중진들로 자리를 잡으면서 성찬성례전의 중요성과 횟수에 변화를 가져오고 있음은 실로 감사한 일이다.

무엇보다도 예배에 임하는 성도들이 "말씀은 세 가지 채널을 통하여 우리에게 주어진다"는 사실을 명심해야 한다. 첫째는 기록된 말씀으로 성경을 통하여 주어지는 말씀이고, 둘째는 설교를 통하여 들려주시는 말씀이다. 그리고 셋째는 주님의 성체와 보혈을 직접 받아먹음으로 경험적이고 사실적인 감각으로 우리에게 주어지는 말씀이다. 역사적으로 교회는 이 세 가지 방편을 통하여 자신들의 심중에 성삼위일체되신 하나님과의 연접(連接)에 뿌리를 내렸다. 이 중에서 가장 오랜 역사를 가지고 있는 것은 주님이 제정하신 성찬성례전이다. 이 예전을 통하여 경험하고 깨달은 신앙이 목숨을 아끼지 않고 신앙을 지키고 예배하는 원동력(原動力)으로 작용하였다.

한국 개신교는 개혁교회를 형성시킨 츠빙글리의 사상을 지나칠 정도로 의존하고 있다. 그가 예배마다 설교만을 강조하고 성찬성례전은 매우 단순하고 간략한 형태로 연 4회로 축소한 것을 당연시하는 예배현상은 이제 성찰을 요한다. 더욱 부끄러운 사실은 성찬집례자(선교사)의 부족으로 연 2회 봄, 가을로 순회하면서 행하였던 것을 우리가 하나의 전통으로 여기고 지키고 있다는 사실이다. 이러한 한국교회 현실은 주님의 성체와 보혈을 멀리하게 되는 지극히 불경스러운 일이라는 생각이 떠나지 않는다.

진정한 메시지는 글과 언어에만 의존하지 않는다. 글과 언어는 지적인 감각에 머물게 되지만 영적이고 체험적인 메시지는 우리의 심중에 자리잡는다. "이것은 너희를 위하여 상하고 찢긴 내 몸이다", "이것은 너희를 위하여 흘린 내 피, 곧 새 언약의 피다"라는 말씀과 함께 성물(聖物)을 받을 때 우리의 가슴은 요동친다. 가슴이 뜨겁게 되고 감격의 눈물이 나온다. 정결하지 못한 자신을 살피면서 용서를 구한다. 이것이 성경을 읽을 때나 설교를 들을 때 보다 훨씬 강력하게 나타나는 성찬성례전의 위력이다.

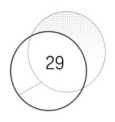

29

성찬성례전의 깊은 뜻을
품고 살아가야 한다

세례를 받고 공적으로 하나님 나라의 시민권(빌 3:20)을 소유한 그리스도인들이 언제나 추구해야 할 것은 "그리스도로 가득히 채워진 경지의 삶"이다. 이 고결한 삶을 누리기 위하여 성도들은 다양한 형태로 노력을 기울이고 있다. 성경에서는 이 목표에 도달할 수 있는 사람은 언제나 "하나님의 아들을 믿는 일과 아는 일"에 균형을 이루어야 성숙한 그리스도인이 된다는 사실을 가르치고 있다(엡 4:13). 이러한 성숙한 그리스도인들이 되기까지는 필히 갖추어야 할 요소가 있다. 그것은 균형 잡힌 심적 요소이다. 즉, 균형 잡힌 지성(知性)과 감정(感情)과 의지(意志)이다. 감언이설이 가득한 이단들의 세계는 어떤 현상이나 일에 대하여 일어나는 감정의 움직임을 앞세운다. 그리고 그 감정에 치우쳐 발동되는 의지가 왜곡된 현장으로 이끈다. 이러한 결과는 바로 "믿는 일과 아는 일"에 균형을 잃은 탓이다.

맥스웰(William Maxwell)은 그의 명저 『예배의 발전과 그 형태』에서 종교개혁의 불길이 솟은 원인을 말하면서 당시의 성찬성례전 현장을 다음과 같이 이야기하였다.

> "16세기 초의 서방교회에서 집례된 성찬은 하나의 연극적인 장면
> 이었다. 그것은 성찬으로서보다는 화체(化體)의 기적으로 절정을
> 이루었고, 순수치 못한 미신적 경배 속에 행하여졌다. 미사는 알
> 지 못하는 언어 속에서 청취를 불능케 했고…"

평신도들이 읽을 수 있는 성경이 없고 설교가 없이 오직 미사(성찬성례전)만이 전부였던 시절이었기에, 그때는 '지성의 바탕'이 지극히 제한적일 수밖에 없었다. 성직자의 성찬 집례와 가르침에만 의존하는 감성적인 기능이 지배할 수밖에 없던 환경이었다. 그 결과는 '미신적 경배'라는 평가를 초래하기도 하였다. 그러나 르네상스 운동에 힘을 얻은 종교개혁은 지성의 바탕을 중요시하면서 수찬자들이 성찬성례전의 깊은 뜻을 깨닫기를 원하였다.

우선 그 명칭부터 살펴본다. 먼저는 전통적으로 교회가 불러왔던 "성체성사(聖體聖事, Eucharist)"로서 "떡을 가지사 축복하시고"와 "잔을 가지고 사례하시고"에 근거한 이름이었다. 둘째는 "주님의 만찬(Lord's Supper)"이라는 명칭이다. 개혁교회에서 많이 사용하는 이름으로 고린도 전서 11장 23절에 근거한 이름이다. 셋째는 "성찬(Holy Communion)"으로서 주님의 몸과 보혈을 받은 공동체의 구심점을 뜻한다. 넷째는 "최후의 만찬(Last Supper)"인데 이 뜻은 역사적 차원을 강조한 이름이다. 즉, 예수님께서 잡히시던 밤에 최후로 제정하신 성례전의 의미가 강조된 명칭이다.

이상과 같은 다양한 명칭을 가지고 있는 성찬성례전은 종교개혁자들에 의하여 신학적 해석이 다양하게 성립되었다. 종교개혁이 있기 전까지는 사제가 성물(聖物)을 들고 축사하는 순간에 그것이 그리스도님의 몸과 피로 변한다는 화체설(化體說, transubstantiation)이 유일한 해석이었다. 그러나 종교개혁 이후 다음의 해석들이 형성되었다. 첫째는 루터에 의한 "성체공존설(聖體共存說, consubstantiation)"이다. 제단 위에 놓인 성물은 단순한 그리스도님의 은총의 음식일 뿐만 아니라 육안으로 볼 수 없는 주님의 몸과 피가 그 성물 안에, 그리고 그 성물과 함께한다는 해석이다. 둘째는 "기념설(記念說, memorialism)"이다. 개혁교회를 이끌던 츠빙글리가 전통적인 해석을 전면 거부하고, 성찬성례전은 죄의 대속물로 죽으신 예수님의 희생을 기념하면서 성도들의 구속신앙을 견고케 한 것이라는 정체성의 확립을 강조한 해석이었다. 셋째는 "영적 임재설

(靈的 臨在說, spiritual presence)"이다. 츠빙글리보다 20년 늦게 등장한 장 칼뱅이 정립한 해석으로서 성찬성례전의 현장에 말씀과 성령의 사역을 통하여 예수님께서 임재하시고 그 사실을 경험하는 예전임을 강조하였다. 그리고 떡과 포도주라는 성물(聖物)을 사용해야 함은 주님이 세우신 대로 따라야 하기 때문이라고 한다.

　이러한 개혁자들의 다양한 해석들은 오랜 시간 자신들의 교단의 둘레 안에서 고수하는 형태로 오늘에 이르렀다. 그리고 자신들과 상반된 주장들은 이단시하는 극단적인 자세를 벗어나지 못하였다. 그러나 현대의 신학자들은 개혁자들이 남긴 성찬성례전의 신학적 해석을 5가지 범주(본서 p. 52 참조)로 묶어 재해석을 함으로써 세계교회의 이목을 끌게 되었다. 그리고 십자가 위에서 구원의 대업을 완성하신 예수 그리스도님을 구원의 주님으로 영접하고 세례를 받은 몸으로 성삼위일체 되신 하나님을 예배하는 그리스도인들이라면 누구나 수용할 수 있는 통합적인 해석을 남겨 세계교회의 환영을 받았다.

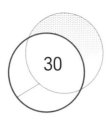

30

성찬성례전 현장에서
이것을 알고 싶다

초대교회는 예수님의 승천 이후에 주님이 부활하신 안식일 후 첫날 (일요일)이면 어김없이 모여 "주님의 식탁"이라는 이름으로 예전을 진행하였다. 이 예전은 주님이 직접 제정하시고 명령하신 것이기에 예배의 가장 핵심적인 부분으로 지켜왔다. 사도들이 중심이 된 그리스도인들은 이 예전을 매주 최우선으로 진행하였고, 주님이 남기신 말씀을 서로 교환하면서 예배하는 공동체, 곧 교회가 생성되었다.

역사적으로 주님의 식탁이라고 일컫는 성찬성례전은 설교보다 우선이었다. 주님의 성체와 보혈을 받은 감격으로 한 주간 그들의 신앙은 새로워졌고 어떤 핍박과 환난도 이겨낼 수 있었다. 그래서 종교개혁 전까지 교회의 예배예전의 핵심은 성찬성례전이었다. 최근에는 말씀만을 예배의 핵심으로 주장했던 개혁교회도 이러한 예배의 기본 뿌리를 회복하기 위해 성찬성례전을 자주 갖는 경향으로 변하고 있다. 성찬성례전을 일 년에 한두 번 지키는 것으로 족하게 여겼던 한국의 장로교를 비롯한 많은 교회들이 이 영향을 받아 매월 첫 주에 성찬성례전을 지키고 있다. 동시에 이 예전을 자주 진행하게 되면서 여기에 대한 다양한 질문들이 나온다.

1) 그동안 연 2회 봄과 가을에 가졌던 성찬성례전을 얼마나 자주 행하는 것이 적절한지에 관한 질문이다.

정답은 매주일 행하는 것이 원칙이다. 개혁교회 신학을 정립한 장 칼뱅은 "매주일 성찬성례전을 하지 못하게 하는 것은 악마의 농간이다"라고 말할 정도로 매주일 예배마다 거행할 것을 주장하였다. 대한예수교장로회(통합) 헌법에서는 이 신학사상을 담아 "자주 행할 것"을 명기하고 있다. 그러나 갑작스러운 횟수의 확장이 문제가 된다고 생각하는 교회들은 매월 첫 주에 성찬성례전을 지키고 있다.

2) 성물(聖物, 떡과 포도주)의 준비에 관한 질문이다.

떡은 동전 크기와 두께로 입에 넣으면 바로 녹는 전병(煎餅)을 구입해서 사용하는 것이 무난하다. 포도주는 무알콜이어야 함으로 교회가 정성껏 담은 포도주를 사용하기 전에 열을 가하여 알코올을 증발시킨 후에 성물로 사용함이 지혜롭다. 여기서 유의해야 할 것은 성체 성혈의 뜻을 담아 사용하는 성물(聖物)은 무미소량(無味小量)의 원칙을 지켜야 한다. 식욕과 연관되는 것을 차단하고 오직 주님의 희생을 연상하고 회상하고 재현할 수 있도록 준비해야 한다.

3) 분병분잔을 다 한 후에 남은 성물의 처리에 관한 질문이다.

역사적으로 교회는 남은 것을 땅 속에 묻기도 하였다. 그러나 집례자의 축사 후에 성물이 주님의 실체적인 살과 피가 된다는 화체설을 주장했던 교회들은 남은 성물의 처리에 애로가 많았다. 그리하여 천주교는 제단의 한복판 벽에 감실(龕室)을 만들어 남은 성체를 보관하고, 성혈은 성직자들이 처리하기도 한다. 최근에 많은 개신교회도 남은 전병은 정중히 보관하고, 남은 포도주는 최소한의 양이 남도록 하고 목회자들이나 당회원들이 마시도록 한다.

4) 수찬의 형태에 관한 질문이다.

전통적으로 세례 받은 수찬자들이 앞으로 나아가서 "이것은 주님의 몸입니다. 이것은 주님의 보혈입니다"라고 하면서 나누어진 성물을 받는다. 그러나 개신교는 집례자의 방침에 따라 그 형태가 다양하다. 먼저, 동방정교회나 가톨릭교회와 동일하게 나아가 받는 방법을 취한다.

반면에 대부분의 교회는 앉아서 분병분잔 위원들이 가져다주는 것을 받는다. 또는 세례교인들은 일어서게 하고 분병분잔 위원들이 가져다주게 하는 방법을 취하기도 한다. 그 외에도 세례교인들이 12명씩 앞으로 나아가 무릎을 꿇고 수찬하는 형태도 있다.

5) 수찬의 순서에 관한 질문이다.

어떤 교회는 회중이 먼저 받고, 그 다음으로 분병분잔 위원들, 마지막으로 집례자가 받는 순서를 따른다. 그러나 이것은 생각을 조금만 깊이 하면 달라져야 한다. 성물을 먼저 받고 은혜에 젖은 몸으로 전함이 정상이다. 그래서 집례자가 먼저 받고, 그리고 분병분잔 위원들, 그리고 회중에게 전하는 것이 정상이다.

이상과 같은 항목들은 조금이라도 소홀히 할 수 없다. 역사적으로 신부가 성물을 땅에 떨어뜨리는 실수를 범했을 때 내려진 징계는 대단한 수준이었다. 환언하면, 성찬성례전의 존엄성을 지키는 데는 섬세한 준비와 신학적 의미를 담아야 한다는 뜻이다. 성찬성례전은 언제나 엄숙하고 진지해야 한다. 주님의 성체와 보혈을 받는 감격은 주님을 모시는 감격이 다시 살아나는 순간이기 때문이다.

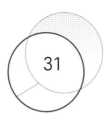

31

예배에서 불러야 할
찬송가와 복음성가를 생각해 본다

개신교가 1887년 이 땅에 들어와 찬송가를 부를 때 음악을 사랑하는 우리 민족은 새로운 종교의 이색적인 예배에 많은 흥미를 갖게 되었다. 주일학교에서 성경의 66권의 이름이나 중요한 성경구절도 곡을 붙여 부를 때 즐겁게 따라하면서 복음과 접목이 되었다. 그리고 찬송가를 아리랑과 같은 우리 가락에 가사를 붙여 부를 때 더욱 관심을 기울이게 되었다. 교회가 성장하고 전통적인 서구의 교회들이 부르는 많은 찬송가가 보급되면서, 한국의 그리스도인들에게 찬송가는 신앙생활의 중요한 축으로 뿌리내렸다. 오늘날 세계교회가 놀랄 수준의 한국교회 찬양대는 우리의 예배에 큰 몫을 감당하고 있다. 거기에 더하여 음악을 사랑하는 한국교회 성도들은 예배뿐만 아니라 각종 모임에서 찬송을 부르는 것이 일상화되어 있다.

그런데 1960년대 후반부터 오순절교회를 비롯한 소수의 교회가 '복음성가'(Gospel Song)를 수입하여 예배 밖의 일반집회를 비롯하여 복음 전도나 각종 모임에서 성도들의 신앙 성장과 친교를 목적으로 부르고 있다. 가사 내용은 주로 인간들의 심령에 호소하는 내용이 많고, 그 곡들은 그 시대의 율동 음악이나 재즈 음악, 팝송, 록 음악의 음률이 지배적이다. 심지어는 가락이 없이 가사만을 줄줄 외우는 랩 음악 형태까지 모방하고 있다. 이러한 복음성가가 어떤 교회에서는 예배시에 찬송가를 물리치고 그 자리를 차지하는 현상이 등장함으로 혼돈을 가져온다. 이럴 때마다 예배음악의 본질에 대한 이해가 시급하게 요구된다.

여기서 잠깐 예배음악의 역사를 살펴볼 필요가 있다. 1517년 종교개혁이 있기 전까지 예배 가운데서 진행된 음악은 회중 중심의 찬양 행위가 아니었다. 예배에서 부르는 음악은 거의 모두 성직으로 훈련을 받은 전문적인 찬양대에 의하여 불렸다. 그것도 자신들의 모국어가 아닌 라틴어로 된 가사로 불러야 했기에 찬양의 메시지 전달은 거의 불가능했다.

1517년 종교개혁의 기수 마틴 루터가 예배에서 불러야 할 찬송은 어느 특정인들의 독점적인 행위가 아니라 회중이 이해할 수 있는 언어와 익숙한 곡조를 사용하여 하나님을 찬양해야 함을 강력히 주장하면서 예배음악의 양상에 큰 변화를 일으켰다. 그 결과 종교개혁의 확산과 성공은 매우 빠른 속도로 진행되었다. 돌이켜보면 루터에 의하여 확산한 찬송가는 당시의 로마 가톨릭의 눈에는 매우 이질적인 예배음악으로 이해되어 "이탈한 형제들의 행위"로 단죄가 될 수 있었다. 그러나 "오직 성경, 오직 믿음, 오직 은혜"를 개혁의 근본 사상으로 했던 그들에게 새롭게 등장한 찬송은 예배하는 사람들의 절대적인 요소였다. 당시 대부분의 회중 찬송은 그 내용이 오직 하나님만을 찬양하고 경배하는 데 주안점이 있었다. 인간의 귀를 즐겁게 하고 음악적 감각에 도취되지 않기 위하여 츠빙글리나 칼뱅은 오르간과 같은 악기의 사용을 거부하기도 하였다. 진정으로 개혁자들이 주장했던 찬송의 정신과 실제는 인간의 감성 위주가 아니었고, 온전히 하나님만을 예배하는 데 필요한 감사와 찬양과 신앙고백과 참회가 드려지는 내용 위주였다.

그로부터 사도적 전통을 이어받은 교단들은 거의 모두가 성경과 교리에 기준하여 찬송가의 내용을 엄선하여 공적인 예배에서 사용하고 있다. 결코, 인간 위주의 내용이나 세속적인 감성을 움직이는 가락에 주안점을 두지 않았다. 특별히 작사, 작곡가들의 신앙과 생활의 기록까지 고려할 정도였다. 우리나라에서도 유명한 교회음악 교수가 장로의 신분으로 찬불가를 작곡했던 기록 때문에 우리의 찬송가에서 그 이름을 찾아볼 수 없게 된 예도 있다. 이토록 우리 교회는 공인된 찬송가의 선별부터 정성을 기울였다. 그래서 우리의 찬송가는 66권의 성경과 함께 신앙의 소중한 보고(寶庫)로 여긴다.

문제는 시대의 흐름에 따라 삶의 정서와 양태를 달리하는 세대들에게 수 세기 전의 찬송만을 부르도록 강요하는 것에 부담을 느끼는 이들이 있다. 하지만 여기에 방법이 있다. 그것은 전통적인 예배에서는 공인된 찬송가를 최우선으로 하고, 찬양예배, 수요기도회, 기타 기도회나 경건회에서는 엄선된 복음성가를 찬송가와 함께 부르는 대안이다. 그러나 어떤 경우도 인간의 흥과 취미를 아우르는 느낌에 휘말리지 않도록 경계해야 한다. 찬송이란 언제나 예배자들의 마음과 뜻과 정성이 경건하게 표현되어 오직 성삼위일체 되신 하나님께만 영광을 드려야 함이 기본 상식이다. 교회란 하나님을 향한 찬송을 뜨겁고 간절하게 드릴 때 더욱더 튼튼해진다.

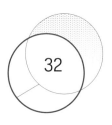

온라인 예배를
즐기지 말자

예배의 당위성을 삶의 기본으로 삼던 시대는 이제 끝이 날 것인가? 다시 그 시대로 돌아갈 가능성은 진정 없는 것인가? 첨단을 달리는 현 시대를 보노라면 희망적인 대답을 기대하기 어렵다. 하나님만을 의지하던 농경사회나 유목(遊牧)사회에서 가졌던 하나님을 향한 경외감을 이 시대에는 찾아보기 힘들다. 하나님을 우러러 찬양하고 그 말씀에 절대 순종함이 인간의 도리라고 믿었던 인간의 기본자세가 많이 흔들리고 있다.

알고 드리는 예배, 알고 듣는 설교

지금은 신본주의가 힘을 잃고 인간 위주의 삶의 철학과 양상이 솟아올라 하늘을 무찌르고 있다. 인간이 쌓은 바벨탑의 꼭대기가 하늘에 닿게 하여 인간의 명성을 길이 빛나게 하자는 노아 자손들의 함성만이 다시 들리고 있다(창 11:4). 지금 우리의 세계는 창조주 하나님을 외면하고 인간이 개발한 첨단 물질문명으로 제2의 바벨탑을 세우는 데 목숨을 걸고 있다.

이 책의 서두에서 언급한 대로 인간의 제일 된 목적이 실현되는 곳은 하나님이 원하시는 예배가 있는 세계이다. 하나님이 기뻐하시는 예배의 현장은 "네 마음을 다하고 목숨을 다하고 뜻을 다하여 주 너의 하나님을 사랑하라"(마 22:37)는 주님의 명령이 실행되는 시간이며 실천이다. 돌이켜보면 지난 수천 년의 역사 동안 그리스도인들은 이 명령을 준행하는 데 충성을 다하였다. 그 숱한 핍박과 환난 속에서도 이 명령을 자랑스럽게 지켜왔다. 하나님을 참되게 예배하는 데 헤아릴 수 없는 순교의 피를 흘렸다. 그 결과 "하나님이 보시기에 심히 좋은"(창 1:31) 결실을 거두었고, 그것은 가장 자랑스러운 유산으로 오늘 우리에게 상속되었다.

한국교회 성도들은 예배를 위한 모임이라면 최선을 기울이는 아름다운 전통을 가지고 있다. 세계의 어느 교회도 따라올 수 없는 '예배의 열정'으로 가득한 성도들이다. 그런데 최근에 '코로나19'라는 역병의 먹구름이 세계 곳곳에 확산하면서, 가장 고통스러운 경험을 우리의 예배하는 공동체인 교회가 겪고 있다. 1, 2, 3단계 조치를 통하여 소수만이 참석하는 대면 예배(offline worship)와 다수가 가정에서 드리는 비대면 예배(online worship)를 우리 교회는 감수하고 있다.

여기서 우리의 관심을 끄는 문제가 생겼다. 우리가 이 역병이 끝이 났을 때 온라인 예배를 거두어들이고 과거처럼 대면 예배로 회귀할 것인지, 아니면 두 종류의 예배 형태를 지속할 것인지의 문제이다. 여기에 대한 심각한 논의와 대책이 강구되어야 한다. 경험한 바에 의하면 온라인 예배는 내 육신생활의 편의가 많았지만 영혼의 침체가 멍들고 있었다. 참된 예배자(true worshipers)의 정신과 몸가짐이 미흡하였다. 그래서 예배를 목숨처럼 여기면서 살아온 성도들은 온라인 예배에 대단한 거부감을 느낀다. 과거에는 예배 중계로만 여겨졌던 영상이었는데 그것이 자신이 드리는 예배의 실제라고 했을 때 그 충격이 대단하였다. 여기서 우리는 온라인 예배의 위험성을 새롭게 발견한다. 총탄을 피하려는 일시적인 피난처로서의 온라인 예배가 자신도 모르게 예배하는 공동체에서 이탈하는 결과를 초래하게 되는 암담한 장래가 보인다.

앞으로 상당기간 '코로나19'라는 역병 때문에 세계 도처의 예배당 문이 닫혀 있거나 지금처럼 온라인 예배를 병존하게 될 것이라는 예상을 많이 하고 있다. 가장 거창한 바벨탑을 쌓고 세계를 호령하던 미국을 비롯한 대부분의 나라가 예배하는 발길들을 멈추고 있다. 이게 무슨 연고인지 아직 정확한 대답이 없다. 혹시 이것이 하나님이 원하시고 기뻐하시는 예배가 사라져 가기에 내려진 준엄한 재앙인가 하는 깨우침을 갖게 된다. 하나님만을 향한 참된 예배자들이 보이지 않고, 인간 위주의 예배로 변질해 가기 때문에 내려진 심판은 아닐는지 두려운 마음이다. 여기 하나님이 말라기 선지자를 통하여 들려주신 말씀을 경청하면서 이렇게 옮겨 본다.

"너희가 나를 진정 두려워하느냐? 너희가 바로 내 이름을 위함이 아니라 멸시하는 자들이다. 너희는 내 제단을 더럽힌 예물을 드리며 예배를 드린다. 하나님이 너희를 좋게 보시겠느냐? 누가 성전 문을 닫아걸어서 너희들이 내 제단에 헛된 예배를 드리지 못하게 하면 좋겠다. 나는 너희들이 싫다. 나 만군의 주가 말한다. 너희가 바치는 제물도, 예배도 이제 나는 받지 않겠다"(말 1:6-10 참조).

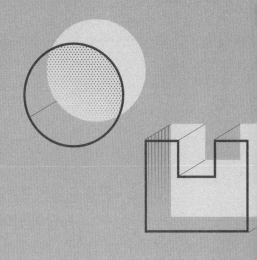

5장
평신도가 알아야 할 예배의 결과

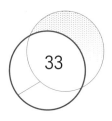

33

은총을 입었으면 감격이 함께한
응답이 있어야 한다

예배의 정의에서 또 하나의 강조점은 예배에는 하나님의 은총을 입은 백성들이 감격하여 드리는 응답이 필수적임을 말하고 있다. 하나님은 언제나 은총을 베풀어주시는 분으로만 통하지 않는다. 은총을 받은 사람들의 응답에 매우 민감하신 하나님이시다. 하나님은 성경을 통하여 은총을 입은 백성들의 응답이 감격으로 이어질 때는 기뻐하시고, 불순종 또는 외면으로 이어질 때는 질책하심을 보여주신다. 구약에서 이스라엘 백성들이 하나님의 깊은 애정과 기적적인 보살핌에 대하여 감

알고 드리는 예배, 알고 듣는 설교

사와 감격의 응답을 하였을 때는 기뻐하시고 그렇지 못할 때는 섭섭해하시는 기록을 많은 곳에서 볼 수 있다. 특별히 내려주신 은혜를 저버리고 불순종의 길을 걸을 때는 진노의 채찍을 서슴지 않으셨다.

폴 훈(Paul W. Hoon)과 같은 예배신학자는 예배의 현장을 "계시와 응답이 만나는 지점"이라고 말하고 있다. 실질적으로 지금의 우리가 드리는 예배는 그리스도이신 예수님 안에서 자신을 계시해 주신 하나님을 향하여 뜨겁게 응답하는 대화적 관계가 형성되는 현장이다. 다시 말하면, 성부, 성자, 성령 하나님이 베풀어주신 은총을 깨닫고 감격하는 성도들의 심성과 응답이 예배 안에서 뜨겁게 표출되어야 온전한 예배가 된다. 예배하는 성도들이 마음 깊이 감동이나 고마움의 심성이 없이 형식적으로 찬송을 부르고 기도하면서 앉아 있다면 하나님이 찾고 있는 예배자로서 합격선에 도달하기 어렵다.

현대의 많은 교회가 경배와 찬양으로 감격어린 예배의 심신을 돋워 보려는 노력을 어느 때보다 더 기울인다. 그 순간이 식어진 정서적 열기를 살리는 데 일조를 할 수도 있다. 그러나 근본적인 문제는 주시는 은총을 받고 감격어린 응답을 할 수 있는 지성과 영성의 깨달음이 더 시급하다. 그 깨달음이 예배자의 가슴에서 감격하여 마음에 깊이 새겨질 때 하나님을 향한 예배의 열기는 새롭게 작동된다.

예배에서 나타나야 할 응답의 구체적인 내용은 무엇이어야 하는가에 대한 관심을 가져야 한다. 우선 예배자들이 드려야 할 응답의 내용은 경배와 찬양과 감사와 참회와 봉헌과 간구이다. 우리는 이상의 6개 항목이 갖추어야 할 의미와 실태를 좀 더 섬세하게 살필 필요가 있다. 그 이유는 생각이 없는 응답의 행위는 형식과 가식이라는 무서운 함정에 빠지기 때문이다. 그러므로 이상의 항목에 대한 의미와 신학적 타당성은 다음의 강의에서 구체적으로 살펴보고자 한다.

여기서는 은총을 입은 성도들이 필수적으로 갖추어야 할 심성의 바탕이 감격적이어야 한다는 데 초점을 두고자 한다. 시대의 발전이 순수한 인간 심성의 발로와 맑은 정신에 집중되지 않고 흐트러지는 경향으로 흐르고 있다. 첨단문화의 발달은 정신문화의 피폐를 가져오고 있다. 이제 인공지능까지 동원하여 인간의 정신세계와 영혼의 세계를 혼미하게 하는 결과까지 우려되는 시점에 와 있다. 뜨거운 가슴이 사라지고 땀과 눈물이 불필요한 시대가 도래하고 있다.

하나님의 백성들은 지난 역사 동안 작은 일에도 감사와 감격이 언제나 수반되었다. 죄인 된 몸이 구원받아 하나님의 자녀가 되었음을 깨닫고, 그것이 자신의 힘으로 된 것이 아니라 하나님이 내려주신 은혜라고 느껴질 때 감격하였다. 그들은 눈물을 흘리면서 감사의 기도를 드리면서 뜨거운 그리스도인으로 살았다. 그래서 한국교회의 새벽제단은 참회의 함성이 터져 나왔고, 통회의 눈물이 끊이지를 않았다. 비교해 보면, 오늘의 성도들에게서 느끼는 감격의 현상과 초기의 성도들이 보여준 감격의 실상은 너무 많은 차이가 있다. 지금은 하나님의 은총 앞에 머리 숙여 감사하고, 하나님의 영광을 다짐하면서 깊은 명상에 젖은 그리스도인들의 모습이 보이지 않는다. 자신의 육체나 가정이나 사업에 기적 같은 일들이 있을 때 보이는 감격의 모습은 많이 볼 수 있으나 하나님의 백성으로 받은 창조의 은총과 구원의 은총 앞에서는 무감각한 현실이다. 여기서 우리가 유의해야 할 것은 감격의 열기가 없으면 냉소적이고 방관자가 되기 쉽다는 사실이다. 감격이 있는 곳에 열정이 치솟는다. 감격이 있는 곳에 충성심이 발로된다. 뿐만 아니라 감격이 있는 곳에 기쁨과 감사가 넘친다. 그때 예배의 참된 모습이 나타난다. 하나님은 그러한 예배를 받으시고 기뻐하시고 그 예배자들을 품어주신다.

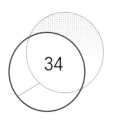

34

예배자의 일차적 응답은
순수한 경배이다

예배하는 사람에게 가장 필요한 것은 하나님이 주신 창조의 은총과 예수 그리스도님을 통하여 주신 구원의 은총을 깨닫는 것이라는 사실을 예배의 정의(제16강)에서 살펴보았다. 이 놀라운 은총을 깨달은 사람들이 구원받아 하나님의 백성이 되었다는 확신이 섰을 때는 자연스럽게 감격으로 이어지는 응답이 발생한다는 사실도 이미 언급하였다. 그 감격이 예배자의 본심으로 나타날 때 참된 예배의 출발은 시작된다. 시편에서는 예배자들에게 "여호와께 그의 이름에 합당한 영광을 돌리며 거룩한 옷을 입고 여호와께 예배할지어다"(시 29:2)라고 가르치고 있다. 이때의 "거룩한 옷"은 꾸밈이나 거짓이 없는 참마음을 의미한다. 오직 하나님께만 영광을 돌릴 수 있는 모든 수단과 방법이다.

예배자들이 성삼위일체 되신 하나님만을 향해 성스러운 마음의 자세를 갖추고 예배당을 찾고 싶지만 그것이 그리 쉬운 문제가 아니다. 그 이유는 세속의 한복판에서 한 주간 동안 육적인 삶과 정신이 너무나 많이 헝클어지고 오염되어 있었기 때문이다. 그러나 하나님을 예배하는 시간에 들어왔을 때 취해야 할 기본자세는 바로 경배의 심신이다.

성경은 의미 깊은 경배의 현장을 보여주고 있다. 그것은 모세가 첫 번째 받은 십계명이 새겨진 두 돌판을 탈선한 이스라엘에게 던져 부서진 다음에 일어났다. 그는 죄인의 심정으로 시내 산에 두 번째 돌판 둘을 들고 올라가 십계명을 다시 받기 위해 하나님의 임재를 기다리고 있었다. 그때 "여호와라 여호와라 자비롭고 은혜롭고 노하기를 더디하고 인자와 진실이 많은 하나님이라"(출 34:6)는 음성을 듣게 된다. 모세는 지체 없이 하나님 앞에 가장 생생한 경배의 모습을 보였다. "모세가 급히 땅에 엎드려 경배하며 이르되 주여 내가 주께 은총을 입었거든 원하건대 주는 우리와 동행하옵소서 … 우리의 악과 죄를 사하시고 우리를 주의 기업으로 삼으소서"(출 34:8-9). 그 외에도 시편기자를 통하여 "오라 우리가 굽혀 경배하며 우리를 지으신 여호와 앞에 무릎을 꿇자"(시 95:6)라고 가르치고 있다. 모두가 다 하나님의 존전에서 인간이 취해야 할 자세를 잘 보여준다.

구약에서는 '솨하', 신약에서는 '프로스퀴네'라는 용어가 각각 문맥에 따라 '예배' 또는 '경배'라고 번역되어 있다. 우리의 종교문화에서 '경배'라는 용어는 우상을 섬기는 모든 종교에서 매우 보편적으로 사용되어 왔다. 그 가운데 개신교보다 100년 전에 한반도에 들어왔던 가톨릭교회는 우리 민족이 각종 우상들을 섬기는 데 경배라는 단어가 남발되고 있음을 보면서 하나님을 향하여는 흠모와 공경의 뜻이 담긴 '흠숭(欽崇)'이라는 한 차원 높은 용어를 만들어 사용하고 있다. 하나님의 백성들이 지존하시고 존엄하신 하나님께 예배하면서 취할 마음의 자세가 진정한 흠숭이어야 함은 매우 바람직하다.

이제 예배자에게 "하나님께 합당한 영광"을 드릴 수 있는 기본자세로서의 흠모와 공경의 자세, 곧 경배가 필요한 이유를 살펴보고자 한다.

첫째는 하나님만을 향한 흠모와 공경의 마음이 예배자의 가슴에서 생겨날 때 내 영혼의 숨결이 바른 자세를 취하게 된다. 그 숨결이 건강할 때 예배자의 지성과 감성과 의지가 올바르게 호흡하게 된다. 둘째는 하나님을 향한 진정한 경배의 마음 바탕이 형성되고 흠숭의 신앙이 작동될 때 속세(俗世)의 어두운 사연들과 절연을 하면서 온전한 마음과 뜻과 정성이 모아지게 된다. 그리고 하나님의 자녀로서의 정체성이 되살아나게 된다. 셋째는 하나님을 향한 흠모와 공경의 참마음이 살아 숨쉴 때 하나님을 뵙고자 하는 열정이 소생한다. 그리고 주시는 말씀에 귀가 열리고 깨우침이 일어나고 가슴이 벅차게 된다. 그 말씀 속에서 하나님과의 만남이 이룩되는 감격의 삶을 즐기게 된다. 넷째는 예배시간에 드리는 기도의 내용과 찬송의 형태와 감각이 달라진다. 즉, 하나님의 나라와 그 의를 구하는 차원이 다른 기도가 나오고, 하나님을 향한 진정한 송축의 찬송이 울려 퍼진다. 다섯째는 속세로부터 완전한 해방감을 누림과 동시에 하나님 존전에서 예배하는 새롭게 된 실존임을 인식하면서 새 힘을 얻는다.

이제 하나님을 예배하는 백성들은 참마음으로 만들어진 경배의 "거룩한 옷"을 입어야 한다. 어떤 경우도 "하나님의 진리를 거짓 것으로 바꾸어 피조물을 조물주보다 더 경배하고 섬기는"(롬 1:25) 오류를 범해서는 안 된다. 이것은 준엄한 하나님의 명령이다.

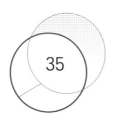

35

찬양은 경배의
실천적 행위 중 으뜸이다

고대 인류의 문화를 추적하면, 그 세계는 언제나 신을 향한 시와 노래로 엮인 찬양의 행위가 이어졌다. 이러한 사실은 희랍신화를 비롯하여 여러 곳에서 볼 수 있다. 특별히 이스라엘 민족이 400년간 노예생활을 했던 고대 이집트에서는 신에게 바치는 찬양의 문화가 철저했으며, 그들의 사제들은 매일 새벽, 정오, 저녁, 밤에 바알 신을 찬양하는 노래를 불렀다.

이러한 제의문화(祭儀文化)에 400년간 젖어 살던 이스라엘 민족이 이집트를 탈출하여 홍해를 건널 때 모든 이스라엘 민족은 예상치 못했던 하나님의 은총에 놀랐다. 그것은 홍해가 갈라져 60만의 이스라엘 민족이 탈출에 성공을 거두었을 때이다. 그들 앞에서 갈라졌던 홍해가 다시 합해지면서 뒤쫓아 오던 이집트의 모든 군사들이 바닷물 속에 몰사를 당한 진기한 광경을 그들은 지켜보았다. 이때 모세와 이스라엘 백성은 하나님의 은총에 경탄의 환호성을 지르며 노래를 부르고 춤을 추면서 하나님을 찬양하였다. 그때 불렀던 다음의 찬양은 가장 아름답고 표본이 되는 기록으로서 하나님을 찬양하는 이스라엘 민족의 가슴에 자리를 잡았다.

> "내가 주님을 찬송하련다. 그지없이 높으신 분, 말과 기병을 바다
> 에 처넣으셨다. 주님은 나의 힘, 나의 노래, 나의 구원, 주님이 나의
> 하나님이시니, 내가 그를 찬송하고, 주님이 내 아버지의 하나님이
> 시니, 내가 그를 높이련다. 주님은 용사이시니, 그 이름 주님이시다"
>
> (출 15:1-3, 새번역)

그 후 다윗 왕 때에는 언약궤를 평안히 안치한 후, 그곳에서 찬양할 사람들을 임명하여 찬양의 직무를 수행케 하였다. 예수님 당시에도 찬양의 행위는 진지하게 이어졌다. 유월절 마지막 식사를 마치신 후 겟세마네의 체포를 눈앞에 두고 감람 산을 오르실 때 제자들과 함께 찬송을 부르셨던 주님의 모습(마 26:30)에서도 하나님을 찬양하는 것이 얼마

나 필수적인 행위였는지를 엿볼 수 있다. 이러한 찬양의 중요성은 "시와 찬송과 신령한 노래들로 서로 화답하며 너희의 마음으로 주께 노래하며 찬송하며"(엡 5:19)라는 말씀에서도 밝히고 있다.

초대교회 역시 이러한 찬양의 전통을 지켰으며 중세의 희랍 찬송과 라틴 찬송의 사용은 예배 안에서 찬양음악을 크게 발전시켰다. 종교개혁기에는 마틴 루터가 그 선봉에 서서 예배음악을 일상화시켰고, 18세기에 이르러서는 찬송의 보편화 시대를 열었다. 20세기에 이르러서는 주로 오순절 계열의 교회가 찬양을 경배의 으뜸가는 도구로 표방하면서 찬양의 성격과 범위를 확대시켰다. 그리고 현대의 디지털 문화는 찬양음악의 다양성을 가져와 많은 발전과 확산을 이어가고 있다.

찬양의 사전적 의미는 특정 대상을 칭찬하거나 기리어 드러낸다는 뜻이다. 그리스도교가 사용하는 찬양이라는 뜻도 동일한 내용을 담고 있다. 즉, 그리스도인들은 신앙의 대상인 성삼위일체 되신 지존하신 하나님을 높이고 경배할 때 찬양이라는 어휘를 사용한다. 이때의 찬양은 신앙이 순수한 영적 세계를 경험하게 하고 하나님께 접근하는 소중한 통로가 되기도 한다. 찬양은 시와 음악이 주종을 이루지만 그 외에도 몸을 아름답게 움직여 하나님께 영광을 돌리는 예배무용(Worship Dance)이나 손을 위시하여 신체의 일부분을 움직여 찬양하는 율동과 같은 춤의 행위가 있다.

여기서 오늘의 그리스도인들이 찬양의 노래, 춤, 율동을 할 때 유의해야 할 것이 있다. 바로 하나님의 은총을 깨닫고 감격하여 드리는 응답의 행위를 벗어나는 일을 주의해야 한다. 최근에 우리의 예배 현장에서 찬양의 행위가 흥겨운 분위기를 형성하는 데 사용되고, 인간의 심성을 즐겁게 하는 도구로 변질되는 사례를 쉽게 보게 된다. 즉, 하나님이 받으셔야 할 경배의 행위가 인간의 감성을 자극하여 기쁨을 향유하는 방편으로 사용되고 있다. 이것은 심각한 과오다. 하나님이 홍해를 가르고 자신들을 구출시킨 전무후무한 대사건을 보면서 그 은총에 감격하여 보여주었던 모세와 그 백성들의 찬양의 시, 그리고 노래와 춤이 우리의 모델이 되어야 한다. "나 같은 죄인 살리신 그 은혜가 놀라워서" 감격하고 경탄하는 심성과 자세가 올곧게 살아 있어야 한다. 신실한 그리스도인들이 드리는 찬양의 행위는 언제나 깊은 신앙의 승화의 세계를 추구하면서 다음의 명령을 따라야 한다. "기쁨으로 여호와를 섬기며 노래하면서 그의 앞에 나아갈지어다"(시 100:2).

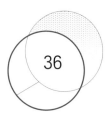

36

감격하여 드리는 예배의 중심은
감사이다

인간은 감사를 느끼고, 표현할 수 있고, 감사의 응답을 다각도로 내
놓을 수 있는 가장 뛰어난 피조물이다. 창조주 하나님은 인간에게 최고
의 감사 기능을 주시면서, 그 기능이 하나님을 예배하는 데 매우 중요
한 바탕으로 사용되기를 원하신다. 앞에서 살펴본 대로 예배란 하나님
의 백성들이 하나님이 주신 은총을 깨닫고 감격하여 드리는 응답의 행
위이다. 여기에 핵심적인 요소인 '감격'을 행동으로 나타내도록 충동하
는 원유(原由)가 곧 감사이다. 감사의 열기가 얼마나 뜨거운가에 따라 예

배 감격의 온도가 영향을 받게 된다. 그래서 하나님은 은총을 베푸시고 그 은총을 깨닫는 자들이 예배로 나아갈 때에 언제나 감사의 마음으로 무장되기를 다음과 같이 강조하셨다.

"감사함으로 그의 문에 들어가며 찬송함으로 그의 궁정에 들어가서 그에게 감사하며 그의 이름을 송축할지어다"(시 100:4)

이 말씀은 예배하기 위해 나아가는 과정에서도 감사가 필수이며, 예배의 현장에 임하여서도 감사가 이어져야 한다는 사실을 분명하게 명령하고 있다. 달리 표현하면, 감사가 인간의 심성을 감격하도록 부추기고, 심하게 흔들어 놓는 기능을 발휘해야 한다는 뜻이다.

여기서 우리가 알아야 할 것은 감사의 참뜻이다. 예배를 드리는 사람의 경배와 찬양의 바탕으로 사용되어야 할 감사는 깊은 의미를 가지고 있다. 우리는 감사를 흔히 개인적인 은혜에 대한 느낌이나 반응으로 생각한다. 복잡했던 가정문제, 고통스러웠던 건강, 실패했던 사업 등의 회복을 비롯하여 타인으로부터 각종 혜택을 입었을 때에 고맙게 여기고 표현하는 수준에서의 감사를 생각한다. 그러나 성경에서 언급한 감사는 그러한 부차적이고 한시적인 것들에 국한하고 있지 않다. 만약 예배에서 있어야 할 감사가 인간 사회에서 통용되는 감사의 범주에만 머문다면 그것은 성경의 깊은 뜻과 거리가 멀어진다.

성경에서 사용된 감사라는 용어는 '토다'인데, 그 뜻은 감사라는 뜻

외에 '찬양', '고백', '자복' 등의 뜻이 있다. 성경에서는 하나님의 은혜에 대하여 응답하는 사람의 마음, 또는 물질을 바치면서 표현하는 실천적인 신앙의 행위를 '토다'라고 하였다. 그 구체적인 감사의 뿌리는 하나님이 이스라엘 백성에게 베푸신 구원의 행위에 대한 감사였다.

하나님 앞에서 이러한 깊은 의미의 감사의 뜻을 헤아리는 성도들은 자신의 육신적인 이해관계에서 발생되는 감사의 차원이 아님을 알게 된다. 다음의 찬송은 어떤 설명보다도 현대의 예배자가 품어야 할 감사의 본질을 매우 잘 나타내고 있다.

"나 같은 죄인 살리신 주 은혜 놀라워
잃었던 생명 찾았고 광명을 얻었네
거기서 우리 영원히 주님의 은혜로
해처럼 밝게 살면서 주 찬양하리라"(305장)

"내 영혼이 은총 입어 중한 죄 짐 벗고 보니
슬픔 많은 이 세상도 천국으로 화하도다
할렐루야 찬양하세 내 모든 죄 사함 받고
주 예수와 동행하니 그 어디나 하늘나라"(438장)

이와 같은 가사는 오늘의 그리스도인들이 예배로 나아갈 때와 경배와 찬양을 드리는 순간, 그리고 말씀을 들을 때 깊이 간직해야 할 감사

알고 드리는 예배, 알고 듣는 설교

의 신앙이 뚜렷한 찬송이다. 이 찬송에서 예수 그리스도님 때문에 죽었던 생명이 구원받아 하나님의 자녀가 되었다는 가슴 벅찬 감정이 가득함을 본다. 천국 시민으로서 누리는 '할렐루야'의 삶으로 승화된 기쁨이 충만함을 본다. 그렇다. 날로 상승하는 감사가 이어질 때 예배자의 감격이 살아 움직인다. 언제나 감사의 바람이 거세게 불 때 감격의 파도가 높이 솟아오른다.

하나님은 바울을 통하여 "범사에 감사하라"(살전 5:18)는 매우 특별한 말씀을 주셨다. 그 뜻은 하나님의 은혜를 입고 사는 생명으로서 감사의 감정과 실천을 예배뿐만 아니라 범사, 곧 모든 환경에 확산하라는 명령이다. 즉, 모든 것이 "오직 주님의 은혜"임을 고백하는 감사의 삶과 예배가 연속되기를 원하시는 하나님의 명령이다. 한국교회 신앙의 선배들은 십자가 위에서 대속의 죽음을 담당하신 예수님이 구원의 주님이심을 깨달았을 때 그분이 자신의 길과 진리요, 생명임을 믿었으며, 그들의 입에서는 "감사합니다"가 끊이지 않았다. 그들은 승리의 개가를 부르면서 하늘나라 시민으로 예배하는 본을 보여주었다.

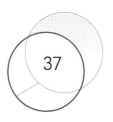

참회는 예배하는 자의
필수 요건이다

장로교의 원조인 스코틀랜드교회가 제정한 웨스트민스터 요리문답은 그리스도인들의 신앙을 체계적이고 간결하게 잘 정리해 놓은 지침서이다. 그 가운데서 소요리문답은 세계의 개혁교회가 세례를 주기위한 교재로 지금도 활발하게 사용하고 있다. 그 문답의 14번에는 매우 중요한 질문이 나온다. 그것은 "죄가 무엇인가?"이다. 그리고 이에 대한답을 "죄란 하나님의 법을 순종함에 있어 조금이라도 부족하거나 위반하는 것이다"로 설명한다. 이 정의에 따르면, "하나님의 법을 부족함이 없이 완벽하게 지키는 자" 외에는 모두가 죄인이다. 이 죄인들은 "죄가 장성한즉 사망을 낳느니라"(약 1:15)는 말씀 앞에 불안과 공포를 언제나 느끼기 마련이다.

하나님은 인간들에게 "내가 거룩하니 너희도 거룩할지어다"(레 11:45)라고 꾸준히 말씀하신다. 이 말씀 앞에 그리스도인들은 언제나 고통스러워한다. 이러한 고민을 보여주는 말씀의 현장이 있다. 그것은 이사야가 하나님의 임재를 알게 되자, "재앙이 나에게 닥치겠구나! 이제 나는 죽게 되었구나! 나는 입술이 부정한 사람인데, 입술이 부정한 백성 가운데 살고 있으면서, 왕이신 만군의 주님을 만나 뵙다니!" 하면서 자신의 죄를 고백하는 장면이다. 그때 천사가 제단 숯불을 들고 와 그 입에 대면서 "이것이 너의 입술에 닿았으니, 너의 악은 사라지고, 너의 죄는 사해졌다"(사 6:5-7, 새번역)라고 하는 극적인 순간이 일어났다.

이사야의 고백은 오늘의 그리스도인들이 죄인 된 신분으로 하나님 앞에 나아가 예배를 드리는 데 필수적으로 주목해야 할 장면이다. 정결해야 할 하나님의 자녀들이 죄 가운데 살다가 아무런 절차 없이 달려가 하나님을 향하여 경배하고 찬양한다는 것은 실로 모순된 일임에 틀림이 없다. 그래서 초대교회 때부터 참회 또는 고해(告解)의 과정이 예배 가운데 있어 왔다. 토마스 아퀴나스는 고해성사를 기독교의 7성례 중 하나로 확정지었고, 지금도 가톨릭교회에서는 고해성사를 7성례 중에 우선순위로 시행한다. 이들은 세례교인으로서 일 년에 몇 차례씩 신부 앞에서 죄를 고백하고 용서를 받은 몸으로 성찬성례전(미사)에 참여하는 과정을 밟는다.

원래 고해성사는 무엇보다도 먼저, 하나님의 사랑을 외면하고 자신이 지은 죄를 자세히 생각해 낸다. 둘째로, 나열된 죄를 통회하는 단계로서 나약한 자신을 탓하면서 자기의 죄를 진심으로 뉘우치고 가슴 아파하면서 결단을 한다. 셋째로, 죄로 인한 나쁜 결과를 보상하는 보속(補贖)의 과정으로서 계속적인 참회의 기도와 함께 사랑의 실천과 생활의 개선에 힘을 쓴다. 이러한 과정을 거치면서 하나님과의 관계 회복을 느끼도록 한다.

살펴보면 매우 아름다운 뜻이 담긴 제도이다. 그러나 개신교는 신부가 하나님의 대리자로서 성도들의 죄의 항목과 회개를 듣고 용서를 해 주는 것은 개신교의 개혁정신에 어긋남으로 수용하지 않았다. 그러나 고해성사의 본래 정신만은 수용할 만한 가치가 충분히 있다.

종교개혁자들 중에 루터나 칼뱅은 가톨릭교회의 고해성사의 본래의 소중한 정신과 의미를 잘 알고 있었다. 비록 가톨릭교회의 고해성사를 수용하지는 않았지만 하나님 앞에 철저히 참회하고 예배하는 절차만은 강조하고 있었다. 그 결과 예배의 맨 첫 순서에 '죄의 고백'과 '용서의 확신'을 넣어 고해성사를 대신하였다. 그로부터 개신교의 많은 교회들은 설교 전에 '죄의 고백'과 '용서의 확신'을 순서에 넣고 지금도 예배에서 지키고 있다.

하나님이 66권의 성경을 통하여 주신 명령들을 부족함이 없이 완벽하게 지킬 수 있는 능력이 인간에게는 없다. 아담이 가지고 있었던 불순종의 DNA가 현대인들 속에 날이 가면 갈수록 더 강해지고 있다. 죄의 질병이 만성화되어 치유 불가능할 지경에 이를 정도이다. 그 질병은 늘 번져나가 죽음의 세계에 이르게 한다. 진정 "나는 거룩하다"고 말할 수 있는 정신과 삶을 찾아보기 힘든 현대사회이다. 그리스도인들마저 하나님을 더 가까이해야 할 일이 가득한데 오히려 하나님을 더 멀리하고 그 말씀을 외면하는 죄악의 파도를 타고 즐기는 양상이다.

오늘의 예배자들이 무거운 죄 짐을 안고 습관적으로 예배생활을 지속한다면 그것은 실로 고통스러운 일이다. 예배 가운데서 행한 '죄의 고백'이나 '용서의 확신'이 진정성 없이 형식적으로 반복된다면, 그것은 '만성화된 질병'의 연속이 된다. 예배하는 사람들은 자기 성찰을 거듭하면서 하나님의 용서를 애절하게 간구하고, 용서받은 확신과 기쁨을 누리면서 예배에 임해야 한다. 이는 예배 우등생들이 마땅히 걸어야 할 바른 길이다.

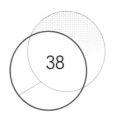

38

봉헌의 역사와 의미는
깊다

종교인들은 일반적으로 자신이 섬기는 신에게 최상의 정성을 바치는 것을 당연하게 여긴다. 그래서 고대의 원시종교에서는 인간의 생명까지도 제물로 바치는 경우가 적지 않았다. 이토록 자신들이 숭배하는 신에게 예물이나 제물을 '받들어 바치는 의식(儀式)'을 '봉헌'이라고 일컫는다. 모든 종교는 섬기는 신을 경배하는 실천적 행위에 이 봉헌을 최우선으로 두고 있다.

구약성경에서도 하나님을 향한 이 봉헌(offerings)의 기록은 아주 일

알고 드리는 예배, 알고 듣는 설교

찍부터 있었다. 히브리어로 봉헌은 '민하'라는 단어인데, 가인과 아벨이 하나님 앞에 드렸던 최초의 제단에서 이 용어가 등장한다(창 4:2-4). 구약에서 봉헌의 실상을 가장 적나라하게 보여주는 부분은 하나님이 아브라함에게 아들 이삭을 제물로 봉헌하게 했던 극적인 장면이다. 여기서 하나님이 원하시는 봉헌의 투철한 정신과 실현이 어떤 것인지를 자세히 알 수 있다.

이스라엘 백성이 광야의 40년 동안 받았던 예배 훈련 과정에서 각종 희생제사의 제물을 봉헌하는 법규는 매우 엄격했다. 레위기는 봉헌하는 예물의 순수성을 비롯하여 봉헌하는 마음가짐과 봉헌의 장소와 봉헌물의 사용까지 봉헌에 관한 율법과 실례가 상세하게 기록되어 있다. 이 봉헌은 단순한 제물을 바치는 데 국한하지 않고 '여호와의 전'으로 불리는 솔로몬의 성전 봉헌이나, 한나가 사무엘을 하나님께 온전히 바치는 것에 이르기까지 봉헌의 개념은 확대되어 표현되고 있다.

신약에서는 예수님 자신이 만백성의 죄를 대속하기 위해 십자가 위에서 희생제물로 바쳐져 구원의 대역사를 이룬 경탄(敬嘆)의 사건을 봉헌의 정점으로 보여주고 있다. 자신의 전체를 하나님의 뜻을 이루기 위해 '하나님의 어린양', 곧 희생제물로서 주저함 없이 봉헌하신 그 모습은 초대교회의 초석이 되었다. 그래서 초대교회는 성찬성례전(Lord's Supper)을 통해 주님의 성체와 보혈을 뜻하는 성물(聖物, 빵과 포도주)을 드리는 순서를 봉헌의 대표적인 행사로 계승하였다. 얼마 후에 초대교회는 이 성물을 필요한 만큼만 봉헌하도록 하고, 그 외에는 물질을 봉헌하게 하여 구제와 봉사와 목회자의 생활을 위해 사용하였다.

이상과 같은 봉헌의 의미와 역사적 배경을 그리스도교의 예배에서는 매우 중요하게 생각하고, 봉헌을 그리스도인들이 받은 은총에 대한 응답의 중요한 실천으로 강조하고 있다. 현대의 그리스도인들이 하나님에게 완전히 종속된 자녀들임을 인정하고 그분만을 섬기고 예배하는 생명체로 살아간다면 봉헌의 의미는 날로 새롭게 생동하게 된다. 여기서 말하는 봉헌이란 단순한 물질만을 의미하는 것이 아니다. 나의 정성과 시간과 건강과 재능과 삶의 내용까지 하나님이 사용하시도록 바쳐드리는 것을 뜻한다. 그래서 봉헌은 하나님에게 가장 가까이 나아가는 방편이며, 하나님 나라의 시민으로서 성화(聖化)의 삶에 참여하게 되는 힘을 발산한다. 봉헌은 어떤 경우에도 제도 속에서 억지로 바쳐지는 것이 아니다. 오직 순수한 자신의 신앙과 자유의지를 통하여 거룩한 영역에 발을 내딛게 되는 결단으로 이루어져야 한다.

그런데 오늘의 시대는 황금만능주의와 이기주의가 팽배하면서 봉헌의 본질이 많이 퇴색되고 있다. 봉헌이 하나님이 반기시는 성역(聖役)을 위해 하나님께 드려지는 예물로서의 순수성이 희미해지고 있다. 부한 자는 신앙보다 자기 과시를 앞세우고 주변으로부터 인정받고 싶어하는 이기주의적 심성이 발동하는 사례를 쉽게 볼 수 있다. 더욱이 부를 추구하는 자는 토속신앙과 같이 봉헌을 복 받는 지름길로 여기는 옳지 못한 신앙이 형성되고 있다. 소위 기복신앙이 지배하는 양상이다.

여기에 더 심각한 문제가 제기된다. 그것은 봉헌을 목회의 가장 으뜸가는 항목으로 여기고 교인들을 독려(督勵)하고 오도하는 목회자들의 문제이다. 그들은 교회의 부흥을 예산의 규모로 측정하고 자랑하는 목회철학의 소유자들이다. 많이 바치는 자에게 많은 복이 주어진다는 충동적인 설교가 흔하게 들려온다. 뿐만 아니라 교인들이 검소한 삶을 유지하면서 정성을 다해 봉헌한 예물이 목회자의 사치스러운 삶을 위해 소진되는 실례들이 보도될 때가 많다. 그때마다 하나님의 은총을 깨닫고 감격하여 드리는 응답의 행위로서의 봉헌 예물은 하나님의 것이기에 하나님이 기뻐하시는 영역에서만 사용되어야 한다는 다짐을 한다. 지금껏 한국교회가 실천해 온 십일조를 비롯한 봉헌의 삶은 세계교회 앞에 내놓을 수 있는 우리의 자랑이다.

6장

평신도가 알아야 할 예배의 요소

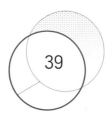

나 홀로 예배하려는 신무교회주의자들이 곳곳에서 보인다

인간들이 하늘과 땅과 바다에 의존하여 살던 1차 산업시대나, 자연환경을 이용하여 얻은 소산들을 가공하고 생활에 필요한 기계들을 개발하면서 살던 2차 산업시대의 교회는 매우 좋았다. 하나님을 의존하는 절대신앙의 순수성을 유지하면서 교회는 예배하는 공동체로서의 구실을 다했다. 그러나 인간생활의 편의와 만족을 누리는 데 초점을 둔 3차 산업시대에 진입하면서 교회는 급격하게 둔화되었다. 특별히 인터넷의 등장은 사람들의 삶의 형태를 바꾸어 놓았을 뿐만 아니라, 예배하

알고 드리는 예배, 알고 듣는 설교

는 공동체에도 심각한 문제들을 가져다주었다. 그 부산물로서 예배당을 찾아가 예배를 드려야 하는 당연성이 식어지고 있다. 그토록 적극적이었던 신앙의 모습들이 변하고 있음을 본다. 예배생활이 몸에 배어 있는 세대는 영향을 덜 받지만, 그렇지 못한 세대에게는 하나님의 백성들인 교회가 예배당에 모여 예배를 드려야 하는 필요성에 대해 지극히 소극적인 모습이다.

젊은 세대가 교회를 떠난 현상이 한국교회의 미래를 어둡게 하고 있다. 세계에서 인터넷 확산과 사용이 1등인 우리나라에 '예배 적신호'가 급속도로 켜지고 있다. 손에 든 스마트폰을 통하여 예배의 대체 행위를 예사롭게 여기는 모습을 본다. 주일과는 무관하게 집에서 인터넷 예배 실황을 보면서 홀로 예배하는 행위가 정당한 것처럼 착각을 한다. 바로 신무교회주의(Neo Non-Congregationalism)가 확산되고 있는 실정이다.

역사적으로 무교회주의는 가톨릭교회의 형식주의를 벗어나지 못한 영국 국교(Church of England)에 대한 반동으로 생겨났다. 그 대표적인 집단은 '퀘이커파(Quakers)'와 '파다비파(Darbyites)' 등이다. 일본에서는 신학자 우찌무라 간조(內村鑑三)가 그 운동의 맥을 이어 무교회주의를 시작하였다. 한국에서는 김교신과 함석헌을 중심하여 그 추종자들이 1927년 동인지 「성서조선」을 창간하고 성경연구집회를 가짐으로써 무교회주의 운동을 전개했다. 이들은 기독교가 가시적인 교회를 만들어 성례전 예식을 비롯한 설교와 구원의 교리 등을 지켜 나가는 제반 제도적 행위를 반대하였다. 이들의 운동은 지금도 맥을 이어가고 있으나 큰 호응을 받지 못하였다.

그런데 최근에 나타나는 신무교회주의는 앞에서 언급한 무교회주의와 신앙의 내용이 다르다. 그들은 기존 교회의 전통적인 신학이나 교리에 대하여 저항이나 거부의 뜻을 보이지는 않는다. 그러나 예배하는 공동체로부터의 이탈이나, 교회의 전통적인 예배 행위의 불참은 무교회주의자들의 모습과 차이가 없다. 그들은 제도권 속에 있는 교회의 규례를 벗어나 나 홀로의 길을 걷는 데 주안점을 두고 있다. 그 결과 그들은 하나님의 자녀로서의 속성을 서서히 상실하게 되고, 보호막이 없는 사탄의 유혹에 쉽게 젖어든다.

오늘의 그리스도인들이 유의해야 할 것은 예배는 '내가' 드리는 단독의 행위가 아니라 '우리가' 드리는 공동체의 행위가 될 때에 합당한 예배가 된다는 점이다. "두세 사람이 내 이름으로 모인 곳에는 나도 그들 중에 있느니라"(마 18:20)는 말씀은 그리스도의 이름으로 모이는 교회는 예수님에 의하여 구원받은 하나님의 자녀들의 모임이며, 그 모임에 주님이 함께하심을 명백하게 가르치고 있다.

흔히들 신무교회주의자들은 예배당에서 예배하는 동안 자신이 출석한 교회의 목사보다 우월한 설교를 하는 목사의 설교를 듣고 은혜 받는 것이 더 유익하다는 말들을 한다. 이 말이 함축하고 있는 의미는 매우 많다. 먼저, 설교를 예배의 전부로 아는 단편적인 예배 인식이다. 개혁교회 예배에서 설교는 제일 중요한 것임에 틀림없다. 그러나 그것이 예배의 전부는 아니다. 둘째, 역사적으로 예배의 핵심은 성찬성례전이었다. 그래서 성직자가 집례한 성례전은 예배당 밖에서는 어떤 방법으로도 대체할 수가 없다. 셋째, 예배 가운데서 우선 나의 마음과 뜻과 정성을 모아 드리는 성스러운 '드림의 의식'이 최우선이다. 넷째, 그리스도이신 예수님으로부터 한 피 한 몸 이룬 '성도의 교제'가 전무하게 된다. 다섯째, 교회를 벗어난 사람들은 하늘의 시민권자로서 갖추어야 할 성경의 가르침을 비롯한 생활수칙에 대한 교육과 접할 길이 없게 된다. 바로 이러한 맹점들을 모르는 그리스도인들은 자신이 사탄이 즐겨 찾는 표적의 대상이 되는 줄도 모른 채, 지금도 나 홀로 예배하는 '안나가 교회'를 즐기고 있다.

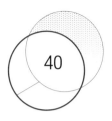

공중예배(Public Worship)에서 드리는 기도

공중예배란 예수님을 구원의 주님으로 영접한 그리스도인들이 "예배하는 공동체로 드리는 예배"를 말한다. 여기에는 역사적으로 다음의 특성을 가지고 있다. 먼저, 모이는 사람들이 사도신경과 같은 신앙고백을 함으로 동일한 신앙을 가지고 한마음 한 뜻을 품고 예배에 임한다. 둘째, 한 주간의 첫날인 일요일을 주님의 날(Lord's Day)로 정하고 일정한 시간을 지킨다. 셋째, 예배드리는 장소, 곧 예배당을 "예배드리는 거룩한 곳(Sanctuary)"으로 정하여 공동체가 함께한다. 넷째, 사도적 전승을

알고 드리는 예배, 알고 듣는 설교

이은 성경과 교리와 규범에 의하여 일정한 형식을 갖추어 예배를 드린다. 다섯째, 하나님을 예배하는 공동체는 인종, 연령, 신분, 남녀의 구분이나 차별이 없이 모두가 하나님의 자녀 된 신분으로 인정을 받는다. 여섯째, 예배를 인도하고 말씀을 전하기 위해 훈련을 받은 성직자를 세워 올바른 예배와 설교 사역을 감당하게 한다. 끝으로, 예배의 전체적인 목적과 방향을 하나님이 주신 은총에 대한 감격적인 응답에 두면서 하나님이 기뻐하시고 영광을 받으시는 데 초점을 둔다.

이상과 같은 특성을 가지고 진행되는 공중예배에서 드리게 되는 기도는 목사가 드리는 목회기도이다. 그러나 한국교회는 이 기도를 평신도 대표가 드리고 있다. 그 기원은 초기 선교사들이 눈을 감고 우리말로 기도하는 것이 큰 부담이 되자, 평신도인 장로 또는 조사에게 이 기도를 하도록 하였다. 그 결과 한국교회 예배에서는 다른 나라에서 볼 수 없는 평신도 대표가 나와서 기도를 드리는 것이 일반화되었다. 전통적으로 예배는 성직자의 전담으로 되어 있었으나, 1965년 제2차 바티칸 공의회가 평신도의 예배 순서 담당을 허용함으로 이제는 평신도의 예배 순서 참여가 활발한 단계에 이르렀다.

평신도들은 이 기도를 드림에 있어서 어떤 내용을 갖추어야 하는지 궁금해한다. 개인이 임의대로 시간과 장소의 제한을 받지 않고 드리는 개인기도와는 달라야 한다는 사실은 알고 있지만, 공중예배에서 회중을 대표하여 어떤 내용의 기도를 드려야 하는지에 대하여 알려 달라는 질문을 많이 한다. 공중예배에서 평신도가 대표로 드리는 기도는 개인기도와는 달리 다음과 같은 내용을 갖추어야 한다.

먼저, 흔히들 성경구절을 읽고 기도하는 경우를 많이 보는데 그것은 초대교회 때부터 내려온 정상적인 기도의 형태가 아니다. 순수하게 "거룩하신 하나님!" 또는 "사랑의 하나님" 정도의 형용사를 사용하여 기도의 대상을 호칭하는 것이 좋다. 지나친 수식어의 사용은 금기사항이다.

둘째, 경배와 찬양의 표현이 진지하게 표현되어야 한다. 하나님이 우리의 예배를 받으시기에 합당하신 분임을 인정하고 모든 회중이 하나님 앞에 부복하여 정성을 다한 경배와 진심어린 찬양으로 예배드림을 언급한다.

셋째, 감사의 표현이다. 회중이 공감할 수 있는 감사의 항목들이 많으면 많을수록 좋다. 이유는 감사로 가득한 심성으로 예배를 드려야 하기 때문이다. 특별히 하나님이 주신 우리의 생명과 건강, 삼라만상을 통하여 주신 창조의 은총, 예수 그리스도님을 통하여 구원의 반열에 들어와 예배하게 되는 감사의 내용은 빼놓을 수 없다.

넷째, 하나님의 말씀대로 순종하지 못하고 살고 있는 죄악 된 생각과 삶의 현장에 대한 참회가 있어야 한다. 이 참회는 모두가 공감할 수 있는 내용이 되어야 한다. 가끔 "나 같은 죄인이 기도하게 되어…"와 같은 사적인 표현을 보는데 그것은 공중기도의 성격을 벗어난다.

다섯째, 하나님의 나라와 그 의를 구하는 내용이 있어야 한다. 그 내용 속에 나라의 위정자들을 비롯하여 내 가정, 내 일터에서 하나님의 정의가 생동하도록 구한다. 그때 우리 사회의 국민적 관심이 되는 쟁점을 위해 하나님의 도움을 간구한다.

여섯째, 질병과 가난과 고통 속에서 절규하고 있는 이웃을 위해 기도하고, 예배하고 있는 그 교회의 사명과 부흥과 성숙과 화평과 긴급한 사항들을 위해 기도한다.

일곱째, 오늘 예배에 세우신 설교자를 위해, 그리고 그를 통하여 주신 하나님의 말씀으로 은혜 받고 실천에 옮기는 성도들이 되게 해 달라는 간구가 있어야 한다.

끝으로, 시간은 4분 이내로 하는 것이 좋다. 즉흥적인 기도로 중언부언의 실수를 범하지 않기 위해 정성껏 스스로 기도문을 작성함도 가하다.

예배에서 평신도를 통하여 내용이 알차고 정선된 어휘로 준비된 기도를 드릴 때, 많은 회중이 공감하며 '아멘'으로 동참하는 것은 우리 예배의 또 하나의 진수(眞髓)이다.

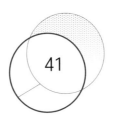

41

공중예배에서 드리는
평신도 대표기도 예문

사랑의 하나님!

하늘에는 영광, 땅에서는 평화를 외치면서 맞이한 주님 오신 계절입니다. 이 기쁜 계절에 새해 첫 주님의 날 하나님의 자녀 된 신분으로 예배하게 하시오니 실로 감격할 뿐입니다. 하나님은 진정 우리의 경배와 찬양과 감사를 받으시기에 마땅하십니다. 우리의 온 정성을 다하여 주 하나님만을 영화롭게 하는 시간이옵니다. 여기 임재하셔서 우리 예배를 받아 주시옵소서.

알고 드리는 예배, 알고 듣는 설교

고마우신 하나님!

지난 한 해 동안 험난한 세파 속에서 보호해 주시고 살펴주셔서 하나님의 자녀 된 우리 모두가 건강한 몸으로 한자리에 모여 예배하게 하심을 감사합니다. 이 나라 이 민족에게 복음의 씨앗을 뿌리시사 하나님을 섬기는 일이나 선교의 일선에 으뜸가게 하심을 감사합니다. 우리의 교회와 가정들을 하나님이 지켜주심을 감사합니다.

이 새해에도 감사의 사연이 가득하도록 하나님이 역사하실 줄 믿고 감사합니다.

자비의 하나님!

지난 한 해도 하나님의 말씀에 불순종하고, 주신 계명을 지키는 데 소홀함이 가득하였나이다. 가난과 고통과 질병으로 시달린 이웃을 주님의 이름으로 사랑하고 보살피는 데 많이 부족했나이다. 죄악의 유혹 앞에 무너진 일이 많았습니다. 주님 지신 십자가의 정신이 빛을 발하지 못하였습니다.

이 시간 우리가 한마음으로 참회하오니 받아 주시고 다시 한 번 더 용서의 손길을 베풀어주시옵소서.

사랑의 하나님!

주님이 지극히 사랑하시는 이 나라 이 민족을 위해 기도합니다. 대통령을 비롯한 모든 위정자들이 하나님을 섬기면서 진실과 성실과 지혜가 가득하게 하시옵소서. 남북이 갈린 분단의 아픔이 가득한 이 나라에 보수와 진보의 갈림과 대립이 극심합니다. 빈부의 격차가 날로 더 커져갑니다. 일자리를 찾지 못한 청년들을 비롯하여 아픔에 시달리는 가정들, 건강 때문에 눈물짓는 사람들, 억울한 일로 고통 받는 사람들이 많이 보입니다. 모두가 하나님의 특별한 보살핌의 손길을 기다리고 있나이다. 자비의 은혜를 베풀어주시옵소서.

이 추위에 국방을 위해 고생하는 젊은이들과 이국 땅에서 복음을 들고 땀 흘리는 선교사님들을 보살펴주옵소서. 새해에는 주님이 주시는 평화의 세계를 누리게 하시고, 주님 섬기는 뜨거운 열심히 가득하게 하시옵소서.

거룩하신 하나님!

오늘도 단에 세우신 주님의 종을 통하여 하나님의 말씀만이 온전히 우리에게 들려지기를 원하나이다. 인간의 모습은 감추시고 성령님의 두루마기를 입히시사 말씀을 기다리는 우리에게 은혜의 시간이 되게 하시옵소서. 우리의 영육이 새롭게 태어나는 시간이 되게 하시고, 주신 말씀을 받아서 세상 속에서 살아갈 때에 우리의 삶으로 하나님의 말씀을 드러내게 하시고 전도의 결실을 가득 맺는 삶이 되게 하시옵소서.

우리 교회가 새해에 새로운 모습으로 하나님을 영화롭게 하는 일들이 성령님의 역사 안에서 늘 발생하게 하시옵소서. 우리 교회에서 언제

나 믿음과 소망, 사랑의 꽃이 피게 하시옵소서. 예수님의 이름으로 기도
하옵나이다.

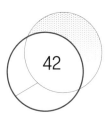

성숙한 교회는
교회력을 알고 지켜야 한다

어느 민족이나 자신들만이 기뻐하고 즐거워하는 명절이 있고, 아픔을 달래고 새로운 세계로 승화시키는 기념일이 있다. 어느 민족이나 공동체든지 이러한 특수한 날들을 해마다 지키면서 그들의 역사와 전통과 문화를 익히고 배우고 경험한다. 오랜 역사를 가지고 있는 우리 민족에게는 추석이나 설날과 같은 명절(festival day)이 있는가 하면, 3·1절이나 6·25와 같은 아픔을 기념하는 날이 있고, 8·15 광복의 날과 같은 역사적인 날들이 있다. 이러한 날들은 그 민족과 사회가 존재하는 한 삶의

알고 드리는 예배, 알고 듣는 설교

한복판에 언제나 자리잡고 있다. 그리스도교는 일찍이 구약에서부터 명절과 기념일이 있었다. 신약시대에 와서는 구약의 절기를 지켰던 관습을 넘어 예수님의 부활사건에 터전을 두고 새로운 절기가 태동되었다.

2천 년의 역사를 가지고 오늘에 이른 그리스도교는 부활의 역사에 바탕을 두고 생성된 교회력이 있었다. 그 교회력은 역사를 이어가는 동안 보완되면서 교회생활의 중심에 자리잡고 있었다. 이러한 교회력은 지나칠 정도로 비약하여 교회의 본질까지 흐트러지게 할 지경에 이르렀다. 중세교회는 기본적인 교회력에다가 성자들을 기념하는 날까지 더함으로 365일이 각종 축성일로 메꾸어졌다. 그 결과 순수한 교회력은 그 기능을 발휘하지 못하였고 매우 인위적인 결과를 초래하였다. 1517년 종교개혁의 불길이 치솟을 때 종교개혁자들은 이러한 가톨릭교회의 무질서한 교회력을 하나같이 외면하면서 겨우 부활절과 성탄절 정도만 교회력으로 지켰다. 특별히 개혁교회의 청교도들은 성탄절도 외면할 정도였다. 이러한 개혁자들의 교회력 외면은 피선교국들에게 큰 영향을 주었다. 한국과 같은 피선교국 교회에서는 부활절과 성탄절, 그리고 선교국의 국경일인 추수감사주일을 교회력의 전부로 알게 되는 오류를 범하기에 이르렀다.

한국교회는 '예배 준수', '영혼 구원', '성경공부', '기도운동' 등에 주안점을 두고 신앙생활을 교육하기에 바빴다. 사실 이러한 항목들은 교회를 성장시키는 데 최우선적으로 있어야 한다. 모든 나라 교회의 역사를 살펴보면 교회가 초창기에는 이상의 항목을 최우선으로 생각하고 실천하는 삶을 이어왔다. 이처럼 성숙한 교회들이 알아야 할 교회력에 대한 교육이 없이 성장해 온 교회는 예배와 설교의 사역에 매우 아쉬운 부분들이 많았다.

예를 들면, 주님의 수난을 깊이 명상하면서 드려야 할 예배에서 오순절에 불러야 할 "성령이 오셨네"의 찬송을 부르는가 하면, 주님의 오심을 대망하면서 성화된 몸과 마음을 갖추기에 바빠야 할 대림절에 '성탄축하 파티'를 열어 축배를 들면서 떠드는 모습들이 가득하였다. 설교자들은 대강절에 십자가 또는 부활의 메시지를 외치는 기현상들이 연출되었다. 교인들은 목회자가 교회력과 무관한 예배 내용과 설교를 하여도 아무런 거리낌없이 따르고 있었다. 교회력 없는 교회로서 한국교회는 이러한 유년기적 현상을 1980년대까지 지속하고 있었다.

역사적으로 개신교의 교회력 복원운동은 일찍이 전개되었다. 1940년 장로교의 원조인 스코틀랜드 교회가 교회에서 사라진 중요한 교회력을 재정비하는 데 앞장을 서게 되었다. 그들은 예식서에 교회력을 수정 보완하고 거기에 맞는 성서정과를 만들어 개신교의 교회력에 대한 관심을 새롭게 불러일으켰다. 성서정과는 교회력의 절기에 합당한 성구를 구약, 서신서, 복음서, 시편에서 발췌하여 설교의 본문으로 사용하도록 하여 9년이면 66권의 성경말씀을 설교를 통하여 모두 접하게 하는 매우 소중한 작업이었다.

그로부터 25년 후인 1965년 제2차 바티칸 공의회는 예배에 대한 획

기적인 헌장을 발표하였다. 그 문헌에서 개신교의 눈길을 끌었던 부분 중의 하나는 지금까지 교회력과 얽혀 있던 성자축일 등과는 별도로 예수님의 생애에 초점을 맞춘 교회력과 성서정과의 제정이었다. 이때부터 신구교를 초월하여 세계의 모든 교회는 교회력과 성서정과에 대한 새로운 가치와 중요성을 인식하게 되었다. 심지어 어느 학자는 "가톨릭교회가 종교개혁 이후에 개신교에 주는 최대의 선물"이라고 말할 정도로 그 파급효과는 대단한 파장을 일으켰다. 개신교에 속한 대표적인 교단들인 성공회, 루터교, 개혁교회는 가톨릭교회가 내놓은 교회력과 성서정과를 토대로 각 교단에 맞는 작업을 펼쳐 오늘에 이르게 되었다. 앞으로 본 강의는 한국교회 성도들로서 필히 알아야 할 교회력의 기원과 의미를 3회에 걸쳐 살펴보려 한다.

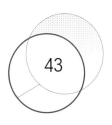

43

교회력의 실상(實狀)을
알고 싶다 (1)

그리스도교의 역사는 예수 그리스도님의 복음 전파와 십자가 위의 대속의 죽음, 그리고 부활의 역사에서 시작되었다. 그리고 그 뿌리는 창조주 하나님이 이스라엘을 선민으로 삼으시고 그들을 통하여 역사하신 구약의 기록에 있다. 지금 우리가 유대교라고 부르는 그들의 세계에서도 하나님을 향하여 예배하면서 지켰던 전통적인 절기가 있었다. 이것을 유대력이라고 부르며, 기본적으로 안식일을 비롯하여 유월절, 오순절 및 초막절이 있다. 거기에 더하여 신년(9월 또는 10월), 속죄일, 수전절, 부림절 등이 첨가되었다.

오늘날 현대교회의 교회력은 크게 두 가지의 형태를 가지고 있다.

먼저는 예수님의 제자들을 비롯한 추종자들이 매주 안식일 다음날이 되면 함께 모여 부활하신 주님을 흠모하면서 주님의 명령대로 행한 성찬성례전이다. 이러한 모임은 주일의 첫날을 "작은 부활절(Little Easter)"이라 부르면서, 이날을 "주님의 날(Lord's Day)"로 정하고 함께 모여 예배하는 날로 발전시켰다. 그리고 주님의 날은 제2차 바티칸 공의회에서 언급한 대로 "모든 교회력의 기초요, 핵심이 되는 날"로 확정되어 오늘에 이르고 있다.

둘째는 그리스도교만이 가지고 있는 부활의 역사를 핵심으로 하는 교회력의 출현이다. 유대민족의 고유한 명절인 유월절에 익숙해 있던 그리스도인들은 유월절과는 차원이 다른 부활절을 신앙과 교회의 삶에 바탕으로 삼았다. 그들은 구원의 주님이신 예수님을 "우리의 유월절 양"(고전 5:7)이라 불렀고, 주님의 희생과 부활 사건을 새로운 유월절(Pascha)로 의미를 부여하고 지키게 되었다. 부활절을 중심하여 예수님의 오심, 생애, 교훈, 수난, 부활, 승천, 성령강림, 재림을 회상하고 다짐하는 교회력의 기초를 다지고 형성했다.

여기에서는 현대교회가 위와 같은 사도적 전승을 모체로 하여 공통적으로 지키고 있는 교회력의 6대 절기, 곧 대림절, 성탄절, 주현절, 사순절, 부활절, 성령강림절(오순절)에 관하여 언급을 하고자 한다.

1. 대림절(待臨節, Advent)

대림절은 대강절 또는 강림절로도 불린다. 이 절기는 새해 교회력의 시작이며 성탄절 이전 4주간 동안 이어진다. 대림절의 첫 주는 11월 27일에서 12월 3일 사이에 온다. 이 절기 동안 교회는 예수님의 탄생을 기리는 일과 다시 오심을 대망하는 성도들의 신앙을 고양시킨다. 전통적으로 그리스도인들은 교회의 예전색을 자주색 또는 보라색을 사용하면서 엄숙하고 존엄한 분위기를 형성했다. 그리고 다음과 같은 신앙의 자세를 가졌다. 첫째, 구약에서 약속하신 예언대로 인간의 몸을 입으시고 이 땅에 오신 성자 하나님을 영접하기 위한 준비를 갖춘다. 둘째, 성자 하나님, 곧 예수님이 우리의 메시아, 곧 그리스도로 오셔서 우리를 죄에서 구원하신 구원의 주님이시며, 길과 진리와 생명이 되시는 주님을 현재적 사건으로 영접하기 위해 고대하는 신앙을 다짐한다. 셋째, 매주일 사도신경으로 우리의 신앙을 고백함과 같이 주님께서 세상 끝날에 예고 없이 영광 중에 재림하셔서 산 자와 죽은 자를 심판하실 것을 확신하고, 회개와 기도, 그리고 인내로 준비하는 신앙을 실현한다.

2. 성탄절(聖誕節, Christmas)

초대교회는 주님의 탄생에 별다른 관심을 두지 않고 있었다. 하지만 336년 로마에서 이교도들이 태양신의 생일로 지키던 당시의 동지였던

알고 드리는 예배, 알고 듣는 설교

12월 25일을 주님의 탄생일로 정하고 375년에 안디옥에서 이날을 성탄절로 지키게 되자 서방의 모든 교회에 확산되어 1월 5일까지 성탄절로 지키게 되었다. 예전색은 순결을 뜻하는 흰색으로 한다.

　오늘날 교회가 성탄절에 새겨야 할 신학적 의미는 매우 깊다. 대림절을 보내면서 성도들은 정숙과 회개 속에 주님을 기다리며 준비하는 심령으로서 아기 예수님만을 영접하는 차원에 머물러서는 안 된다. 말씀이 육신이 되어 오시는 메시아, 곧 구원의 주님을 영접하는 기쁨과 감사가 먼저 있어야 한다. 결코 세속적이고 탈선적인 휴가의 계절로 착각하는 오류를 범하지 말아야 한다. 성스러운 성탄절로서 순수한 의미가 지켜지도록 정성을 다한 성탄절로 만들어야 한다. 말씀으로만 소통하셨던 하나님이 육신의 옷을 입으시고 오셔서 구원의 역사를 펼치신 이 심오한 진리를 다시 깨닫는 성탄절이 되도록 마음을 새롭게 해야 한다.

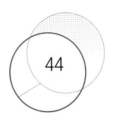

44

교회력의 실상(實狀)을
알고 싶다 (2)

3. 주현절(主顯節, Epiphany)

십수 년 전 한국찬송가공회가 현재 사용하고 있는 찬송가를 만들 때의 일이었다. 거기서 내놓은 시안을 보고 매우 놀랐던 일이 있었는데, 그것은 찬송가 맨 마지막 부분에 실은 교회력에 따른 교독문에 관한 건이었다. 시안에 '주현절'에 교독문 하나만 제시하였기에 그 연유를 실무자에게 물어보았더니 그 대답은 "한국교회가 별로 지키지 않는 절기이기 때문"이라고 하였다.

주현절은 부활절처럼 중요하게 생각하고 2세기경부터 지켜왔던 경축일이었다. 동방교회는 1월 6일을 주현일이라 부르면서 이 절기에 예수님의 탄생과 세례 받으심을 기념하고 지금도 성탄절을 주현일에 지키고 있다. 서방교회는 이 절기를 동방박사들이 아기 예수님을 찾아온 사건에 초점을 두고, 주님이 만방에 구원의 주님으로 나타나심의 의미를 부여한다. 이처럼 주현절은 부활절 다음으로 가장 오래된 절기이며, 현대의 교회력에서 성탄절과 부활절과 오순절과 맞먹는 주요 축일이다. 이 절기는 사순절의 시작인 속죄일까지 이어진다.

주현절이라는 명칭의 뜻은 '나타남'인데, 이는 어두움을 뚫고 빛으로 오신 성자 하나님의 영광을 강조한 말이다. 주현절 후의 주일은 부활절의 날짜 변화에 따라 그 기간이 6주에서 9주에 이르기도 한다. 이 절기는 동방박사들이 예수님을 찾아온 것으로 시작하여 변화산의 예배 경험으로 끝난다. 이 절기의 강조점은 첫째, 이 땅에 나타나신 성자 하나님의 영광이 가득한 예배 분위기를 매우 중요시한다. 둘째, 모든 인간이 빛으로 나타나신 예수님이 길과 진리와 생명이 되심을 알리고 우러러 영접하도록 하는 복음 전파에 활력을 불어넣는다. 이때 성도들이 복음전파의 깃발을 높이 들고 나서도록 촉구한다. 셋째, 성도들이 예수 그리스도님의 빛이 그리스도인들에 의하여 비추게 하는 신앙과 생활의 일치성을 강조한다. 이러한 취지를 살려 일 년 중에 가장 활발한 전도와 선교의 프로그램이 전개된다. 넷째, 성단의 성찬상과 설교대와 인도

대에 사용하는 영대(領帶)와 드림천(stole)은 녹색을 사용하지만, 주현일
과 산상 변화일에는 흰색을 사용한다. 이때의 녹색은 봄에 새로운 싹으
로 나오는 옅은 녹색으로 영원성과 불변, 그리고 소망의 신선함을 의미
한다.

4. 사순절(四旬節, Lent)

사순절은 역사적으로 그리스도교의 매우 중요한 절기 중의 하나로
서 인간의 구원을 위하여 십자가 위에서 감내하신 주님의 수난과 죽음
에 초점을 두고 지키는 의미가 깊은 절기이다. 사순절의 시작은 전통적
으로 특별한 회개의 날로 지킨 속죄일(Ash Wednesday)부터 시작하여 수
난의 극치를 이루는 성금요일까지 40일간 이어진다. 부활절까지 이어
진 날짜는 46일간이지만 주일을 계산하지 않게 됨으로 40이라는 숫자
가 나온다. 이때의 예전색은 보라색을 사용하다가 고난주간에는 보혈
을 상징하는 붉은색을 사용하여 사순절의 엄숙하고 존엄한 분위기를
형성한다.

전통적으로 속죄일은 '금식 시작일'로 알려지면서 사순절의 참회의
대열을 이루었다. 역사적으로 참회의 항목을 적어 그릇에서 태우고 사
제들이 그 재를 신자들의 머리 위에 뿌리거나 성도들의 이마에 찍어 바
르면서 "너는 흙이니 흙으로 돌아갈 것임을 기억하라"라고 말하는 의
식이 지금도 전통적인 교회에서 행해지고 있다. 그래서 이날을 재의 수

요일이라고도 한다.

현대교회가 사순절을 맞을 때마다 지켜야 할 내용이 있다. 첫째, 사순절 기간에 육적인 욕망을 억제하고 금식을 하면서 영적인 훈련을 쌓는 기간이 되도록 한다. 십자가 위의 주님을 명상하고 동행하는 그리스도인의 언행심사를 갖춘다. 둘째, 부활절에 세례 받을 사람들을 6주간 준비시키는 기간으로 지키면서, 모든 성도들이 주님에 대한 진정한 애정과 지식이 자라는 시간으로 활용하도록 한다. 셋째, 사순절을 복음 전도의 기간으로 설정하여 교회가 전도 활동에 힘쓰다가 종려주일이나 부활절에 새 신자들을 맞아들이는 교회의 전통을 이어가도록 한다. 넷째, 개인기도의 특별한 시간을 사순절에 갖도록 하여 십자가 위의 예수 그리스도님이 베푸신 구원의 은총을 새롭게 깨달으면서 주님과 동행하는 생활을 하도록 힘쓴다. 그리고 부활절을 앞두고 고난주간을 맞아 성목요일에 세족식을 갖기도 하고, 성금요일에 금식기도 등을 통하여 성숙한 그리스도인으로 부활의 주님을 영접한다.

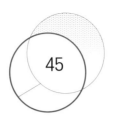

교회력의 실상(實狀)을
알고 싶다 (3)

5. 부활절(復活節, Easter)

부활절은 유일하게 기독교만이 누릴 수 있는 고유한 축일이다. 이 절기는 성탄절이나 기타의 절기보다 최우선이다. 부활절은 그리스도교의 터전이며 출발이며 원동력으로서 교회력의 근원이다. 오늘의 부활주일은 325년 니케아 회의가 "춘분(봄의 첫날) 후 만월(보름달, full moon) 다음의 첫 주일, 또는 만월이 주일인 경우는 그다음 주일"로 지킬 것을 결의한 바를 따라 성령강림주일까지 약 50일간 지속된다. 부활절의 원래 명칭은 구약의 유월절을 뜻하는 히브리어 파스카(Pascha)이다. 부활절은 죗값으로 죽음에 이르게 된 백성들이 부활하신 주님에 의하여 영생에 이르게 되었다는 깊은 뜻을 함축하고 있다. 그래서 이날을 부활의 유월절(Paschal Day of the Resurrection)이라고도 한다. 초기 성도들은 안식 후 첫날 주님이 부활하셨던 감격을 되새기면서 그날을 주님의 날로 정하고 예배를 드리는 새로운 역사를 시작하였다.

남다른 수난의 역사를 걸어온 한국교회는 부활절에 앞서 지키는 수난주간부터 예수 그리스도님의 처절한 희생을 회상하면서 근신하고 참회의 기도로 새벽을 깨우는 아름다운 전통을 지키고 있다. 주님이 감당하신 수난과 죽음의 고통을 묵상하다가 승리와 환희의 부활절이 되면 모두가 새로운 존재로 출발한다. 세상의 모든 그리스도인은 죽음을 정복한 초자연적인 승리의 주인을 구원의 주님으로 모신 자신의 존재감과 당당한 자부심을 새롭게 품는다. 교회는 이때 희망찬 설계와 실천을 다짐하는 각종 행사를 갖는데, 그중의 하나가 부활의 주님을 구원의 주님으로 영접하는 세례이다. 사순절 동안 부르지 않았던 "할렐루야"나 "영광송"을 힘차게 부르면서 예배를 드린다. 이때의 메시지는 암울한 현실에서 신음하는 생명에게 어느 종교도 따르지 못한 부활의 주님이 동행하심이 강조된다. 모든 성도는 실패와 좌절, 고통과 슬픔, 죄와 죽음이 인생의 전부가 아님을 깨닫고 부활의 진리를 새롭게 터득하는 데 집중한다. 부활의 현재적 의미, 곧 정신적 부활을 경험하는 가장 소중한 절기로 지킨다. 이 절기의 예전색은 경축과 승리의 상징인 흰색이다.

6. 오순절(五旬節, Pentecost)

현대교회가 지키고 있는 오순절은 구약의 오순절 의미와 유사한 부분이 있다. 유대인에게는 유월절로부터 7주 후가 되는 칠칠절(출 34:22)이 율법의 선포와 이스라엘의 건국을 기념하는 날이었다. 오늘의 교회가 지키는 오순절은 부활절 후 7주가 지나 맞이하는 성령강림주일을 기점으로, 교회가 성령님의 역사로 출발하여 지속되고 있음을 확인하는 절기이다. 이로부터 모든 교회는 예수님이 약속하신 대로 임재하신 보혜사 성령님의 역동적인 역사(Under dynamic of Holy Spirit) 속에서 교회가 지속되고 있음을 고백한다. 그리고 성령강림주일 이후 첫 번째 주일을 삼위일체주일로 지키면서 성부, 성자, 성령 하나님의 통합적인 역사를 새롭게 기린다. 이때 사용하는 예전색은 성령강림주일에는 빨간색, 삼위일체주일에는 하얀색을 사용하고, 그 이후 6개월간의 일반 주일에는 초록색을 사용하다가 대강절을 맞게 된다.

교회는 역사적으로 이 절기에 다양한 행사를 하였다. 중세시대는 성령님의 임재를 상징하는 비둘기가 천장에서 회중을 향해 내려오는 그림을 걸기도 했고, 성령님이 나타나심을 감각적으로 느끼도록 급하고 강한 소리를 발하는 트럼펫을 사용하기도 하였다. 그러나 오늘의 교회에서는 이와 같은 관습은 특수한 지역에서만 볼 수 있다. 지금은 일반적으로 성령님의 임재와 그 가운데서 발생되는 새로운 경험적 신앙을 갖게 하는 기도회나 집회가 새로운 관습으로 이어지고 있다. 여기서 종종 '성령님의 역사'를 신비적 경험이나 체험, 또는 예언과 방언의 활성화에 치중하는 탈선된 모습을 보이는 경우가 많다. 여기서 유의해야 할 것은 올바른 교회는 성삼위일체 되신 하나님을 경배하면서 66권의 말씀을 최우선으로 하며 존속해야 한다.

한국교회는 교회력보다 우선하여 지키는 절기들이 많이 있다. 그것은 추수감사주일이나 3·1절 기념 주일, 광복 기념 주일, 6·25 회상 주일을 비롯하여 어버이 주일, 어린이 주일, 각 교회 설립 감사주일 등등이다. 이러한 주일들은 교회력과 혼동함이 없이 개교회나 교단의 지시에 의하여 임의로 지킬 수 있는 특수 주일이다.

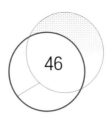

46

예배 우등생들(True Worshipers)이
품어야 할 7개 항목

예수님이 사마리아 땅 수가라는 동네에 이르렀을 때에 물길러 나온 한 여인과의 대화에서 예수님은 예배에 대한 매우 의미심장한 가르침을 남기셨다. 그 가르침은 크게 다음과 같이 분류된다. 먼저, 참된 예배는 예루살렘이나 그리심 산과 같은 지역과 공간을 초월한다. 둘째, 예배는 대상과 원리와 절차를 알고 드려야 한다. 셋째, 예배는 인위적으로 드리는 것이 아니라 영과 진리(in Spirit and truth)로 드려야 한다. 넷째, 하나님은 이 소중한 예배의 가르침을 이해하고 실천하면서 드리는 참된 예

알고 드리는 예배, 알고 듣는 설교

배자들을 지금 찾고 계신다. 예수님의 이러한 가르침을 다시 음미해 보면 매우 깊고 종합적인 예배에 대한 교육이었다.

이 교육을 바탕으로 오늘의 예배를 조명해 보면 많은 문제가 있다. 거기에는 예배의 본질이나 기본을 외면하고 있는 예배자들의 위선과 경건치 못한 마음과 몸가짐이 가득하다. 예배의 진정한 의미를 터득하지 못하고 이기적인 심성으로 관습적인 예배를 계속한다. 일반종교의 예배 행위는 소원성취와 무병장수와 부귀영화를 추구하지만, 그리스도교 예배는 창조와 구원의 은총에 대한 감격어린 응답이 최우선이라는 것을 알면서도 현장화되지 못하고 있다.

이 책의 목적은 평신도들이 예배 우등생이 되어, 하나님이 기뻐 맞이하는 참된 예배자가 되게 하는 데 있다. 이 목적을 재다짐하면서 다음 7개의 항목을 마지막으로 정리해 본다.

1) 인생 최우선의 목적을 예배에 두라. 인생의 제일 된 목적을 하나님을 영화롭게 하고 영원토록 그를 기뻐하는 데 두고 사는 진정한 하나님의 백성이 되라. 그 목적의 성취는 하나님이 찾고 계시는 참된 예배를 드리는 데 있다. 예배가 바로 하나님을 기쁘시게 하고 영화롭게 하는 최선의 방편이다. 이 목적을 향해 질주하는 그리스도인들에게는 성령님이 언제나 동행하신다.

2) 예수 그리스도님의 부활에 근거한 주님의 날에 예배하는 일이 최우선이다. 주일성수는 주님을 나의 생명의 주인으로 모시는 실천적

인 행위이다. 생업을 이어가는 6일 동안도 주님의 날에 드리는 예배를 준비하는 하늘나라 시민으로 그 본분을 지켜나가야 한다.

3) 예배에 임할 때 교만한 바리새인의 자세를 버리고 죄인 된 몸으로 자기 결핍을 인정하고 예배에 임하라. "나 같은 죄인 살리신 그 크신 은혜"를 먼저 생각하고 언제나 감사의 항목을 나열하라. 감사의 항목이 많은 곳에 은혜의 항목도 많아진다.

4) 남다른 체험이나 기적을 통하여 하나님과 만남을 시도하려는 것보다 예배에서 경청하게 되는 하나님의 말씀으로 하나님을 뵙고 영혼이 강건해지는 건실한 신앙의 뿌리를 내리라. 하나님의 말씀을 능가할 수 있는 것은 세상에 어디에도 없다.

5) 하늘의 보좌를 버리시고 낮고 천한 인생들을 구원하시기 위해 십자가 위에서 희생제물이 되신 주님을 새롭게 모시는 성찬성례전을 월 1회 이상 갖도록 하라. 주님의 보혈과 성체를 받은 "한 피 받아 한 몸이룬 형제요 자매"로서 주님의 지체된 교회의 속성을 강화하라.

6) 온라인 예배를 즐기지 마라. 코로나19의 위급한 상황에서 임시로 대치한 온라인 예배는 곁길로 가기 쉽다. 인간의 육적인 편의는 느낄 수 있으나 영적인 갈급함과 하나님을 찾아 나서는 경건한 예배자의 성스러운 본성이 안 보인다. 그리고 '모이는 교회'가 사라지기 쉽다.

7) 공적인 주일예배와 일반집회를 구분하여 드리도록 하라. 공예배는 어떤 경우도 인간 중심이 될 수 없고, 오직 하나님 중심이다. 그러나 집회는 인간 중심이다. 찬송과 기도와 설교만 있으면 무조건 예배로 여

기는 우를 범하지 마라.

　인간이 쌓아올린 첨단문화가 인간 삶의 양태를 급속도로 변화시킨다. 그것은 하나님을 예배하는 성스러운 삶을 무너뜨리는 데 일조를 하게 된다. 그래서 예배는 시들어지고 교회는 흩어지고 사라진다. 그리스도인들은 이러한 말세적 현상에 휩싸이지 않도록 각별한 유의와 무장을 해야 한다. "네 마음을 다하고 목숨을 다하고 뜻을 다하고 힘을 다하여 주 너의 하나님을 사랑하라." "네가 죽도록 충성하라 그리하면 내가 생명의 관을 네게 주리라." 이 말씀이 가장 절박하게 우리 앞에 다가왔다. 보라! 성삼위일체 되신 하나님은 그를 사랑하고 예배하는 데 충성을 다하는 예배 우등생들을 지금 찾고 계신다.

평신도가 알아야 할
예배·설교 상식

2부
알고 듣는 **설교**

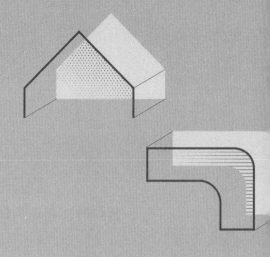

1장
설교자를 돕는 평신도

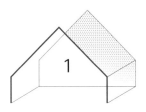

평신도는
"생각하는 설교 파트너"여야 한다

언어를 통한 소통에는 필수적인 조건이 있다. 그것은 말을 하는 사람과 그 말을 들어주는 상대가 있어야 한다. 이 소통의 원칙이 살아 있는 곳에 인간이 집단을 이루고 살게 된다. 상대가 없이 말을 한다는 것은 언어의 존재 의미를 상실한 형태이다. 하나님의 마음을 상하게 했던 바벨탑 사건은 언어의 혼잡을 가져왔고, 그 혼잡한 상태 속에서도 서로가 소통할 수 있는 언어에 따라 종족이 형성되었다. 그만큼 언어란 한 집단을 형성시키고 결속시키는 힘을 가지고 있다. 그래서 언어란 인간

알고 드리는 예배, 알고 듣는 설교

에게 주는 창조주의 가장 큰 선물이라 일컫는다.

설교는 언어를 가지고 이어지는 특별한 사역이다. 여기에서 경청하는 대상이 없다면 그것은 설교로서 존재할 수 없다. 설교의 대상, 곧 그 파트너는 설교자 앞에 앉아 있는 평신도이다. 설교자와 회중이 있는 곳이 바로 교회이다.

우리의 개신교는 예전의식을 위주로 하는 구교와는 달리 말씀, 곧 설교 중심의 교회로 500년 전에 기치를 들고 나섰다. 그래서 개신교는 "말씀과 함께 살고 말씀과 함께 죽는다"라는 표어를 걸고 오늘까지 그 행진을 계속하고 있다. 특별히 한국교회는 어느 나라의 교회보다 말씀 중심의 교회로 뿌리를 내렸고 튼튼한 교회로서 그 성장을 계속하여 왔다.

그러나 최근에 이르러 우리의 교회는 매우 안타까운 소리를 듣고 있다. 그것은 한국교회가 그리스도교 선교 역사에 기적적인 기록을 남길 정도로 성장해 왔는데, 이제는 그 성장이 멈추고 있다는 사실이다. 거기에 더하여 물질만능과 각종 탐욕의 세파에 휩싸이면서 교회의 본질이 상처를 입고 있다는 보도가 끊이지를 않는다. 그 뜨거웠고 강인했던 그리스도인들의 정신과 의지, 청빈과 헌신, 희생과 봉사의 향기가 시들어졌을 뿐만 아니라, 각양각색의 탈선에 그리스도인들이 연루되고 있다는 기사들은 한국교회의 미래를 어둡게 만들고 있다. 이러한 것들은 교회를 사양길에 접어들게 하는 독소들이다.

우리의 교회를 새롭게 소생시킬 수 있는 길은 진정 없는가? 여기에 대한 대답은 "설교가 살아야 교회가 산다"이다. 환언하면, 하나님이 인정하시고 세우신 종에 의하여 하나님이 원하시는 메시지가 한국교회 강단에서 선포될 때, 교회가 새롭게 숨을 쉬면서 일어날 수 있다는 말이다. 그러나 설교의 소생은 설교자만의 노력으로 이루어질 수 있는 과제가 아니다.

지금까지 한국교회는 설교를 "하나님의 종이 외친 하나님의 말씀"이라는 견해 속에서 오늘을 지탱해 왔다. "생각하는 설교 파트너"로서의 가르침이나 인식이 부족한 상태에서 우리의 평신도들은 선포되는 말씀에 대한 무조건적인 순종을 알게 모르게 강요당하며 살아왔다. 맹종의 자세가 일시적으로는 설교자에게 부담을 주지 않고 교회의 평화를 위하여 필요할지 모른다.

그러나 때로는 그러한 맹종이나 복종이 심각한 부작용을 불러일으켰다. 무분별한 '순종'이 지속되는 동안 회중의 인지능력은 저하되었고, 이곳저곳에서 이단이 속출하는 막심한 피해를 입었다. 이제 설교자는 회중을 설교의 파트너로 존중하며 오직 하나님의 말씀만을 전하는 '정직한 설교'를 해야 할 때가 다가왔다. 그리고 회중은 무분별하게 '아멘'의 소리를 내기 전에 올바르게 경청하고 헤아리고 수용하고 실천하는 설교의 파트너로서의 책임을 져야 한다.

이 책은 한국교회에 올바른 설교 사역을 이룩하기 위하여 기획되었다. 필자는 설교자만을 위한 설교학교육의 방향을 바꾸어 보려 한다. 이제는 설교 사역에 있어서 평신도가 책임져야 할 부분들을 찾아 서술

함으로써 평신도들이 설교를 올바로 경청할 수 있도록 도움을 주려고 한다. 그 이유는 건실한 설교의 파트너가 있어야 설교가 살게 되고, 교회가 살기 때문이다.

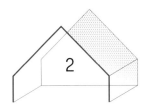

설교자에 대한 신뢰가
우선이다

인간사회는 말을 삶의 으뜸가는 도구로 여기고 살아간다. 이 언어는 두 갈래의 채널을 통하여 전달된다. 하나는 입을 통하여 전해지고, 또 하나는 행동을 통하여 전달된다. 인간이 벅찬 감동을 받게 되는 채널은 입을 통한 언어구사보다, 고결한 인격과 실천으로 보여주는 행동 채널에서 깊은 감명이 전해진다. 어디서나 부정적인 평가를 받는 사람이 진실된 말을 했을 때 그 말에 귀를 기울이지 않는다. 그의 말이 거창한 수식어와 논리를 갖춘 언어일지라도 수용하기를 꺼린다. 그래서 인

알고 드리는 예배, 알고 듣는 설교

간사회는 유창한 언어의 소유자보다 아름다운 인격의 사람을 더 소중히 여긴다.

교회에서 이어지는 설교 세계도 동일한 범주에 속한다. 흔히들 진정한 설교는 설교자의 입에서 나오지 않고 그의 인격과 행동에서 나온다는 말을 많이 한다. 실제로 진정한 설교의 성패는 알찬 내용과 유창한 언어의 구사로 끝나지 않는다. 설교의 결실은 설교자가 자신이 전한 메시지를 삶으로 보여주는 데서 맺게 된다.

선지동산에서 말씀의 종으로 훈련을 받은 생도들에게 강조한 것은 어떻게 설교를 잘할 것인가의 문제가 아니다. 그보다 앞서서 어떤 인간의 모습으로 말씀을 전할 것인가에 관심을 두고 교육을 시킨다. 즉, 화려한 언변보다 모두가 우러러볼 수 있는 설교자의 인성과 영성을 강조한다. 설교자의 사람됨이 메시지의 전달에 앞서서 정립되어야 함을 배우고 선지동산을 나선다.

문제는 이러한 교육의 내용과는 달리 많은 설교자들이 존경받는 인격인으로서 본을 보이지 못하는 모습에 성도들이 실망을 많이 한다. 그 결과 성도들은 갈등을 느끼고, 설교자가 전하는 메시지와 만남을 이루지 못하는 경우가 적지 않다. 마침내 신앙의 성장은 저하되고 심지어는 교회를 떠나는 경우도 종종 발생한다. 냉정히 살펴보면 하나님의 말씀을 전하는 주의 종들이 보여주는 인격의 모자람이 많이 보인다. 보통 인간으로서 갖추어야 할 소양이 부족할 때가 있다. 예의범절이 미흡하여 실망을 안겨줄 때가 많다. 청빈의 생활보다 탐욕의 모습이 보일 때가 많고, 솔선수범의 인격이 되지 못할 때가 적지 않다.

이러한 현장을 보면서 평신도들은 갈등을 느낀다. 그러나 여기서 비판의 눈길을 멈추고 좀 더 진지한 생각을 이어갈 필요가 있다. 그것은 어느 세계나 인격이 완벽한 인간은 없다는 사실을 마음에 둘 필요가 있다. 돌아보면 어느 때보다도 설교자의 모자람을 채울 수 있는 설교의 파트너가 필요하다. 하나님은 바울을 통하여 "아무도 비방하지 말며 다투지 말며 관용하며 범사에 온유함을 모든 사람에게 나타낼 것"(딛 3:2)을 명한 바 있다. 우리의 문화권에 뿌리내린 인(仁)과 예(禮)의 근본인 유학의 시경(詩經)에서도 "누구나 신분의 고하를 막론하고 친구의 협조에 의하지 아니하고는 인격의 완전을 기하지 못한다"는 말을 남기고 있다.

여기서 설교의 파트너가 취해야 할 기본자세가 있다. 그것은 설교자의 인격에 결핍이 보였을 때, 함께 마음 아파하면서 성령님의 역사를 위해 기도하는 자세다. 또한 비방보다는 너그러이 감싸고 사랑으로 허물을 덮어주고 주님의 종으로 바르게 서도록 협조의 손길을 펴는 일이다. 이러한 노력에도 불구하고 신뢰의 마음이 열리지 않고, 설교를 통한 하나님의 말씀이 내게 들어오지 않을 때가 있다. 사탄은 관용의 문이 열리지 않고 비방과 다툼만이 지속되는 그때를 기회로 삼는다. 이럴 때는 가슴 아픈 조언이지만 조용히 타교회로 옮기는 것도 고려해 볼 필요가 있다. 설교자에 대한 애정과 존경, 믿고 의지함이 없이는 자칫 시험에 들어 더 아픈 상처를 받게 되기 쉽기 때문이다.

설교 세계에서 설교자에 대한 신뢰가 확고해야 설교를 통한 하나님의 말씀이 들리게 된다. 그리고 그 말씀이 생명의 만나로 내게 들릴 때 나의 정신을 지배하고 영혼을 살찌게 한다.

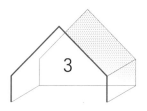

3

설교의 갈망보다
예배의 갈망이 먼저다

종교개혁의 파장은 개신교(Protestant)라는 이름 아래 일치가 아닌 다양한 형태로 전 세계에 번져 나갔다. 개혁의 주류였던 루터교는 기존 예배 전통에 수정을 가하고 말씀을 회복시키는 데 주안점을 두었지만, 츠빙글리를 중심으로 한 개혁교회는 기존 예배 전통을 파격적으로 도외시하고 말씀 중심만을 앞세웠다. 개혁교회의 주류를 이룬 장로교회를 비롯한 회중교회와 침례교회는 하나님을 향한 예배의 갈망보다는 목사를 통하여 들려주시는 말씀, 곧 설교에 따라 예배의 성패를 가르는 현상을 보이게 되었다. 그 결과 주일예배의 설교에서 감명을 받지 못하면 그날의 예배는 무의미한 것으로 간주한다. 그러나 성도들이 예배의 의미를 정확히 파악한다면 생각이 달라질 것이다. 그러므로 먼저 예배에 대한 개념정리를 새롭게 해 본다.

예배란 하나님과 그 백성 사이에서 발생한 하나의 경사(event)이다. 그 백성들이 하나님이 주신 창조의 은총과 예수 그리스도를 통하여 주신 구원의 은총을 깨닫고 감격하여 드리는 응답의 행위가 예배의 일차적 의무이다. 이 행위는 개인적인 것이 아니라 하나님의 백성들이 복수의 개념으로 거룩한 날에 거룩한 곳에 나아가, 은총의 주인이신 성삼위 일체 되신 하나님께 경배와 찬양과 감사와 참회를 하면서 예물을 드리고, 하나님의 나라와 그 의를 간절히 구하는 데 주안점을 둔다.

이 응답의 심성과 행위는 추상적이거나 관습적인 것이 되어서는 안 된다. 생각을 해 보면 천지만물을 창조하시고 그 안에서 자신의 생명을 주관하시는 은총은 실로 놀라운 일이다. 거기에 더하여 예수 그리스도를 통하여 죽음으로부터 구원시켜 주시고 하나님의 자녀로 불러주심을 깨달았을 때에, 예배하는 회중의 감격은 더욱 깊어지기 마련이다. 이 때 예배자들은 형식적인 예배 행위를 벗어나 실감나는 실제적 행위로 예배를 드리게 된다. 그럴 때 예배의 순서마다 가지고 있는 의미를 깨닫게 되고 하나님을 향한 자신의 정체성을 인식하게 된다.

하나님은 이러한 예배의 깊은 의미를 파악하고 예배의 장에 서 있는 자녀에게 성경봉독과 설교와 성례전을 통하여 말씀하시고 강복선언(축도)을 통하여 하나님과 만남을 이룩하게 하신다. 다시 말하면, 예배 안에서 주시는 말씀은 예배하는 성도들을 향한 하나님의 은혜의 방편 이다. 그리고 경배와 찬양과 감사와 참회와 간구와 같은 행위는 하나님 을 향한 예배자들의 응답 행위이다. 이러한 예배의 실상을 정확하게 파 악한 예배신학자 헉스터블(Huxtable)은 "예배란 하나님과 그 백성 사이 에 이어지는 대화(Dialogue)이다"라는 유명한 말을 남겼다.

이제 성도들은 설교의 갈망보다 예배의 갈망에 더 많은 정성을 기 울여야 함을 깨닫게 된다. 개혁교회가 범한 오류는 하나님께 드리는 예 배의 기본 정신을 강조하지 않고 오직 말씀만을 강조하여 설교가 예배 의 전부인 것으로 인식하도록 만든 사실이다. 물론 종교개혁의 정신이 잃어버린 말씀의 회복이라는 큰 줄기였지만, 하나님께 마땅히 드려야 할 예배자의 기본 의무와 질서를 외면한 것은 결코 아니었다. 그러므로 앞서 말한 예배 행위를 마음에 둔 그리스도인은 갈망했던 설교에서 흐 뭇한 결과를 얻지 못하더라도, 하나님을 향하여 자신의 몫을 다한 그 자체만으로도 감사할 수 있게 된다. 이러한 감사는 실망스러운 설교 앞 에 자신의 신앙이 손상되지 않고 오히려 다음과 같은 성찰의 방향을 갖 도록 한다. 즉, 설교자에게 초점을 두기보다 나의 어떠한 면이 오늘의 말 씀과 만나는 데 걸림돌이 되었는지를 돌아보게 하는 자아의 성찰을 먼 저 하게 한다. 이러한 성찰은 성숙한 평신도의 매우 모범적인 자세임에 틀림이 없다.

하나님을 영화롭게 하고 하나님을 기쁘시게 해 드리는 예배는 인간의 제일 된 목적이다. 말씀에 대한 갈망을 채우지 못한 설교일지라도 하나님의 자녀가 되어 하나님을 아바 아버지라 부르면서 예배에 임할 수 있는 것은 어떤 것과도 비교할 수 없는 특권이다. 거기에 나의 심령을 가득 채울 수 있는 하나님의 말씀을 감명 깊게 들을 수 있다면 그것은 극치에 이르는 행복이다. 그러나 이러한 금상첨화의 행복을 예배 때마다 기대한다는 것도 무리일 수 있음을 마음에 둘 필요가 있다.

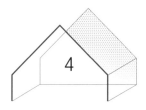

눈여겨보아야 할 베뢰아 유대인들의
설교 경청 이야기

설교 사역(preaching ministry)에는 언제나 두 가지의 실상(fact)이 있다. 그것은 말씀을 전하는 설교자와 그 말씀을 듣는 회중이다. 설교자는 어떻게 해야 바른 설교의 도구가 될 수 있으며 설교의 정도(正道)를 걷게 되는지에 대한 점검이 끊임없이 요구된다. 그리고 회중에게는 어떻게 해야 말씀을 잘 경청할 수 있는지에 대한 바른 교육이 필요하다.

회중이 설교를 통하여 주신 하나님의 말씀을 듣는(hearing) 차원에서 머물게 한다면 그것은 올바른 그리스도인의 자세가 아니다. 주의력

없이 설교를 듣다가 예배를 마치고 돌아가는 사람은 예배에 참석만 하는 교인(church goer)으로 끝나기 쉽다. 실질적으로 예배를 마치고 나오는 교인들을 붙들고 오늘의 설교에 대해 질문했을 때, 절반 이상의 교인들이 메시지의 25% 미만을 기억하고 돌아간다는 기록을 본 적이 있다. 메시지에 주의를 기울이지 않고 건성으로 듣고(hearing) 돌아가는 "church goer"들의 한 모습이다.

반면에 진지하고 성숙한 그리스도인들은 언제나 설교 앞에 진지한 자세로 경청(listening)하고 생각하고 소화하는 과정을 밟는다. 이렇게 설교를 통하여 주신 메시지를 온전히 새기고 삶의 장에 임하는 사람은 자신도 모르는 사이에 성숙한 그리스도인으로서 발전을 거듭하게 된다. 생명의 양식을 매주일 알차게 공급받은 한 생명의 당연한 귀결이다.

거기에 더하여 아무런 분별력이 없이 듣고 '아멘'의 함성을 지르고 맹종을 하는 것은 더욱 무서운 결과를 초래한다. 어느 교회에 초청을 받은 설교자가 설교를 하는 동안에 회중이 말끝마다 '아멘'을 연발하여 설교를 이어가기가 힘들자 그 '아멘'의 진위를 가리기 위해 다음과 같은 테스트를 해 보았다고 한다. "인간이 죽으면 결코 다시 살 수 없습니다. 우리 주님 예수님은 참 인간, 참 신이었습니다. 그는 십자가 위에서 죽으셨습니다. 부활한다는 것은 있을 수 없는 일이었습니다. 여러분도 그렇게 믿기를 주님의 이름으로 축원합니다"라고 했더니 그 회중은 어김없이 '아멘'의 함성을 질렀다는 이야기이다. 여기서 설교자를 의지하고 그의 말을 전적으로 신뢰하는 자세는 좋지만, 그가 전하는 말씀에 아무런 분별력이 없이 맹종하고 훗날 불행한 결과를 초래하는 것은 매우 비참한 일이다. 바로 이 맹종이 한국교회에 터무니없는 이단들을 속출하게 만든 원인임을 보게 된다.

설교 경청에 있어서 본보기가 된 베뢰아 유대인들의 기록이 있다. 복음을 선포하는 설교자 바울이 데살로니가에서 설교를 할 때 그 앞에 있던 유대인들은 그 설교에 귀를 기울이지 않았다. 오직 거부반응만을 나타내며 그의 사역 앞에 소동을 일으키면서 방해하였다. 그러나 그가 베뢰아에 있는 유대인들의 회당에 이르렀을 때 데살로니가의 유대인들과는 전혀 차원이 다른 유대인들의 모습을 보게 되었다. 그들의 품성은 너그럽고 진지한 마음으로 가득하였다. 바울의 설교를 경청(listening)한 그 유대인들은 "간절한 마음으로 말씀을 받아들였다." 그러나 그들은 말씀을 받아들이고 맹종하는 차원에 머물지 않았다. 그들은 그들에게 전해준 그 진리를 "확인하려고 날마다 성경(구약)을 연구하였다"(행 17:10-11).

이 기록은 하나님이 "말씀을 사모하는 사람"들을 위해 보여주시는 모범적인 사례이다. 이들은 하나님의 말씀을 건성으로 듣고 지나가는 차원이 아니라, 온 정성을 기울여 경청하고 그 말씀을 받아들였고 그 말씀을 좀 더 깊이 알고 확인하려는 노력을 기울인 진정한 설교의 파트너들이었다. 그 결과는 신분이 높은 남녀들을 포함하여 다수가 그리스도의 사람들이 되었다. 데살로니가의 유대인들이 베뢰아까지 쫓아와 무리를 선동하고 소동을 벌였지만 복음을 받아들인 베뢰아의 유대인들은 바울의 신변을 보호하는 말씀으로 무장된 믿음의 역군들이 되었다.

　　최근에 한국교회에 설교를 다시 살리는 새로운 일들이 여러 교회에서 발생하고 있다. 그것은 주일에 있었던 설교를 손에 들고 수요기도회나 기타의 소그룹 활동에서 활발하게 토론을 하는 일이다. 먼저, 자신이 경청한 설교에서 받은 은혜를 나눈다. 그리고 거기에 연관된 성경말씀을 찾아 함께 공유하면서 자신이 받은 메시지를 더욱 확고하게 뿌리를 내린다. 이러한 현상은 2천 년 전 베뢰아 지역의 유대인들이 설교를 듣고 행한 아름다운 모습을 연상하게 한다.

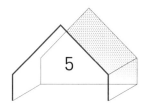

5

설교자가 가장 반기는
선물이 있다

한국인은 종교심이 매우 강하여 많은 종교가 이 땅에 둥지를 쉽게 틀 수 있었다. 어떻게 보면 종교의 천국이라 해도 무리가 아니다. 최근에는 이슬람까지 한국에 쉽게 뿌리를 내리고 있을 정도로 종교의 토양이 비옥하다. 이러한 종교성이 강한 민족의 심성은 자신들이 소속된 종교 집단의 성직자들을 대하는 태도에서도 극명하게 나타난다. 특별히 한국교회는 목회자를 잘 모셔야 복 받는다는 가르침을 대대로 이어오면서 하나의 고정관념처럼 인식되어 왔다. 그래서 목회자를 위한 기도는

알고 드리는 예배, 알고 듣는 설교

기본이고, 자신들의 시간이나 물질적인 부담도 아낌없이 내어놓는다. 이러한 모습은 매우 아름다운 일임에 틀림없다. 그러나 목회자가 성도들이 주는 사랑을 감사함으로 받지만 이 감사가 매너리즘에 빠지게 되면 탈선의 길로 가기 쉽다.

성도들은 물질보다는 정성이 담긴 선물로써 목회자를 흐뭇하게 해 줄 수 있다. 그 선물은 성도가 목회자를 진정 사랑하고 돕는 행위이며 격려를 담은 최상의 표현이다. 그 선물은 설교자가 하나님의 말씀을 해석하고 성도의 삶에 효율적으로 적용하는 데 절대적으로 필요한 생생한 자료이다. 이 선물은 말씀과 성도가 실감나도록 만나게 하는 징검다리와 같은 고차원적인 효력을 가지고 있다.

이 선물은 설교를 경청하는 개인이 설교에 필요하다고 판단되어 모은 "예화모음"이다. 이것은 우리가 쉽게 접하는 신문, 뉴스, 잡지를 비롯하여 주변에서 발생한 생생한 사연들과 인터넷에서 보게 된 좋은 사례들을 모으는 일이다. 필자는 목사후보생들의 필수과목인 설교학개론 시간에 300개에 가까운 주제를 주고 학기말이면 한 주제에 5개 이상의 내용을 채워서 제출토록 한 바 있었다. 그때마다 수강생들에게 스스로 그 모든 자료를 수집하려는 생각을 버리고 가족과 친척들에게 도움을 요청하여 과제물을 완성하도록 요청하였다. 그 이유는 단순한 예화모음만을 위함이 아니었다. 거기에는 사랑하는 가족 중에서 목사가 나오는데, 그에게 가장 중요한 설교 사역에 가족 모두가 깊은 애정과 관심을 갖게 하는 또 하나의 깊은 뜻이 있었다. 오늘의 한국교회 평신도들이 "예화모음"을 만들어 파일이나 인쇄물로 설교자에게 1년에 한 번이라도 선물로 줄 수 있다면 거기에는 다음과 같은 다양한 결실들이 나타나게 된다.

1) 이 선물은 평신도가 설교에 얼마나 깊은 관심을 가지고 있는지를 보여주는 최상의 표현이다. 뿐만 아니라 설교의 파트너로서 설교자를 아끼고 도우려는 심성이 가장 효율적으로 표현되는 따뜻한 마음이며 손길이다.

2) 설교자가 수많은 설교를 준비할 때마다 본문 석의 다음에 꼭 필요한 것은 그 말씀을 현장화시키는 데 있어야 할 생생한 예화이다. 이 예화는 일회성의 소모품이다. 그래서 설교자의 예화창고는 언제나 빈궁하다. 그때 설교자는 그 창고를 채워주는 손길이 언제나 고맙다.

3) 평신도가 "예화모음"을 들고 왔을 때 설교자는 평신도들의 격려와 기대를 실감하면서 평소보다 설교 준비에 더욱더 충실하게 된다. 즉, 설교자가 설교를 위한 삶에 언제나 깨어 준비하도록 하는 실질적인 촉진제가 된다.

4) 설교자가 때로는 말씀의 적용을 위하여 자신의 경험과 그 주변의 이야기들, 또는 사사로운 교회 일이나 정치 이야기들을 나열하여 설교의 권위를 실추시키는 일이 많다. "예화모음"의 선물은 그러한 폐단을 줄이게 하는 데 일등공신의 역할을 한다.

5) 설교자가 자료를 찾기 위해 소비해야 하는 시간을 대폭 절약하

게 되고, 설교자의 영적인 건강을 위한 명상과 기도의 시간에 집중하게 한다. 그 결과 설교자의 영력은 향상되고 설교는 더욱 효율적으로 회중에게 다가올 것이다.

6) 설교자가 시중의 예화집에 의존함으로 반복되고 진부한 예화라는 인상을 받기 쉽다. 그러나 "예화모음"의 선물은 신선하고 실감나는 말씀의 현장화를 가져온다.

이러한 최상의 선물을 손에 들고 설교자를 찾는 "설교의 파트너"가 가득한 교회는 필연코 놀라운 역사가 발생하게 될 것이다. 그것은 설교자만을 기쁘게 하는 것이 아니라, "하나님이 보시기에 심히 좋은 일"로서 칭찬을 받게 될 것이다.

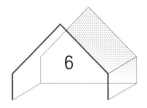

이러한 목록을 담은
"예화모음"을 만들어 보자

앞에서 목회자가 반기는 선물 가운데 가장 반기는 선물로 "예화모음"을 제안하였다. 이 선물은 설교자의 설교 사역을 위해 필요한 단순한 자료모음에 끝나지 않는다. 이것은 성도가 설교의 파트너로서 설교 사역에 동참하는 또 하나의 깊은 의미를 가지고 있다. 이 제안에 대한 반응 또한 매우 긍정적이다. 보다 효율적인 "예화모음"을 위해 필요한 목록들을 좀 더 구체적으로 제시해 주기를 바라는 요청들이 많다.

필자는 이러한 요구가 매우 당연하다는 생각을 하면서 주제 200개

알고 드리는 예배, 알고 듣는 설교

를 다음과 같이 정리하여 보았다.

가난	가정	가치관	감사	개혁	거룩
거짓말	건강	결단	결혼	겸손	경건
경쟁	경제	경험	계획	고민	고생
고집	고통	교만	교제	교회	구원
구제	권력	권면	그릇	근심	긍휼
기계	기도	기쁨	기적	기회	길
나라	남편	노인	능력	도둑	도움
독서	돈	두려움	땀	마음	만남
말	맹세	명예	목사	목표	무관심
무신론	문화	물질	미신	미움	믿음
반성	법	변화	보상	복음	봉사
봉헌	부모	부자	부정	부활	분냄
분열	불순종	불신	불안	비관	비밀

비전	사랑	사명	사치	사탄	상벌
새해	생명	선교	선물	선택	선행
설교	섬김	섭리	성경	성공	성도
성령	성실	성찬	성탄	세례	소망
소명	순결	순교	순종	술	스트레스
슬픔	습관	승리	실망	실패	심방
심판	십일조	십자가	아내	안정	약속
양심	어린이	역경	연합	염려	영광
영혼	예배	예의	오해	온유	외로움
외모	욕구	욕심	용기	용서	우정
위기	위로	위선	유산	유혹	은혜
의심	이기심	이단	이웃	인간	인내
임무	자랑	자유	자족	재능	전도
절제	정의	정직	정치	제자	좁은문
죄	주일	죽음	지도자	지식	지옥

알고 드리는 예배, 알고 듣는 설교

지혜	진리	진실	찬송	창조	책임
천국	천사	청년	청지기	체면	최선
축복	충고	친구	친절	칭찬	쾌락
탈선	편견	평화	하나님	행동	행복
헌금	헌신	화해	회개	효도	훈계
희망	희생				

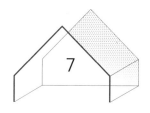

너무 많은 설교 때문에
설교가 병든다

역사적으로 그리스도교의 설교는 성찬성례전과 함께 예배의 중심을 이루고 있었다. 그러나 설교 황금기의 주역이었던 4세기 크리소스톰이나 어거스틴과 같은 위대한 설교가들의 시대가 끝나자 설교는 퇴락의 길에 접어들기 시작했다. 6세기에 이르러서 설교는 암흑기에 접어들었고, 마침내 예배에서 설교가 사라지고 오직 미사(성찬성례전)만이 예배의 전부가 되었다.

그러나 영국이 낳은 "종교개혁의 새벽별" 존 위클리프(John Wycliffe)

가 1382년 신구약 전체를 영어로 번역하여 내놓았을 때, 말씀을 직접 읽게 된 그리스도인들은 새로운 세계에 눈을 뜨게 되었다. 하나님의 말씀을 모국어로 읽으면서 그 뜻을 터득했고, 그 말씀이 자신들의 삶에 어떻게 생활화되어야 하는지에 대한 열망이 불길처럼 확산되었다. 이 불길은 152년 후인 1534년 마틴 루터(Martin Luther)가 독일어 성경을 출판하면서 유럽에서 재점화되었다. 이 불길에 의하여 종교개혁은 완성되었고, 개신교(Protestant)는 66권의 말씀 중심 교회로 그 정체성을 가다듬게 되었다. 그 결과 자연적으로 66권에 수록된 하나님의 말씀을 선포하고, 그 말씀을 회중이 알아들을 수 있도록 하는 해석의 과정, 그리고 그 말씀이 그리스도인들의 삶의 장에 구체적으로 적용되도록 하는 설교가 교회의 가장 중요한 사역으로 자리를 잡게 되었다. 회중은 이 말씀을 통하여 하나님과의 만남을 체험하게 되었고, 교회는 거대한 변화를 일으키게 되었다.

1884년 개신교가 천주교보다 100년 늦게 한국 땅에 들어왔지만 그 교세가 월등하게 높은 이유는 바로 예전(禮典)보다 말씀 중심의 교회로 출발하였기 때문이다. 한국 천주교인들은 1977년 부활절에 공동번역이 출간되기 전까지는 한국말 성경을 공식적으로 갖지 못하였다. 그러나 개신교는 초창기부터 우리말 성경을 가지고 복음을 전하였다. 초기부터 말씀에 접하게 된 한국의 개신교는 그 말씀을 가지고 설교하는 사역이 목회의 최우선이 되었다. 그 결과 설교는 한국교회의 성장을 이룩한 큰 방편으로서 부동의 위치를 고수하였다.

이러한 과정에서 설교는 주일예배를 비롯하여 주일 오후 찬양예배, 수요기도회, 철야기도회, 새벽기도회 때마다 필수적으로 있어야 했다. 심지어는 각종 회의까지 설교가 있어야 진행된다는 고정관념 속에 살았다. 그 결과 한국교회 목사는 매해 수백 편의 설교를 해야 하는 초인적인 삶의 길을 걸어왔고, 한 교회에 10년을 넘게 시무를 하는 경우 수천 편의 설교를 해야 하는 기현상을 불러오게 되었다. 그리스도교 설교의 역사를 아무리 깊이 연구해도 오늘의 한국교회처럼 설교의 요구가 많고 그 요구대로 설교를 수행하는 설교자들을 찾아보기 힘들다.

바로 여기서부터 한국교회 강단의 문제는 발생되고 있다. 설교자에게 감당할 수 없는 멍에를 메우는 한국교회의 구조와 관행은 지금껏 아무런 평가와 성찰이 없이 오늘도 이어지고 있다. 이제 성숙한 교회로서 과연 그 많은 설교를 설교자가 감당할 수 있는지에 대한 생각을 좀 더 진지하게 해야 할 때가 되었다. 인간은 감당할 수 없는 요구가 이어질 때 편법을 쓰게 되고 비상수단을 발휘하기 마련이다. 이로 인해 설교자의 정직성에 멍이 들게 된다.

한국교회 설교 환경의 변화는 필수적인 우리의 과제이다. 한국교회의 강단이 지치고 쇠약해지는 길을 막기 위해서는 우선적으로 오늘처럼 예배와 기도회와 각종 모임에 설교자를 필수적으로 세우는 것에 대해 다음과 같이 깊이 생각해 볼 필요가 있다.

첫째, 주일예배는 설교자가 최선의 설교를 하도록 하면서 월 1회라도 성찬성례전을 집례하여 설교 일변도의 예배에 변화를 일으켜 보자.

알고 드리는 예배, 알고 듣는 설교

둘째, 주일 오후 찬양예배는 찬양 중심으로 모이면서 성경을 연속적으로 강해하면서 성경을 익히는 데 주안점을 두어보자. 셋째, 수요기도회와 금요심야기도회와 같은 때는 평신도들의 건실한 간증과 같은 프로그램을 운영해 보자. 넷째, 새벽기도회는 기도에 집중하도록 이끌어가면서 말씀은 성경의 본문과 간단한 설명(homily)으로 말씀과의 만남을 시도해 보자. 다섯째, 교회의 기타 모임에는 회의 전에 예배라는 용어 대신에 '경건회'라는 이름을 사용하고, 회의를 주관하는 사람들이 기도와 찬송과 성경봉독을 함으로 회의가 그리스도의 마음과 정신으로 이어지도록 하는 데 도움을 주도록 하자.

이러한 시도가 현실화된다면 설교자들의 멍에는 훨씬 가벼워질 것이다. 그리고 설교자는 알찬 설교의 작성에 더 정성을 기울일 것이다. 이제는 평신도가 설교의 횟수보다 양질의 설교를 찾을 때가 되었다.

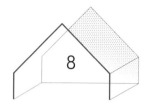

설교와 종교수필을
구분할 줄 알아야 한다

수사학에서 매우 중요하게 생각하는 단어는 '설득(persuasion)'이다. 말하는 사람이 상대를 이해시키고 어느 목적에 이르게 하기 위해서 설득이라는 과정과 방편을 반드시 거쳐야 하기 때문이다. 성경에서도 이 설득이 여러 곳에서 발견된다. 아브라함이 하나님을 설득하여 소돔을 구하려고 시도한 것이나, 모세가 바로를 설득하여 이스라엘을 구출하려는 것이 모두 여기에 속한다. 오늘의 모든 광고사업도 자신들이 원하는 목적을 달성하기 위해서 광고를 보고 듣는 이들을 설득하는 과정이

알고 드리는 예배, 알고 듣는 설교

다. 사업의 세계뿐만 아니라 말이나 글을 매체로 삼고 사는 교사, 변호사, 설교자 모두가 목적을 달성하기 위해 효율적인 설득에 깊은 관심을 기울인다.

특별히 설교자는 매주일 자신이 정한 설교의 주제에 회중을 끌어들이기 위해 자신의 메시지를 어떻게 구성하고, 어떤 방법으로 전개하여 설득을 이룩할 것인지에 지대한 관심을 기울인다. 그래서 설득을 위한 설교자들의 양상은 실로 다양하다. 어떤 설교자는 감동적인 예화를 사용한다. 또는 수려한 문장이나 논리적 전개로 회중의 흥미를 끌어 보려고 한다. 혹자는 자신의 경험담이나 영상이라는 매체를 통하여 설득을 이루려는 시도를 한다. 이러한 설교자의 노력은 필요한 것임에 틀림이 없다. 그러나 설득에 지나친 노력을 기울이고 회중의 흥미진진한 모습에 함께 도취되어 곁길로 빠져버리는 데 문제가 있다. 이러한 오류는 설교의 목적을 희미하게 하며, 더 나아가 복음의 본질을 상실하게 만든다.

특별히 대화의 달변가나 구수한 언어구사의 능력을 가지고 있는 설교자 앞에 평신도들이 정신을 가다듬을 필요가 있다. 평신도들은 설교자가 성경을 봉독한 다음에 하는 말을 모두 설교로 착각하고 있다. 이것도 설교이고 저것도 설교로 여기다 보면 자신의 신앙에 틈이 생긴다. 그로 인해 하나님이 주시는 올바른 양식을 공급받지 못하는 결과를 초래한다.

우리의 설교 현장을 냉철하게 살펴보면 문제가 적지 않다. 설교자가 어떤 주제를 자신의 경험이나 예화를 통해 지성적이고 논리적으로 풀어가면서 흥미를 유발시킬 때 많은 평신도들이 매료된다. 그 지성적인 설교자가 삶의 장을 분석하면서 합리적으로 고상하게 엮어나갈 때, 지적인 요소를 중요하게 생각하는 평신도들은 그것을 가장 좋은 설교로 여긴다.

그러나 설교는 수필이 아니다. 수필은 일정한 형식을 따르지 않고 생활 주변에서 소재를 찾아서 거기에 대한 느낌이나 체험을 생각나는 대로 쓴 산문 형식의 글이다. 그래서 수필은 글을 쓰는 사람 자신의 인생관이나 감정과 사상이 중심이 된다. 현대의 많은 설교가 이 수필의 틀에 맞추어지는 경향을 본다. 바로 '종교수필'로 설교단에 등장하여 회중을 붙잡는다.

여기에 다음의 질문이 있어야 하고, 거기에 대한 정답이 있어야 한다. 그것은 "우리의 성도는 설교를 통하여 무엇을 듣기 원하는가?"이다. 한 주간 내내 우리는 인간들의 말을 들으며 산다. 정치, 경제, 사회에 대한 보도와 분석을 매스컴을 통하여 지치도록 듣는다. 그리고 드라마와 각종 프로그램을 통하여 인간사에 대한 상식이나 경험을 본다. 주일이 되면 이러한 속세(俗世)의 장을 벗어나 하나님 앞에 예배하는 거룩한 순간을 맞이한다. 이 순간마저 내가 듣고 경험한 바를 설교에서 되풀이하여 또 들어야 하는 것이 정상인가?

칼뱅의 주장대로 진정한 설교는 하나님 말씀의 선포, 해석, 적용이다. 오늘의 회중은 하나님이 설교자를 통하여 66권에 기록된 하나님의 말씀을 다시 들려주시기를 원한다. 수천 년 전에 기록된 그 말씀을 좀 더 정확하게 옮겨주고 쉽게 풀어주기를 원한다. 그리고 오늘이라는 삶의 장에 효율적으로 적용, 곧 현장화(現場化)시켜 주기를 기대한다. 문제는 말씀의 해석과 적용의 단계에서 설교자들이 취하는 설득의 차이점이다. 어떤 설교자는 말씀을 풀어주는 데 주안점을 두고 그 말씀의 실천을 위한 현장화에는 별 관심을 두지 않는다. 반면에 어떤 설교자는 말씀을 연구하여 그 뜻을 헤아리는 해석에는 별 관심을 기울이지 않고 말씀의 현장화에만 깊은 관심을 기울인다. 그 현장을 위해 설득에만 관심을 두고 자신의 지식, 경험, 분석과 판단을 위해 설교를 예화의 진열장 또는 종교수필의 전개로 설교를 대신한다. 이제는 평신도들이 '설교'인지 '종교수필'인지를 분별해야 한다. 그리고 설교자에게 다음과 같은 요구를 할 필요가 있다.

> "우리는 66권의 순수한 하나님의 말씀을 듣고 깨우침이 있기를 원합니다. 나의 길이요, 진리요, 생명이신 주님의 말씀만이 언제나 나와 동행하게 해 주십시오."

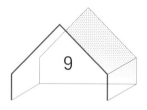

9

지정의(知情意)가
균형 잡힌 설교를 찾아야 한다

하나님의 피조물인 인간이 정상적인 삶을 영위하는 데는 건강한 육체와 정신이 있어야 한다. 특별히 정신세계가 건강한 기능을 발휘하는 데는 지성(知性)과 감정(感情)과 의지(意志)라는 3대 심적 요소의 균형을 잘 갖추어야 한다. 일반적으로 우리 주변에서 존경받는 사람들은 남다른 양질의 균형 잡힌 지·정·의를 갖추고 사는 것을 보게 된다.

하나님은 인간을 창조하실 때 매우 특별한 속성을 부어주셨다. 그것은 깨닫고 생각하는 지성의 기능과 거기에 반응하는 감정, 그리고 그

것을 수용하고 실천하는 의지이다. 이러한 요소를 부여받고 삶을 영위하는 인간을 가리켜 "온전한 인간"이라고 한다.

건전한 교회도 동일한 선상을 달리고 있다. 교회가 지성과 감정과 의지가 건전하게 연관되어 균형을 이룰 때 건전한 영적인 삶, 곧 하늘나라 시민으로서의 건전한 성장과 성숙에 도달하게 된다. 교회가 이토록 중요한 지정의로 바탕을 이루기까지는 무엇보다도 말씀의 강단, 곧 설교가 지정의라는 세 축을 구축하는 데 최선을 다해야 한다.

오늘날 한국교회가 세계의 어느 교회보다 활기차게 발전을 하고 있지만, 지성과 감정과 의지의 균형을 잃을 때가 많다. 어떤 평신도들은 지적인 수준이 발전하는 현대인으로서 교회에서 지성의 추구를 으뜸으로 생각한다. 혹자는 감정에 의하여 불타오르는 열정과 사랑만을 최선으로 생각한다. 어떤 이들은 의지의 우월성을 주장하면서 실천하는 신앙, 곧 의지의 현장화만을 고집한다. 평신도들이 자칫 주의를 게을리했을 때 자신도 모르는 사이에 한 쪽으로 기울어진 그리스도인으로 고착되기 쉽다. 그 원인은 신앙생활을 하는 데 있어 설교자들의 절대적인 영향을 받기 때문이다. 그래서 평신도들은 지정의에 대한 관심을 기울일 필요가 있다.

먼저, 어떤 설교자는 지극히 지성적인 면만을 강조하는 경우가 있다. 설교가 신학적인 분석과 교리적인 측면과 성경적인 지식만을 강조하면서 지성의 기능에 메시지를 심는 데 많은 시간을 할애하는 것을 본다. 이러한 설교만을 계속 듣다 보면 어느덧 회중은 자신도 모르는 사이에 지성 위주의 신앙인으로 접어들게 된다. 그리고 수준 높은 지적인 메시지만을 추구하고 싶어 한다. 지성으로 해결할 수 없는 진리는 외면한다. 합리적인 주장을 추종하고, 이성을 초월한 믿음의 세계는 외면한다. 마치 성경의 율법사, 바리새인, 서기관들을 연상하게 된다.

둘째, 어떤 설교자는 감정적인 기능에 초점을 두고 설교를 지속한다. 이들은 지적인 기능과 판단보다는 뜨거운 감정의 열정에 도취되어 환호성을 지르게 하는 현상을 가져온다. 이들은 감동적인 예화를 성경의 진리보다 훨씬 더 강조하고 설교마다 예화에서 눈물을 보이면서 교인들의 감정에 자신의 의도를 입력시키는 오류를 범한다. 지금은 고인이 된 70년대의 어느 설교자는 설교마다 눈물을 흘리면서 회중의 감정을 움직이는 특유한 설교를 수십 년간 지속한 일이 있었다. 한때는 많은 회중이 그 감성에 젖어 추종을 했으나 그것이 허구임을 알게 되자 교인들은 그 곁을 떠났다.

셋째, 어떤 설교자는 행함이 없는 신앙의 무용론을 주장한다. 그러면서 행동하는 신앙만이 참 신앙이라는 메시지를 펼친다. 여기서 의지의 가치성을 강조하면서 맹종에 가까운 노력과 행함을 강조한다. 예를 들어, 40일 금식기도를 하는 의지를 보이는 사람이나, 더 나아가 전도의 의지를 실천하여 교회의 양적인 부흥에 기여한 성도가 최상의 우등생으로 평가를 받는다. 이 모두는 좋은 의지의 본보기임에 틀림이 없다. 그러나 그 우등생이 갖추어야 할 지성과 바른 정서에 대한 균형이

잡히지 않는다면 그것은 매우 위태로운 신앙으로 전락하게 된다.

한국교회가 70년대에 들어와 양적인 성장에 모두가 열을 올리면서 강단의 메시지가 지정의에 대한 균형을 지키지 못한 기록들이 많다. 설교자가 균형 잡힌 지정의를 상실하고 어느 편에 기울어진 메시지를 지속하는데 평신도들이 그것을 깨닫지 못하고 거기에 맹종을 한다면 그것은 참으로 안타까운 일이다. 균형을 잃고 기울어지고 침몰하는 데 맹종은 있을 수 없다. 그때는 설교를 듣는 사람이 균형을 잡아야 한다. 균형 잡힌 지정의를 갖추어 달라는 요구를 할 수 있어야 한다. 그러해야 우리의 영적인 삶이 튼튼해지고 하나님 나라의 시민으로 제 길을 걸을 수 있다.

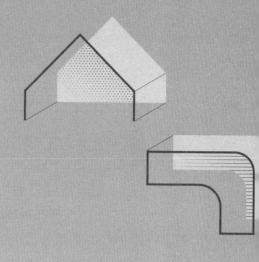

2장
평신도가 알아야 할 사전 지식

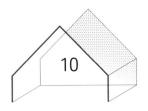

설교에 대한 올바른 이해가
선결과제이다

그리스도인으로서 가장 많이 접하게 되는 것이 설교이다. 주일예배를 비롯하여 교회의 모든 모임에서는 빠짐없이 설교가 진행된다. 그 결과 설교는 교회의 핵심적인 위치에 놓이게 되었다. 모두가 설교에 대한 관심을 갖게 되고, 그 설교로부터 막대한 영향을 받는다.

그러나 이상한 현상은 설교의 원론적인 이해나 학습은 설교자의 몫이라는 고정관념이다. 막상 그 설교를 듣는 파트너들은 설교에 대한 올바른 이해를 하려는 시도마저 없다. 어떤 설교자들은 설교의 충분한 교육을 받지 못하고 설교를 계속하는가 하면, 어떤 교회에서는 평신도들이 주일 오후나 수요기도회 같은 모임에서 설교를 자청하는 경우가 종종 있다. 여기에서 선결과제가 필요하다. 그것은 설교자나 듣는 회중이 먼저 설교에 대한 올바른 이해를 공유해야 한다는 사실이다.

"설교란 무엇인가?"라는 질문에 모두가 나름대로 한마디씩 답을 내놓는다. 그러나 무엇보다도 설교의 올바른 이해는 말씀 중심의 기치를 들고 나섰던 개혁자들에게서 찾는 것이 가장 적절하다고 본다. 칼뱅을 중심한 개혁자들은 다음의 4가지 요소가 함께할 때만이 설교가 성립됨을 가르친다. (1) 성경 66권에 수록된 하나님의 말씀, (2) 이 말씀을 회중에게 운반하는 설교자, (3) 그리스도인으로서 설교를 경청하고 따라야 하는 회중, (4) 이상의 세 요소에 전체적으로 역사하시고 주관하시는 성령님의 역동적인 관여이다. 이 4가지 중에 하나만 없어도 설교가 성립될 수 없다는 것이 개혁자들의 주장이다. 이러한 기본 요건을 합쳐서 설교의 정의를 내리면 다음과 같다.

> 설교란 택함 받아 선지동산에서 일정한 훈련을 받은 종이 하나님의 말씀인 성경의 진리를 하나님의 백성들에게 선포하고 해석하고 적용하는 특별한 사역이다. 이 사역은 반드시 성령님의 역동적인 역사 아래서 이룩되어야 한다.

이와 같은 설교의 정의를 가지고 우리의 회중은 설교에 대하여 진지한 생각을 펼쳐야 한다. 그리고 다음의 몇 가지 중요한 문제에 관심을 기울여야 한다.

첫째는 설교자에 대한 문제이다. 그의 소명의식과 그가 받은 훈련기록과 성직수행자로서 갖추어야 할 영성과 인성의 완전성 등에 관심을 가져야 한다. 예를 들면, 엊그제까지 사회의 지탄을 받고 형을 살던 사람이 갑작스럽게 목사가 되어 감동적인 언변으로 간증을 하고 설교를 하는 경우이다.

둘째는 설교자가 봉독한 성경말씀을 올바로 들려주고 정확하게 해석을 하고 있는지, 혹은 회중의 삶의 장에 올바르게 적용하고 있는지에 대한 살핌이 있어야 한다. 흔히 설교자들은 본문과는 무관한 자기 생각, 경험, 지식을 나열하면서 하나님의 말씀을 징검다리로 삼기 때문이다.

셋째는 설교를 경청하는 회중이 마땅히 지켜야 할 부분이다. 말씀의 주인이신 성삼위 하나님 앞에 자기 성찰을 비롯하여 그 말씀 앞에 순종을 실천하는 반응의 문제이다. 설교를 예배시간에만 듣고 행함의 현장과 무관하게 살아간다면 설교는 완성될 수 없다.

끝으로, 설교자를 통하여 자신이 받게 될 '영의 양식', '생명의 만나'를 온전히 받는다는 것은 인간의 단순한 의지만으로는 해결될 수 없다. 이것은 인간의 한계를 초월하시는 성령님의 역사에 의존함이 가장 빠른 지름길이다. 이러한 성령님의 역동적인 역사가 자신에게 주어지도록 기도하는 회중이 가득한 곳에 진정으로 말씀의 기적이 발생된다. 바로 이 과정에 말씀의 파트너로서 자신이 어떤 상태인지를 점검하는 것 또한 매우 중요하다.

이제는 설교에 눈을 뜨는 한국교회가 되어야 한다. 특별히 설교의 파트너로서 설교를 경청하는 회중의 설교 의식에 변화가 있어야 건전한 설교 사역이 형성되고, 우리 교회가 건강해진다.

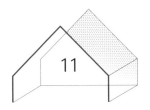

설교와 간증을
분별하여 들어야 한다

우리는 한국교회가 성숙한 교회로 정착되고 세계적인 이목을 받는 교회가 된 듯한 착각을 하고 있다. 교회가 2천 년의 역사를 지나면서 전통은 퇴색되고 생기를 많이 잃었다는 것은 부인할 수 없는 사실이다. 이 지점에서 130년이라는 한국교회의 젊은 나이는 생동력이 차고 넘치는 젊은 교회로서의 장점이 많다. 그러나 뿌리 내려야 할 그리스도교의 본질이 급변하는 문화의 변혁과 인간 심성의 탈선에 의하여 극심한 피해를 받고 있다. 교회의 거룩한 속성이 무너지고 하나님을 향한 순박한 인간의 심성이 방향을 잃고 있다. 무엇보다도 하나님의 말씀을 받아 성장해야 할 그리스도인들이 인간의 말에 더 많은 귀를 기울이고 있다. 여기에서 설교 사역의 위험요소가 발생한다.

몇 주 전의 일이다. 젊은 설교자가 젊은 세대들에게 쉽고 흥미로운 설교를 했다. 40대에 접어든 내 자식들까지 그 목사의 설교가 매우 우수하다는 반응이었다. 필자의 판단에는 그 설교는 자신의 간증이 담긴 한 편의 종교수필이었다. 설교에는 성삼위 하나님이 주어로 등장하지 않았고, 하나님이 주신 메시지는 전무하고 자신의 경험과 느낌과 판단으로 젊은이들의 공감대를 형성시키는 것이 전부였다. 필자는 그를 연구실로 초대하여 다음의 질문을 던졌다. 먼저는 "자신의 설교가 신학교에서 배운 설교의 이론을 따랐는가?", 둘째는 "자신의 설교에 진정 하나님 말씀의 선포와 해석과 적용이 있었는가?"이다. 대답은 "배운 대로 못했습니다. 하나님 말씀이 없었습니다"였다. "그러한 것을 알면서도 어찌 그렇게 설교했는가?"라고 묻자, "교인들이 좋아하니까요"라고 대답했다.

여기에서 한국교회 평신도들을 향하여 심각한 질문을 던진다. "여러분은 자신의 귀를 즐겁게 해 주는 것이 은혜 있는 설교라 믿는가? 여러분은 설교와 간증을 가려서 듣고 있는가?" 우리가 설교와 간증을 식별하지 못하면 한국교회의 미래가 무너지게 된다. 그 이유는 간단하다. 강단에서 하나님의 말씀이 사라지고 인간의 말이 무성해질 때, 교회는 생명력을 잃고 암흑기에 접어들게 된다. 물론 간증의 장점도 있다.

간증은 체험적인 신앙을 흠모하는 사람들에게 확신과 용기를 줄 수 있다. 그러나 간증이 가져오는 위험요소가 더 많다. 간증은 개인적인 신앙의 경험을 '특수계시'라는 이름으로 바꾸어 추종자들을 모으고, 이단의 길을 걷는 사람들이 즐비하도록 만들었다. 모든 기준을 하나님의 말씀이 아니라 자신의 경험을 토대로 삼고, 성경은 자신의 경험을 합리화시키는 각주로 사용한다. 결국 회중은 하나님보다 간증자에게 시선을 집중한다. 이것이 간증의 실상이다.

설교의 출발점은 66권에 수록된 하나님의 말씀과 사건을 통하여 주신 메시지를 기본으로 한다. 인간의 경험담은 모두가 말씀을 쉽게 이해하기 위한 설명이요, 사례일 뿐이다. 참 설교는 하나님이 보여주신 사건이나 말씀을 선포하고, 그 말씀을 회중이 알아듣도록 해석하고, 그 말씀이 회중의 삶에 효율적으로 현장화되도록 하는 것이 전부이다. 어떤 경우도 66권을 통하여 주신 말씀을 능가하거나 인용하는 것은 금물이다.

그래서 우리의 교회는 간증은 기도회나 집회에서 시도하는 것이 좋다. 집회에서는 어느 특정인이 경험한 신앙의 아름다운 사연을 마음껏 인간 감성에 호소하고 공감대를 형성하는 일에 매진할 수 있다. 그러나 주일예배에서는 성삼위일체 되신 하나님이 66권을 통하여 주신 메시지만 들려지도록 해야 한다. 환언하면, 집회는 사람이 중심된 수평적인 관계에서 형성된 메시지를 받게 된다. 그러나 주일예배에서는 하나님과 인간이 수직적인 관계에서 하나님의 말씀을 경청해야 한다. 이제는 집회에서 해야 할 간증과 예배에서 있어야 할 설교를 구별할 줄 알고 귀를 기울이는 성숙한 평신도들이 한국교회 강단의 파트너가 되어야 한다.

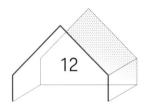

12

설교에도
Vitamin A, B, C, D가 있다

현대인의 건강에 적신호를 가져오는 사례가 여러 가지가 있다. 그 중에서도 균형 잡힌 영양을 고려하지 않고 자신이 좋아하는 것만을 편식함으로써 발생하는 문제가 많다. 인간의 정서나 육체가 어느 한편에만 편중되었을 때 언제나 균형을 잃게 되고 해결하기 어려운 난처한 지경에 이르게 된다.

설교 현장에서도 이러한 불균형의 문제는 예외가 아니다. 오늘의 많은 성도들은 자신들의 길을 바르게 인도하기 위하여 선포된 예리한 말씀 앞에 거부감을 느낀다. 오히려 그보다는 따뜻한 위로와 격려의 메시지를 선호한다. 나에게 용기와 희망을 불어넣어 주는 설교자만을 추종하고자 한다. 소원성취와 부귀영화와 무병장수의 지름길이 보이는 메시지 앞에는 경청의 자세를 갖추고 대단한 관심을 기울인다. 그러나 성경에 기록된 하나님의 말씀인, "교훈과 책망과 바르게 함과 의로 교육하기"(딤후 3:16) 위하여 외치는 말씀 앞에는 거부반응을 보인다. 설교자는 이러한 성도들을 앞에 두고 고민을 시작하고, 결국 대부분의 설교자들은 회중이 듣기 좋아하는 메시지를 찾기에 전념한다. 그리고 그들이 반기지 않는 메시지는 멀리한다. 이것이 오늘 한국교회 설교 현장의 모습이다. 과연 이러한 현상이 설교의 바른 길인지를 우리는 깊이 생각해 볼 필요가 있다.

설교는 회중을 위로하고 격려하는 것만이 전부가 아니다. 하나님은 선지자와 사도들을 통하여 백성들에게 용서와 격려와 희망과 풍요로운 삶을 위한 메시지만을 주시지 않았다. 오히려 때와 장소와 백성들의 행위와 환경에 따라 교훈과 책망과 의로운 길을 가도록 하는 메시지를 멈추지 않으셨다. 설교학에서는 이러한 모순을 벗어나야 함을 일찍부터 강조해 왔다. 그것은 설교는 회중을 바라보고 그들의 취향에 맞는 메시지만을 전하는 것이 아니라, 하나님 보시기에 적절한 메시지를 때와 환경에 따라 전해야 한다는 원칙이다. 이 원칙에 따라 다음과 같은 설교 이론을 제시하고 있다.

먼저, 구원의 주님이신 예수님의 오심과 생애와 교훈, 수난과 부활, 승천과 재림을 선포하는 설교이다. 이 설교에서는 순수하게 이 땅에 복음의 진수를 선포하여 그리스도이신 예수님을 영접하고 그 복음을 가슴에 언제나 품게 하는 목적을 수행하는 설교이다.

둘째는 교훈을 목적으로 하는 설교이다. 이방인의 신분으로 예수님을 구원의 주님으로 영접한 사람들이 알고 실천해야 할 성경의 내용을 자신들이 몸담고 있는 교단 신학에 따라 말씀으로 가르치는 설교이다. 여기에서는 신조와 교리와 같은 신학적 훈련도 포함된 설교를 말한다.

셋째는 목양설교이다. 이 설교는 현대인들의 영육의 상처를 싸매주는 메시지를 담아 회중을 위로하고 격려하고 복 받는 길을 제시하는 메시지가 주종을 이룬다. 성령님의 보호와 인도와 교통하심에 따라 오늘의 삶에서 승리하고 소원을 성취하는 희망을 심어주는 데 관심을 기울이는 설교이다.

넷째는 주로 개인과 사회의 부조리와 죄악을 파헤치면서 회개를 촉구하는 메시지를 외치는 예언적 설교이다. 직면하고 있는 시대의 사회, 정치, 경제, 윤리, 도덕의 부패한 현장을 하나님의 말씀으로 지적하고, 여기에 편승한 성도들의 삶을 깨우쳐 주고, 하나님의 나라와 의를 위하여 "하늘나라의 시민"으로 아름답게 살도록 하는 메시지이다.

이상의 4가지 항목을 비타민 A, B, C, D로 비유하고 싶다. 비타민 C

가 좋아 그것만을 섭취한다면 건강에 이상을 일으킨다는 것은 모두가 아는 상식이다. 설교에서 회중은 하나님의 말씀이 설교를 통하여 들려올 때 그것이 쓰든 달든 의무적으로 받아먹어야 건강한 영육을 영위할 수 있다. 설교 현장에서 이러한 평범한 진리를 평신도들이 마음에 두고 있어야 한다. 그럴 때 이 땅의 설교자들도 온전한 균형 잡힌 설교를 자유롭게 수행할 수 있을 것이다.

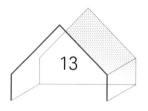

1517년 종교개혁이 설교를
회복시켰다

개신교는 2017년을 매우 의미 깊게 여기고 있다. 그 이유는 500년 전 교회가 교회다운 모습을 갖추고 새롭게 하나님을 예배했기 때문이다. 그 새로운 단장의 내용은 실종된 하나님의 말씀을 성경과 설교를 통하여 다시 보고 들을 수 있게 되었다는 점이다.

그리스도교는 1054년 동·서방교회의 분열이 있기 전까지 한 몸이었다. 우리 개신교는 1517년 서방교회인 로마 가톨릭교회로부터 개혁을 부르짖고 뛰쳐나온 새로운 하나의 가지이다. 개신교는 "오직 믿음",

"오직 성경", "오직 은혜"라는 기치를 들고 교회의 새로운 개혁의 방향을 모색하였다. 1517년 종교개혁은 지금까지 지탱해 온 로마 가톨릭교회의 교황체제를 비롯하여 성모 마리아와 성상숭배와 같은 신학의 문제들과 면죄부 판매와 같은 모순된 95개 항목을 제기하면서 시작되었다. 루터가 앞서 이러한 종교개혁의 기치를 들었을 때, 세상은 신선한 충격에 빠지게 되었다. 특별히 1522년 루터의 『독일어성경』과 1611년 영국의 제임스 1세 왕이 주도한 영어 『흠정역 성경-KJV』이 나오자 말씀 중심의 종교개혁의 불길은 더욱 높고 넓게 치솟기 시작했다.

그리스도인들은 종교개혁의 진정한 변혁을 예배의 장에서 피부로 느낄 수 있었다. 지금까지 예배는 '미사'로 칭하였고, 그 내용과 핵심은 성찬성례전이 전부였다. 설교의 황금기 주역이었던 크리소스톰이나 어거스틴 때까지는 '말씀의 예전'과 '주님의 만찬 예전'이 초기교회 예배와 같이 두 축을 이루었다. 그러나 430년 어거스틴의 죽음 이후 로마 가톨릭교회의 예배에서는 설교가 사라지고 미사만이 남게 되었다. 또한 라틴어를 공식으로 사용함으로써 회중은 예배의 형태만 따를 뿐 언어를 통한 메시지와는 거리가 멀었다. 루터는 이토록 예배에서 사라진 설교가 회복되어야 함을 부르짖었다. 그것도 자신들의 모국어로 성경이 번역되어야 하고 설교가 진행되어야 함을 주장하면서 몸소 실천하였다. 말씀과 성찬이 살아 있는 예배가 등장하자 회중의 호응은 열화 같았고 그 불길은 급속도로 번져 나갔다. 루터의 이러한 예배신학을 지키는 오늘의 루터교는 지금도 가톨릭, 동방정교회 다음으로 큰 교세로 세계교회의 중심에 서 있다.

여기에서 오늘 한국 개신교의 성도들이 깊은 관심을 두어야 할 것이 있다. 그것은 루터(1483-1546)와 동시대에 개혁을 주도했던 츠빙글리(1484-1531)의 개혁 노선이다. 그는 초기부터 예배의 중심에 있었던 성찬을 일 년에 4회로 제한시키고, 심지어는 교회의 성상까지 파괴하면서 오직 설교 중심의 예배를 고집하였다. 분명히 그리스도교 예배 전통을 무시한 개혁이었지만 그동안 말씀에 갈급했던 스위스의 취리히를 중심한 교회들은 개혁교회(Reformed Church)라는 이름으로 그를 추종하였다. 이 이름은 세계교회 속에 매우 활발하게 번져 나갔으며, 한국에 들어온 장로교도 바로 이 전통의 영향을 받게 되었다.

그러나 가장 합리적인 말씀 중심의 신학을 정립한 종교개혁자 장칼뱅(1509-1564)은 "매주 성찬성례전을 갖지 못하게 한 것은 악마의 농간이다"라고 주장하면서, 그리스도교의 진정한 예배에는 설교와 성찬성례전이 있어야 온전해짐을 강조하였다. 생각해 보면 장로교를 중심으로 한 개혁교회는 매우 모순된 길을 걸어왔다. 칼뱅의 신학과 교회론을 철저한 장로교의 교리와 제도의 근간으로 삼고 따르면서, 예배는 오직 설교만을 중요시하는 츠빙글리의 예배 형태를 따르고 있다.

설교의 회복을 언급할 때마다 평신도들이 인식해야 할 중요한 사건이 있다. 그것은 로마 가톨릭교회의 제2차 바티칸 공의회(1962-1965)이다. 이 공의회는 제2의 종교개혁에 버금갈 정도로 중요한 예배 개혁을 가져왔다. 그 내용 중 하나가 500년 전 종교개혁자들이 부르짖었던 성경의 모국어 번역과 예배 안에서 설교의 회복이다. 그 후로 가톨릭교회는 각 나라말로 성경 번역을 서두르게 되었고, 우리의 공동번역(1972)도 그 결과물이다. 그리고 미사마다 말씀의 예전과 성찬성례전의 두 축을 회복하였다.

이러한 가톨릭교회의 예배 변화를 보면서, 1960년대에 세계의 개혁교회도 칼뱅의 예배신학을 새롭게 조명하기에 이르렀다. 그리고 진정한 예배는 설교와 성찬이 있어야 함을 인식하고 매월 첫 주에 성찬성례전을 갖는 예배 회복의 행진이 오늘도 이어지고 있다.

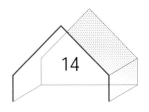

14

설교는 과연
하나님의 말씀인가?

그리스도인들이 예배당을 찾아와 하나님 앞에 예배를 드리는 순간
은 사회의 어느 집단의 모임과 비교할 수 없이 그 본질과 형태가 다르다.
그 시간은 "예배하는 공동체"로서 매우 고결한 특수성을 가지고 있다.
모든 모임은 인간이 중심이 되지만 예배는 그 절차와 순서 모두가 하나
님을 향하여 이루어진다. 예배는 인간이 하나님께 드리는 부분과 하나
님이 인간을 향하여 내려주시는 부분으로 구분되어 양방적 형태로 진
행된다. 신앙고백과 찬송과 기도와 봉헌과 같은 부분은 인간이 하나님

의 은총에 대한 응답의 행위이다. 그리고 성경봉독과 강복선언(축도)과 설교자를 통하여 선포되는 설교는 "하나님 말씀의 대언, 전달 또는 운반"으로서 하나님이 인간을 향하여 주시는 생명의 양식이다. 이러한 예배의 내용을 터득한 성도들은 설교시간의 존엄성을 인정하고 경청하는 자세를 취하게 된다.

　문제는 설교가 "하나님 말씀의 전달 또는 대언"이라는 사실을 받아들이는 사람과 그렇지 않은 사람이 언제나 예배의 현장에 함께 있다는 데 있다. 엄밀히 살펴보면 설교자가 개인적인 지식이나 경험을 나열하고 있을 때는 누구나 "저 설교를 과연 하나님의 말씀으로 받아들여야만 하는가?" 하는 의문을 갖지 않을 수 없는 경우가 많다. 그러나 설교자가 66권에 기록된 말씀을 선포하면서 그 말씀의 뜻을 최선을 다하여 해석하고, 그 말씀을 자신들의 삶에 적용시켜 줄 때는 조금의 의심도 없이 그 설교를 하나님의 말씀으로 받아들이는 데 주저함이 없다.

　하나님은 로마서에서 바울을 통하여 설교의 필요성과 설교자의 정체성을 매우 선명하게 밝히고 있다. 주님의 이름을 부르고 구원을 받은 사람들은 설교(전파)자를 통하여 들었기 때문이며, 그 설교(전파)자는 하나님으로부터 보내심을 받았기에 그 사명을 수행하게 된다는 사실을 가르치고 있다(롬 10:13-15). 그러면서 "아름답도다 좋은 소식을 전하는 자들의 발이여" 하면서 설교자에 대한 예찬까지 보여주고 있다. 이 말씀은 조금도 틀림이 없는 말씀이다. 하나님이 아름답게 여기시는 설교자들만이 우리 앞에 있다면 아무런 이의를 제기할 사람이 없을 것이다.

뿐만 아니라 설교를 하나님의 말씀으로 받아들이는 데 아무런 이의를 제기하지 않을 것이다.

그러나 문제는 눈앞에 전개된 설교가 하나님의 말씀이 아닌 듯싶을 때 그 설교를 하나님의 말씀으로 받아들여야 하는지에 대한 갈등의 문제이다. 환언하면, 인언(human word)과 신언(divine word)의 식별에 대한 개개인의 문제이다. 혹자는 이러한 때에 "왜 하나님은 예배의 현장에서 직접 계시나 기타의 방법으로 말씀을 주시지 않으실까?" 하는 질문도 던진다.

여기서 하나님을 예배하면서 설교를 들어야 하는 그리스도인들이 갖추어야 할 중요한 전제적 요건이 있다. 그것은 하나님은 예배시간에 인간에게 들려주어야 할 메시지는 66권에 기록된 말씀으로 주시되, 그 메시지는 세우신 설교자를 통하여 주신다는 사실이다. 창세기부터 계시록까지 하나님은 언제나 인간을 선택하시고 그를 통하여 말씀하셨다. 이 소통의 형태는 교회가 존재하는 한 변할 수 없는 방편이다.

이러한 진리를 깨달은 칼뱅은 "인간의 입으로 나오는 말은 하나님의 입을 통하여 나오는 말씀과 동일하다"는 유명한 말을 남겼다. 그는 이 말에 부연하여 설명한다. 하나님이 만약 직접 나타나신다면 인간은 그 거룩한 광채 앞에서 녹아지고 형체도 찾을 수 없을 것이라고 말한다. 그리고 인간이 뇌성 앞에서도 견디지 못하는데, 그보다 더 크고 무서운 음폭과 진동 앞에 인간의 고막이 작동할 수 없다고 말한다. 그래서 "하나님은 직접 말씀을 선포하시는 것이 아니라 인간을 그 도구로 사용하신다"는 의미 깊은 설명을 하고 있다.

결론적으로, 설교를 듣게 되는 하나님의 자녀들은 하나님이 내 앞에 세워 주신 설교자를 통하여 이 시간 내게 필요한 말씀을 들려주신다는 신앙적 자세가 필요하다. 이 확신이 없이는 그날의 메시지가 자신의 것으로 내면화될 수 없다. 의심과 갈등과 외면과 잡념이 뒤섞여 갈피를 잡지 못하는 혼돈의 상태가 지속된다. 하나님의 말씀을 가로막는 사탄의 마수가 쉽게 침범한다. 설교자의 설교 한마디 한마디에 시비를 분별하려는 그 자체가 참으로 피곤한 일이다. 설교 가운데 인간의 말이 섞였더라도 큰 틀에서 메시지를 찾고, 그 메시지를 하나님이 설교자를 통하여 내게 주신 말씀으로 수용하는 길이 최선의 길이다.

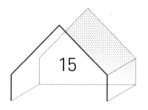

15

주님의 말씀에 목마른 사람이
은혜를 입는다

현대의 물질문명이 발전을 거듭할수록 인간은 육신의 허기진 항목들 앞에 이성을 잃게 된다. 수단과 방법을 가리지 않고 그것들을 채워야 잠에 들 수 있다. 그러나 대부분의 사람들은 영적인 허기짐에는 관심을 기울이지 않는다. 심지어 영혼의 존재 자체를 외면한다. 여기에서 현대인들의 비극이 싹튼다. 이 비극은 하나님의 존재를 비롯하여 그 말씀의 실효성까지 부정하고 외면한다.

반면에 영혼의 세계에 눈을 뜨고 하나님을 아버지라 부르면서 십자가의 도를 깨닫고 사는 사람들은 참으로 복 받은 생명들이다. 그러나 인간이 영혼에 대해 눈을 뜬 것만으로 만족하고 끝나면 안 된다. 영혼을 위한 양식을 정기적으로 공급받아야 그 영혼이 건재할 수 있다. 그 양식에는 크게 세 가지가 있다. 첫째는 영혼의 주인이신 성삼위일체 되신 하나님을 예배하는 공동체 속에서 언제나 활기차게 영혼의 호흡을 이어가야 한다. 둘째는 길이요, 진리요, 생명이신 그리스도님 안에서 소통을 이어가는 기도생활이다. 셋째는 하나님의 말씀을 끊임없이 보고 들으면서 영혼이 숨 쉬게 하는 일이다. 66권의 성경을 규칙적으로 정독하고, 그 말씀을 풀어주는 설교와 성찬성례전을 생명의 만나로 받아먹어 우리의 영혼을 살찌게 해야 한다.

이러한 영혼의 양식은 자연스럽게 주어지는 것이 아니다. 갈급하고 주린 심정으로 말씀을 사모하는 사람에게 충만히 채워지는 원칙이 있다. 주님께서 "목마른 사람에게는 내가 생명수 샘물을 거저 마시게 하겠다"(계 21:6, 새번역)고 하신 말씀은 허기진 영혼들을 불쌍히 여기시는 자비의 약속이다. 이러한 말씀의 깊은 뜻은 "배부른 자는 꿀이라도 싫어하고 주린 자에게는 쓴 것이라도 다니라"(잠 27:7)는 말씀에서 잘 설명되고 있다.

주일마다 거룩한 곳 예배당을 찾아 나서는 목적은 매우 단순하다. 예배자들은 하나님이 주신 창조의 은총과 예수 그리스도님을 통하여 주신 구원의 은총을 깨닫고 사는 하나님의 백성들이다. 이들이 주님의 날에 하나님 앞에 나아와 경배와 찬양과 감사의 행위를 통하여 감격의 응답을 드리기 위함이 그 일차적인 목적이다. 이 목적을 성실히 수행할 때 하나님은 설교자를 통한 말씀을 내 영혼의 양식으로 선포하신다. 그러나 이 영혼의 양식은 누구에게나 일정한 분량이 주어지는 것이 아니다. 그 심령의 주리고 목마름에 따라 그 정도의 차이가 크게 난다. 하나님의 말씀을 나의 영혼이 사는 데 절대적인 생명의 만나임을 인식하고 허기진 심정으로 기다리고 받을 때는 부정적인 요소는 감추어지고 오직 "생명의 샘물"로 자신의 심령을 채우게 된다.

여기에서 성도들은 성공적인 "생명의 만나"를 풍성히 받기 위해 다음의 세 가지에 깊은 관심을 기울여야 한다.

첫째는 자신의 육신을 위한 양식을 챙기기 전에 내 영혼의 양식을 공급받는 생활이 일상화되어야 한다. 이 생활은 무엇보다도 자신의 영혼의 건강상태를 점검하는 데서 동기부여가 일어나야 된다. 자신의 영혼에 대한 무관심은 육신만 비대해지고 죄성(罪性)에 시선을 돌리게 되는 결과를 낳는다. 그러나 건강한 영혼의 성숙을 원하는 하나님의 백성은 자신이 향하고 있는 방향이 육신의 탐욕에 이끌려서 전속력을 내고 있는지, 아니면 영혼의 주인님 앞에 자랑스러운 발길을 옮기고 있는지를 점검하는 일을 방임하지 않는다.

둘째는 갈급한 몸가짐을 갖추어야 한다. "하나님, 사슴이 시냇물 바닥에서 물을 찾아 헐떡이듯이, 내 영혼이 주님을 찾아 헐떡입니다" (시 42:1, 새번역)는 말씀은 영혼의 말씀을 사모해야 하는 뭇 심령들에게 매우 적절한 표현이다. 내 영혼이 말씀에 갈급함을 깨닫고 "생명의 만나"를 찾는 땀과 노력이 매우 중요하다. 오늘의 평신도들이 시냇물을 찾아 나서는 "목마른 사슴"의 태도와 자세를 갖출 수만 있다면 그 영혼은 설교를 듣는 순간에도 놀라운 활력을 되찾게 될 것이다.

셋째는 "생명의 만나"를 가지고 계신 하나님께 자신의 갈급함을 알리는 절박한 간구가 필연코 있어야 한다. 설교를 통한 말씀은 어느 개인이 들려주는 것이 아니다. 하나님이 66권에 기록된 말씀을 성령님의 역사 안에서 설교자를 통하여 들려주신다. 그러므로 말씀의 주인이신 하나님께 자신의 영혼이 메마르고 갈급함을 호소해야 한다. 성령님의 역사 아래서 자신의 귀가 열리고 온 심령이 말씀에 몰입하도록 역사해 달라는 기도가 있어야 한다. 이 기도는 예배를 위해 나서기 전부터 설교가 진행되는 순간까지 이어져야 한다. 그럴 때 경청하게 되는 설교는 맑고 값진 생명의 만나로 내 영혼의 허기를 채우게 된다.

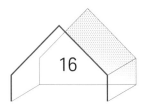

감사의 창문이 열릴 때
메시지가 들어온다

"그리스도교는 감사의 종교다"라는 말을 우리는 무수히 들어왔다. 조금만 주의를 기울이면 하나님이 주신 은총 어느 하나라도 감사의 단어를 빼고서는 바르게 서술할 수 없다. 천지창조의 역사와 예수님의 구원의 거대한 은총을 비롯하여 우리의 생명체가 이어져 가는 것까지 감사할 것을 성경은 가르치고 있다. 그런데 그 감사의 느낌과 표현은 감사의 대상이신 성삼위일체 하나님만을 즐겁게 하는 데 목적이 있지 않다. 우리의 가슴에서 우러나오는 감사는 인간의 삶을 풍요롭게 하는 절대

알고 드리는 예배, 알고 듣는 설교

적인 위력을 가지고 있다. 그 위력은 신앙의 향상에 끝나지 않고 인간의 정신문화와 육신적인 삶 속에 지대한 영향을 준다. 그래서 일찍이 하나님은 "범사에 감사하라 이것이 그리스도 예수 안에서 너희를 향하신 하나님의 뜻이니라"(살전 5:18)고 명하셨다. 이토록 감사란 단순한 인간의 윤리적인 측면에서 나오는 표현이 아니라 "하나님의 뜻"으로 그리스도교의 본질임을 밝히고 있다.

생각하면 감사는 과거, 현재, 미래를 포괄하고 있다. 영국의 속담에서는 "감사는 과거에게 주어지는 덕행이라기보다 미래를 살찌게 하는 덕행이다"라고 말하고, 탈무드에서는 "가장 행복한 사람은 항상 감사하는 사람이다"라는 말을 하고 있다.

감사가 이어지는 사람에게는 불평과 불만과 고통과 슬픔, 심지어 질병의 세포들까지 견디지 못하고 몸 밖으로 나간다. 반면에 이러한 세포들에 짓눌려 숨을 제대로 쉬지 못한 채 심층 깊이에 있던 건강과 기쁨과 웃음과 긍정의 세포들이 활기를 되찾는다. 최근에 미국을 비롯한 여러 나라에서 약물에 의존하는 치료보다는 '감사치유법'을 많이 사용한다는 보도가 이어지고 있다.

하나님을 예배하고 그 말씀을 추구하는 예배의 현장에 임하는 그리스도인들이 맨 먼저 해야 할 일은 감사의 창문을 열어야 한다. 조금이라도 성숙한 신앙인들은 그 입에서 감사의 언어가 멈출 수 없다. 조금만 깊이 생각하면 감사의 항목이 끝없이 이어진다.

나의 생명을 이 땅에 태어나게 하시고 오늘도 생명을 이어가도록 하신 그 은혜를 망각하고 죄의 종으로 살던 몸이 예수 그리스도님을 구원의 주님으로 영접하고 구원받은 몸이 된 감격, 그 하나님을 아바 아버지라 부를 수 있는 자녀의 신분을 갖게 하신 특권, 나의 사랑을 줄 수 있는 가정을 주신 은혜, 주님의 자녀들로 구성된 교회라는 공동체의 일원이 되어 형제자매를 맞이하게 된 행복, 66권의 성경을 손에 들고 하나님과의 만남을 이루도록 하신 은혜, 언제 어디서나 하나님 앞에 무릎 꿇고 기도할 수 있는 길을 걷는 고마움, 주님 지신 십자가의 도를 깨닫고 이웃에게 복음을 전할 수 있는 기쁨, 주일마다 하나님을 찾아 예배할 수 있는 건강과 환경을 허락하신 은혜, 설교자를 통하여 하나님의 말씀을 경청하게 하신 섭리 등 감사의 항목은 끝없이 이어진다.

주님의 날 평신도의 몸으로 주일예배를 위해 이상과 같은 감사의 창문을 열게 된다면 그 예배는 어느 때보다 뜨거운 은혜의 파장이 선명할 것이다. 그리고 설교자가 전하는 하나님의 메시지는 내 심령을 충분히 채울 수 있게 될 것이다.

만에 하나 이토록 소중한 감사의 창문이 닫혀 있는 상태에서 예배에 임한다고 가상을 하면 아찔하다. 고마움을 모르는 심신이 어찌 은혜의 단비를 담을 수 있겠는지 생각할 필요가 있다. 불평불만은 교만과 이기주의의 산물이다. 교만과 자기유익에 혈안이 되어 있는 사람에게는 말씀이 들어가를 않는다. 그러나 감사는 온유와 겸손의 인격체에서 우러나오는 성숙한 심성의 노출이다. 감사의 심성이 문을 열었을 때 쓴 소리도, 단 소리도 모두 내 영육을 위해 필요한 양식으로 흡수된다.

감사로 가득한 성숙한 심성은 자신을 향한 부정적인 소리도 부담 없이 소화할 수 있는 능력을 갖춘다. 설교 수준의 높고 낮음에 몰입하지 않는다. 날카로운 예언의 말씀도 감사함으로 받아들인다.

진정한 그리스도인들은 하나님의 전지전능하심에 뿌리를 두고 사는 인생관을 가지고 있다. 그러한 까닭에 언제 어디서나 감사의 창문을 열고 하나님이 주신 진리의 말씀을 기다리고 맞아들임이 올바른 자세이다.

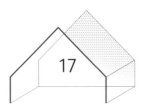

17

성숙한 그리스도인은
분별의 능력을 키워야 한다

일반적으로 설교자가 가장 좋아하는 성도는 목사의 말에 '절대 순종'의 자세를 가지고 신앙생활을 하는 사람이다. 설교자는 부모의 말을 절대 진리로 믿고 따르는 어린아이의 순수함을 갖춘 평신도를 선호하고, 비판의식이 가득하여 질문이나 지적을 많이 하는 유능한 평신도는 부담을 느낀다. 그러나 현대사회의 변화는 설교자의 이러한 전근대적인 사고를 차가운 시선으로 바라보며 외면하고 있다.

종교개혁 전까지 교회는 성직자의 독무대였다. 우선 라틴어 일변도의 성경은 성직자의 전유물이었고, 평신도는 성경과 거리가 멀었다. 신부들이 들려준 대로 듣고 믿었다. 그러나 성경이 모국어로 번역되어 평신도들이 성경을 직접 읽게 되자 설교에 대한 분별력이 생기기 시작하였다. 그 결과 종교개혁의 물결은 손쉽게 세계를 뒤덮었다.

더욱이 20세기 후반에 등장한 3차 산업 주역인 인터넷과 같은 소통문화의 발전은 사회와 교회에 거대한 혁명을 일으켰다. 손안에 모바일만 열면 어떤 지식이나 정보도 순식간에 알 수 있는 시대가 되었다. 심지어 성경의 원어나 주석서를 열고 닫는 일까지 설교자의 수준을 능가하는 지경에 이르렀다. 그리고 누가, 언제, 어디서, 무슨 설교를 했는지도 알아내는 데 힘이 들지 않는다. 이제는 평신도의 의식 수준이 대단히 높은 수준에 도달하였다. 이러한 현실을 보면서 하나님이 바울을 통하여 주셨던 다음의 말씀이 떠오른다.

"내가 어렸을 때에는 말하는 것이 어린 아이와 같고 깨닫는 것이 어린 아이와 같고 생각하는 것이 어린 아이와 같다가 장성한 사람이 되어서는 어린 아이의 일을 버렸노라"(고전 13:11)

영국의 빅토리아 왕조 후기의 대표적인 여성 작가 조지 엘리엇(George Eliot, 1819-1880)은 『길필 씨의 사랑 이야기』(Mr. Gilfil's Love Story)에서 "동물은 좋은 친구들이다. 그들은 질문도 하지 않거니와 비판도 하지 않는다"라는 유명한 말을 남겼다. 그러나 인간은 일반 동물의 수준을 뛰어넘어 지정의(知情意)를 발휘할 수 있는 기능을 부여받은 피조물이다. 선과 악을 구분하고 희로애락(喜怒哀樂)을 표현할 수 있는 특수한 존재이다. 그러한 까닭에 인간의 세계에는 질문과 비판이 허용되고 그것을 통하여 발전을 거듭한다. 분별의 의식은 창조주가 부여한 소중한 선물이다. 우리의 속담에 "눈먼 말 워낭소리 따라간다"는 말이 있다. 이 뜻은 무식한 사람이 남의 말에 무비판적으로 따라가는 것을 가리킨다. 이를 볼 때 우리 민족은 일찍부터 분별의식을 중요하게 생각하는 민족임을 말해주고 있다.

성경에서는 일찍부터 "너희가 거룩하고 속된 것을 분별하며 부정하고 정한 것을 분별"(레 10:10) 할 것을 명하고 있다. 예수님도 "날씨는 분별할 줄 알면서 시대의 표적은 분별할 수 없느냐"(마 16:3) 하시면서 분별력을 강조하셨다. 잠언에서는 "너의 분별력이 너를 지키고 깨달음이 너를 보호할 것이다"(잠 2:11, 현대인의 성경)라고 말씀하신다.

문제는 이 비판의식이 비판을 위한 비판이 되고, 설교자의 설교 한마디마다 주를 달고 비판을 하는 일이다. 이는 설교 사역에 큰 방해물이 된다. 설교자를 위축시킬 뿐만 아니라 설교 현장의 분위기를 살벌하게 만든다. 그리고 자신이 어느새 은혜를 사모하는 성도가 아니라 비판과 분석을 주목적으로 하는 존재임을 알게 된다. 여기서 언급한 분별의식이란 설교 말씀의 옥석을 가리는 분별력을 말한다. 하나님의 말씀과 설교자의 말을 분별할 줄 알아야 한다는 뜻이다. 즉, 설교자가 자기변명으로 일관하고, 설교자와 의견을 달리하는 사람을 공격하는 도구로 설교를 사용하는지를 분별해야 한다. 거기에 더하여 설교자의 개인적인 주장이나 화풀이를 위해 본문을 징검다리로 삼고 있는지를 살피는 경우를 말한다.

어떻게 바른 분별력을 키울 수 있는가? 이 질문의 대답은 단순한 이론이 아니라 실천을 통하여 보여주어야 한다. 그것은 우선적으로 설교자와 설교를 들어야 하는 자신을 위한 지속적인 기도가 이어져야 한다. 그리고 매일 성경과 기타 신앙서적들을 지속적으로 읽으면서 지적인 기능을 향상시켜야 한다. 무엇보다 기본적으로 설교자를 아끼고 사랑하는 마음 바탕이 튼튼해야 한다. 그럴 때 말씀의 분별력은 올바르게 작동한다. 올바른 분별력을 키우면 설교자와 어떠한 갈등도 일어나지 않는다. 그럴 때 설교자는 분별력이 가득한 성도들을 두려워하게 되고, 더욱 충실한 설교 준비에 최선을 다하게 된다.

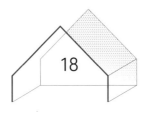

18

연속 강해설교를 선호하는 평신도는
해야 할 일이 있다

이 책의 내용이 「평신도신문」에 연재되고 있을 때 실린 글을 꾸준히 읽고 있던 어느 평신도가 보내온 다음의 글을 읽으면서 독자들과 함께 공유하고 싶은 충동을 일으켰다.

교수님! 저는 목사가 임의로 주제를 선정하여 선포하는 설교보다 그가 이끄는 성경공부를 더 선호합니다. 그 이유는 목사의 설교는 본문말씀이 실종되고 세상의 정치, 경제, 사회가 돌아가는 이야기가 주종을 이루고 있습니다. 거기에 더하여 장황한 예화의 진열로 설교시간이 다 채워집니다. 뿐만 아니라 때로는 자신의 경험과 변명과 못마땅한 교인들을 향한 분노를 들어주는 시간이 되고 맙니다. 그나마 다행인 것은 매주 수요기도회 때는 로마서를 연속으로 강해한다는 사실입니다. 거기서 저는 하나님의 말씀과 만남의 시간을 갖습니다. 다소 불필요한 말이 많이 섞이지만 그래도 그 시간이 주일 설교보다 훨씬 좋습니다. 연속적으로 이어지는 강해설교를 보다 더 효과적으로 경청하고 깊이 있게 소화할 수 있는 지름길은 없는지 궁금합니다.

매우 의미 있는 글이었다. 오늘의 많은 설교자들이 범하고 있는 오류를 예리하게 지적했을 뿐만 아니라, 하나님의 말씀을 갈망하는 그 순수한 자세에 공감을 갖게 되었다. 설교의 역사를 살펴보면, 많은 설교의 대가들이 목회의 장에서 성경을 연속적으로 강해하는 설교가 많았다. 유명한 부흥사 무디와 함께 대각성운동을 펼쳤던 영국의 대표적인 강해설교자 마이어(F. B. Meyer) 목사는 "강해설교란 성경 가운데 한 권이나 또는 어느 일정한 부분을 본문으로 하여 그것을 연속적으로 주석해 나가는 설교이다"라고 정의한다. 동시대의 신학자이며 설교가였던 포사이스(P. T. Forsyth)는 "강해설교를 보다 많이 하라. 본문으로 더 많은 구절을 택하라. 설교자는 회중이 성경을 잘 해석해 주기를 얼마나 간절히 바라고 있는지 모르고 있다. 그들은 단순히 그 말씀의 의미를 성경 본래의 그 풍부한 표현에 따라 잘 설명해 주기를 바라고 있다"는 말을 하면서 강해설교의 필요성을 강조하였다.

어떻게 하면 강해설교를 효과적으로 경청하고 깊이 있게 소화할 수 있는지에 대한 해답을 찾는 것은 매우 중요한 일이다. 여기에 대한 이론적인 해답은 100% 목표달성을 위해 일반적으로 제시한 학습과정에서 찾아볼 수 있다. 그것은 학교에서 늘 들었던 "예습 → 수업 → 복습"의 3단계 학습 효율 방법이다.

독일 심리학자 헤르만 에빙하우스(H. Ebbinghaus)의 망각 곡선 이론에 따르면, 일반인은 한 번 학습한 내용을 10분이 지나면 망각하기 시작하여 1시간 뒤 50%, 하루가 지나면 67%, 한 달 후에는 80%를 잊어버린다고 한다. 그래서 "인간은 망각의 동물"이라는 말이 성립된다.

먼저, 예습이란 자신이 배우고자 하는 것에 대한 예비지식을 갖추는 일이다. 영화의 예고편을 보고 나면 본 영화를 보고 싶은 충동이 발동하며, 그 영화에 대한 대강의 줄거리가 잡힌다. 이러한 예습의 효과는 강해설교에서도 동일하게 나타난다. 본문의 관심도와 적극성이 작동하게 된다. 설교를 듣는 동안 잡념이 들어올 틈이 없이 집중할 수 있다. 말씀의 터득에 훨씬 집중력을 발휘하게 된다. 그리고 메시지가 어느 때보다 쉽게 터득된다. 때로는 내가 미처 깨닫지 못했던 메시지가 주어질 때 스스로 놀라고 감사한다.

둘째는 수업의 과정이다. 예습을 거친 회중은 자신의 전이해의 옳고 그름을 점검하면서 설교자와 함께 설교의 진행에 참여하게 된다. 거기에 더하여 강해가 계속되는 동안 설교자가 진행하는 석의와 적용에 공감대와 비공감대를 쉽게 발견하게 된다. 설교자의 말에 맹목적인 추종이 아니라 자신의 이성적인 판단을 가지고 설교를 경청하게 된다.

셋째로 복습의 과정이다. 설교의 복습과정은 집에 돌아와 다음주의 본문을 예습하기 전에 지난 강해를 다시 한 번 정리하면서 메시지를 상기하는 과정이다. 이 과정은 본문에서 받은 메시지의 뿌리가 정착하는 중요한 과정이다. 학교에서 학생들의 성적이 부진한 원인 중의 하나가 복습하는 과정을 소홀히 하기 때문이라고 한다. 복습은 망각의 세계로 넘어간 메시지를 다시 회생시켜 오늘의 메시지로 붙드는 매우 중요한 과정이다.

하나님의 말씀을 생명의 만나로 여기고 사는 그리스도인들이 강해 설교를 들으면서 다가오는 본문을 펴고 예습을 하고, 설교를 경청한 다음에 복습을 하는 것은 성숙한 설교의 파트너라면 한 번쯤 시도해 볼 만한 아름다운 모습임에 틀림이 없다.

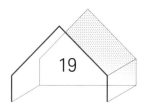

지나치게 우화적이고
은유적인 해석을 경계하라

그리스도인들은 언제나 올바른 신앙의 방향과 영적인 기틀이 건전해야 한다. 여기에는 성경말씀의 해석이 가장 크게 작용한다. 평신도들이 스스로 주석서를 펴고 성경을 학습하는 경우도 많지만 일반적으로 목사의 가르침에 의하여 성경공부를 이어간다. 그 중에서도 많은 설교를 통하여 설교자가 들려준 성경의 해석은 평신도들의 신앙에 절대적인 영향을 끼친다. 지난 한 세기 동안 가장 오랜 시간 설교학 교과서로 사용되었던 브로더스(John Broadus)의 『설교의 준비와 전달』에서 "본문을 그 진정한 의미와 일치되게 해석하고 적용하는 일은 설교자가 해야 할 가장 거룩한 의무 중의 하나이다"라고 강조하였다. 생각해 보면 성경을 통하여 주시는 하나님의 진리를 정확하게 해석한다는 것은 어떤 것과도 비교할 수 없다. 평신도를 미혹하는 이단의 등장도 모두 성경 말씀의 해석에 기인한다. 그들은 들어보지 못한 해석에 귀를 기울이게 하고 흥미를 가지게 하여 그들의 성경공부에 합류하게 한다. 그 결과는 자신도 모르는 사이에 사이비 이단에게 종속되는 결과를 초래한다.

역사적으로 볼 때 설교자들이 성경말씀을 해석하는 중요한 의무를 수행하는 과정과 형태가 단순하지 않았다. 특별히 설교 역사의 초기에는 설교자들에게 제시된 성경해석의 원칙이나 주석서들이 있던 시절이 아니었다. 그래서 설교자마다 본문말씀의 해석을 다르게 하는 일이 많았다. 특별히 난해한 본문은 설교자 스스로가 이해하는 것을 기본으로 하여 전하게 됨으로 많은 혼돈을 가져왔다. 그러나 종교개혁 이후부터는 성서신학이 발전되어 말씀의 깊이 있는 석의가 매우 활발하게 이어졌다. 그 결과 지금은 매우 우수한 주석서들이 나와 있어 말씀의 기본 뜻을 헤아리는 데 큰 도움을 받고 있다.

그러나 지금도 적지 않은 설교자들이 원어 풀이를 중심으로 한 우수한 주석서를 활용하여 말씀의 바른 의미와 해석을 하려는 노력이 미흡함을 본다. 이러한 설교자는 단순하고 선명한 말씀을 본문으로 할 때는 큰 문제가 없다. 그러나 난해한 성구를 본문으로 했을 때 문제가 발생한다. 난해한 말씀을 초기 설교자들처럼 임의적으로 해석하여 설교를 듣는 이들에게 혼돈을 불러일으키고 있는 사례가 종종 발생하고 있다.

그 중에 평신도들이 가장 관심을 기울여야 할 해석의 방법은 다음 세 가지이다. 하나는 지금 살펴보고자 하는 우화적이고 은유적 해석(Allegorical Interpretation)이고, 또 하나는 다음 강의에서 다루게 될 신비적 해석(Mystical Interpretation)이며, 이어서 다루게 될 합리주의적 해석(Rationalistic Interpretation)이 다른 하나다.

우화적이고 은유적인 성경해석 방법은 본문이 내포하고 있는 뜻이 쉽고 단순하지 않을 때 그 뜻을 현실화시키려는 데서 발생하게 된다. 이것은 기독교 초기에 매우 활발하게 사용되었던 방법으로서 알렉산드리아의 클레멘트와 오리겐이 그 대표적인 학자들이었다. 그들은 성경이 문자적, 도덕적, 영적인 의미를 가지고 있는데, 그 중에 영적인 의미가 가장 으뜸 되는 가치를 지니고 있다고 주장하면서 이 해석 방법을 많이 활용하였다. 클레멘트의 경우 탕자의 비유에서 탕자에게 입힌 새 옷은 영생을 의미하고, 신겨준 신발은 영혼의 상승과정의 뜻이고, 살진 송아지는 그리스도를 의미한다고 해석하였다. 그 외에도 창세기의 '포도주'는 그리스도의 피로 해석했고, 아브라함의 3일간의 여행은 판단, 희망, 통찰력을 상징으로 해석하고, 요셉의 채색옷은 다양한 지식이라고 가르쳤다.

미국교회에서도 1843년 윌리엄 밀러(William Miller)의 종말예언이나 1974년 '여호와의 증인' 창시자 러셀의 재림예언 등 이와 유사한 해석들

알고 드리는 예배, 알고 듣는 설교

이 많았다. 한국교회도 예외가 아니었다. 1950년대의 전도관의 박태선을 "감람나무"(슥 4:3; 계 11:4)로 해석하고 추대하는 것을 비롯하여, 1992년 이장림의 다미선교회에서의 예수님 재림에 따른 '휴거 소동'에 이르기까지 다양하였다. 최근에도 계시록 4장의 영계 조직에 나타난 14만 4천의 "제사장과 흰무리" 완성에 대한 이만희의 해석은 탈선의 모델이다. 그러므로 정통적인 교회의 평신도들은 이러한 탈선적인 성경해석에 대하여 분별력을 갖추어야 한다. 사안에 따라 은유적이고 우화적인 성경해석이 있을 수 있다. 그러나 전통적인 해석을 떠나 일방적이고 선동적인 해석으로 미혹하는 설교 앞에서는 언제나 경계심을 갖추는 지혜와 지성이 필요하다.

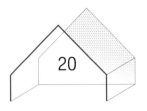

'직통계시'를 부르짖는
신비주의자들의 해석을 조심하라

모든 종교는 인간이 우러러볼 수 있는 거룩한 면과 신비한 면을 가지고 있다. 이 두 가지 요소는 종교를 지탱하는 중요한 위력을 가지고 있다. 종교에서 거룩한 면과 신비스러운 면이 없다면 그것은 종교로서의 가치를 상실한다. 종교마다 가지고 있는 거룩함(聖性)은 인간의 지성과 이성을 통해 어느 정도의 차이는 있을 수 있으나 그 기준이나 판단에는 공통적인 면이 많다. 그것은 인간이 일반적으로 누리는 삶과 윤리와 사상을 뛰어넘은 존엄하고 고결하고 존귀한 세계를 일컫는다.

알고 드리는 예배, 알고 듣는 설교

신비의 세계는 그 기준이나 분석에 정답을 내놓기가 매우 어려운 경우가 많다. 신약성경에 27회나 등장한 신비(mystery)라는 용어의 사전적 풀이는 인간 이성으로 "도무지 설명하거나 이해할 수 없는 이상야릇한 일이나 사건"을 말한다. 기독교에서는 영적인 세계를 직접 체험하고 끊임없이 그 주체와 교제하는 신앙행위의 주역들을 신비주의자들이라 일컫는다. 이들은 일반적으로 "성령 하나님과의 직접적인 체험"이라는 매우 특수한 신앙형태를 유지하면서 누구나 쉽게 접근할 수 없고 난해한 세계를 드나드는 신앙인들이다.

그런데 이들이 내놓은 경험과 해석의 옳고 그름을 판단할 수 있는 기준이 모호하다는 데 문제가 제기된다. 자신의 영적 경험이 때로는 성경의 내용을 초월하는 경우를 본다. 또는 자신의 경험을 정당화시킬 수 있는 성경구절이 조금이라도 있다면, 그것을 침소봉대하여 자신의 주장을 합리화시키는 해석으로 사용하는 경우가 많다. 이러한 사례는 '직통계시'를 받았다는 자칭 예언자들이 하는 말과 행위에서 쉽게 발견할 수 있다.

기독교 역사에서 이러한 신비주의자들이 가장 활발하게 등장했던 때는 중세의 암흑기였다. 이들은 교회의 엄격한 교리적 해석에 동의하지 않고 성경의 해석을 임의로 함과 동시에 영적으로 자신들만의 세계를 형성해 나갔다. 종교개혁 이후에는 독일의 경건주의자들이 가장 많은 신비적인 해석 방법을 사용하였다. 그리고 그 전통은 영국과 미국의 퀘이커 교도들에 의하여 지금도 이어지고 있다.

오늘날에도 전쟁의 가능성이 상존하는 우리의 불안한 상황이 전개될 때마다 신비주의자들에 의한 종말론과 전쟁설은 끊임없이 등장하여 많은 성도들을 혼란하게 만든다. 비근한 예로 케냐의 데이빗 오위 목사를 비롯하여 스스로를 선지자라고 하는 홍혜선이나 의사 출신으로 미국에서 목회를 하고 있는 서사라 등은 모두가 '직통계시'라고 하면서 날짜까지 밝히며 한국전쟁 발발을 예언하였다. 이들 중에는 "민족이 민족을, 나라가 나라를 대적하여 일어나겠고 곳곳에 기근과 지진이 있으리니 이 모든 것은 재난의 시작이니라"(마 24:7-8)는 말씀을 가지고 자신들이 받은 계시의 해석을 합리화시켰다. 뿐만 아니라 자신들이 "계시받은 사실"을 유튜브에 올려 수많은 사람들에게 불안과 공포를 안겨주었다.

한국교회 설교단에서 가장 인기 있는 설교자는 정규적인 신학교육을 받고 설교자로 섬기고 있는 목사가 아님을 느낄 때가 많다. 그것은 유명 연예인들이나 특종 직업인들이 체험한 사실을 "성령님의 놀라운 역사"로 간증하는 현장이다. 이들 앞에는 '아멘'의 함성이 터지고 열화와 같은 반응을 수반한다. 그들의 직업화된 화술은 회중을 감동시키고 여유롭게 회중을 장중에 붙잡는다. 그리고 고액의 사례비를 챙겨간다.

"하나님의 영광", "전적인 성령님의 역사"라는 주를 달고 진행을 하지만 그 역시 간증의 주역은 간증자 자신이다. 아무리 많은 성경구절을 인용해도 결코 말씀 중심의 간증은 거의 찾아보기 힘들다. 오직 일반 성도들이 가지고 있는 한계나 표준을 뛰어넘은 초월적인 경험의 소유자로 흠모의 대상이 되고, 때로는 회중을 그들의 추종자로 삼는다.

우리의 지적 수준이 낮았던 시절에는 이러한 일이 많았다. 또한 설교자의 설교에서 채우지 못한 갈증을 해갈하는 최적의 방법이기도 하였다. 지금도 성경말씀에 뿌리를 내리지 못한 성도들은 신비주의자들이 등장하여 자신이 경험했다는 '직통계시'를 간증하면 그 앞에 쉽게 침몰된다. 이제는 평신도들이 어느 개인의 신비한 경험에 신앙의 비중을 두는 것보다 스스로 하나님의 순수한 말씀 위에 자신의 신앙을 가꾸고 지탱하는 올곧은 길을 걸어야 한다. 자신이 받은 신앙 경험을 하나의 진리인양 보편화시키려는 행위들은 각별한 주의가 필요하다.

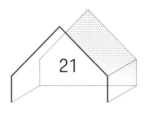

21

합리주의적 해석을
두려워하라

150년경 카르타고에서 비그리스도교 가정에서 태어나 법률을 공부하여 변호사가 된 터툴리안(Tertulian)은 195년 기독교의 순교자들이 자신들의 신앙을 지키기 위해 순교를 당하는 모습에 깊은 감동을 받아 기독교인이 되었다. 그는 "박해는 그리스도인의 무죄를 변증한다"고 외치면서 박해가 교회를 소멸시키지 못한다고 주장했던 교부이자 평신도 신학자였다. 또한 그는 처음으로 '삼위일체'라는 신학용어를 사용하기도 하였다. 그는 기독교의 가르침을 인간 이성으로 분석해 볼 때 매우

알고 드리는 예배, 알고 듣는 설교

많은 부분이 모순됨을 인정하였다. 그가 이성과 지성으로 해결할 수 없는 그리스도교를 보면서 그 진리가 "불합리한 고로 나는 믿는다"라는 유명한 말을 남겼다. 생각해 보면 기독교의 진리는 인간의 이성적 기능으로 풀리지 않는 문제들이 많다. 우선 동정녀의 몸에서 예수님이 탄생했다는 사실부터 그의 부활에 이르기까지 유한한 인간 이성으로 터득하기 힘든 일들이 실로 많다.

18세기 "독일 합리주의의 아버지"라고 불렸던 젬러(J. S. Semler)는 성경에 나타난 초자연적인 기록들은 "당시의 미신적인 생각과 편견 및 무지에 동조한 결과로 생겨난 것"이라는 주장을 펴면서 성경의 영감설을 부인하였다. 19세기 중엽에는 합리주의적 성경해석이 등장하여 많은 주목을 받았다. 이 해석 방법은 성경의 모든 초자연적인 현상을 부정함과 동시에 하나님의 역사로 이룩된 각종 기적을 인정하지 않았다. 독일의 대표적인 자유주의 신학자였던 슈트라우스(D. F. Strauss)는 "기독교의 진리란 계시의 결과로서가 아니라 발전과 발견의 결과로 성립된 것"이라고 말하면서 예수 그리스도님을 초대교회가 창조해 낸 "신화적인 인물"로 단정하였다. 그리고 초기의 열광적인 신자들이 예수님을 메시아로 인정받도록 "온갖 것들을 옷 입혔다"는 주장을 폈다. 이러한 해석은 성경무오설을 인정하지 않는 오늘의 신정통주의적 해석으로 발전하였다.

여기서 분명하게 알아야 할 것은 성경은 인간의 이성적 기능과 지적인 바탕으로 이해될 수 없는 것이 근간을 이루고 있다는 사실이다. 즉, 인간의 지성이나 사고의 능력으로 해결될 수 없는 불합리한 것이 훨씬 많다. 환언하면, 하나님의 역사는 인간의 합리적인 영역을 초월한다는 사실이다.

필자가 1970년에 목사고시를 볼 때 윤인구 전 연대총장이 나의 면접관이었다. 그분의 첫 질문은 "Mr. 정, 홍해가 갈라졌다. 예수님이 동정녀 마리아를 통해 태어났다. 그가 죽은 지 3일 만에 무덤을 박차고 부활했다. 이걸 믿을 수 있나? 매우 불합리한 것 아니야?" 하는 것이었다. 그때 나의 대답은 매우 단순하였다. "박사님, 저는 창세기 1장 1절을 믿기에 성경의 모든 기록을 그대로 믿는 데 아무런 어려움이 없습니다." 그분은 나의 이 짧은 대답에 "Excellent!!"라는 한마디를 하고서 통과시켰다. 지금도 필자는 그때 그 대답을 가슴에 품고 있다.

매주일 설교를 들어야 하는 오늘의 평신도들, 특별히 합리적인 세계에서 자라온 젊은 세대들에게 성경해석은 아주 중요한 요소이다. 성경해석을 자신이 가지고 있는 지성이나 사고의 틀을 가지고 수용 (acceptance) 여부를 결정한다면 진리의 가치나 위력은 무너지기 마련이다. 종종 첨단을 달리는 설교자들이 오늘도 젊은 지성인이나 합리주의론자들의 관심을 끌기 위해 하나님의 초자연적인 역사를 왜곡시키는 사례가 종종 발생한다. 그들은 기독교의 경전인 성경을 주로 도덕적이고 윤리적인 교과서처럼 전락시킨다. 구원의 종교인 기독교의 본질을 뒤로하고 일반종교의 범주 속에서 설교를 이어간다. 그리고 현대인들이 수용하기 어려운 하나님의 역사에 대한 설교는 회피하는 경향을 보인다. 이러한 성경해석과 설교 형태를 보이는 설교자들 앞에 동질성

(homogeneity)을 나타내는 사람들이 모여든다. 이러한 사람들이 모인 교회는 구원의 종교로서의 특성보다 동류의 사람들이 교제하는 사회성(social nature)을 더 중하게 여긴다. 거기에는 측량할 수 없는 하나님의 은혜 앞에 감격하는 행위가 잘 보이지 않게 된다. 그리고 하나님의 영광을 위한 것보다 성도들의 수평적 관계가 우선이 되어 인간이 즐겁고 행복해지는 데 주안점을 둔다. 여기서 평신도들이 유의해야 할 것은 하나님의 절대주권과 그 역사(work)는 언제나 인간의 이성과 지성을 초월한다는 사실이다. 터툴리안의 말대로 하나님의 역사는 때로는 비합리적이다. 거기에는 "오직 믿음"이 요구될 뿐이다.

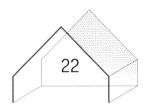

22

성경적 설교(Biblical Preaching)의
특징을 찾아본다

교회는 사회의 평범한 기관들로부터 독특하게 분류된다. 일반적으로 사람들은 교회의 예배당을 함부로 드나들거나 가볍게 취급할 수 없는 성스러운 곳으로 여긴다. 일반 교육기관이나 기업체와는 전혀 다른 감각으로 예배당을 우러러본다. 그 이유는 예배당에 모이는 사람들의 신분이 고결하거나 어떤 기적이 발생되는 곳이기 때문이 아니다. 또한 지식을 전해주고 생활상식을 들려주기 때문도 아니다.

교회의 예배당을 성전(聖殿, sanctuary)으로 일컫게 된 이유는 매우 단순하다. 그곳에서는 창조의 은총과 구원의 은총을 베풀어주신 하나님께 예배하고, 그 하나님의 말씀을 들려주는 매우 특수한 예배예전 행위가 전개되기 때문이다. 천주교에서는 성스러운 예배의 초점이 미사(성찬성례전)에 맞추어져 있다. 그러나 개신교에서는 예배의 초점이 하나님이 주신 창조와 구원의 은총에 대한 응답을 기초로 하면서 하나님의 말씀을 듣는 데 주안점을 두고 있다.

특별히 설교를 최고로 여기는 개신교는 설교에 따라 교회의 존폐를 좌우한다는 데 일차적인 동의를 한다. 이토록 중요한 설교는 하나님의 말씀인 성경에 얼마나 충실하느냐에 따라 그 성패가 결정된다. 여기에서 평신도는 질문을 던진다. 어떤 설교가 성경에 충실한지를 알고 싶다고 한다. 성숙한 그리스도인이라면 마땅히 물어야 할 질문이다. 앞에서 계속해 온 강의에서는 설교자의 말보다 하나님의 말씀이 들려지는지 눈여겨보고 경청할 것을 강조하였다. 이제 본 강의에서는 좀 더 구체적으로 성경적 설교(Biblical Preaching)의 실상을 파악하는 데 우리의 관심을 기울여보고자 한다.

미국의 설교학자 존 낙스(John Knox) 교수는 그의 *The Integrity of Preaching*에서 매우 의미 있는 말을 한다. "성경본문에 기초한 비성경적 설교를 할 수도 있고, 전혀 본문에 매달리지 않고도 매우 성경적인 설교를 할 수 있다." 이 말을 마음에 품고 강단의 설교자를 보면 쉽게 발견되는 현상이 있다. 그것은 설교자가 자신의 생각과 주장을 펼치기 위해 성구들을 수집하여 나열하는 경우가 있는가 하면, 한 구절의 말씀을 가지고 그 말씀을 깊이 연구하고 하나님이 그 말씀을 통하여 주시고자 하는 메시지를 찾아 충실히 전하는 성경적 설교를 하는 설교자가 있다. 그러나 설교 분석력이 약한 평신도들은 이러한 구분을 하기가 쉽지 않다. 그러한 까닭에 다음의 요점들을 가지고 성경적 설교의 진수를 찾아보려 한다.

먼저, 비성경적인 설교를 하고 있는 설교자의 특징을 본다.

1) 설교자가 설교에서 눈에 띄게 자신의 등장에 열을 올린다.
2) 자신의 주장을 펼치는 데 성경을 각주로 사용하는 큰 오류를 범한다.
3) 본문에 회중의 관심을 끌고 가는 것이 아니라 예화에 회중이 집중하도록 한다.
4) 본문의 해석에 인간적인 설명을 너무 장황하게 한다.
5) 심한 경우에는 자신의 주장을 펴기 위해 설교자의 권위를 앞세우고 본문을 왜곡하는가 하면, 성령님의 영감 또는 계시라는 구실로 맹종을 요구한다.

다음으로, 성경적인 설교가 갖추고 있는 특징을 살펴보면 다음과 같다.

1) 설교자 자신의 등장이 최소화되고 성삼위 하나님의 등장이 극대화된다. 본문의 순수한 운반자인 설교자는 가급적 보이지

않기 위해 언어의 표현부터 달리한다.

2) 설교 문장의 주어가 설교자가 아니라 말씀의 주인이신 성삼위 일체 되신 하나님으로 한다. 하나님이 하신 말씀임을 밝히는 설교 문장은 설교자가 주어가 될 수 없다.

3) 성경적 설교는 본문의 해석에 철저한 석의를 통하여 그 중심 단어의 의미를 정확히 파악하여 전달하려는 노력을 기울인다. 그리고 본문의 해석과 적용의 시간배열에 균형을 이룬다.

4) 성경적 설교자는 회중이 직면한 관심사에 대한 정답을 말씀에서 찾는다. 설교자의 견해와 지식과 경험으로 정답을 찾으려는 시도를 최소화한다.

5) 신·구약성경에 공히 의존하는 구속사의 맥을 이어가면서 구원의 감격이 식지 않도록 한다.

6) 회중이 설교자와의 만남이 아니라 성삼위 하나님과의 연접(連接)을 이루게 하는 데 최선을 기울인다.

이제 평신도들은 이상의 특징들을 가슴에 안고 성경적인 설교의 장려에 일익을 담당해야 한다. 그것이 우리의 교회가 성스러운 하나님의 백성으로 성숙과 성장을 거듭하는 길이다.

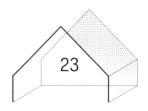

23

하나님은 우리의 눈, 귀, 입을 통하여
말씀을 주신다

한국교회는 예배를 비롯한 모든 모임에서 기도와 찬송과 설교를 필수항목으로 여기고 있다. 전통적으로 예배에서 행한 설교는 하나님이 설교자를 통하여 내려주시는 메시지로 여긴다. 그러나 기타의 기도회나 각종 회의에서까지 설교가 필히 있어야 한다는 주장은 무리가 따른다. 결국 이러한 관행은 설교만이 하나님의 말씀을 듣게 되는 유일한 채널로 잘못 이해하는 결과를 가져온다. 전통적인 기독교는 하나님으로부터 받은 말씀은 인간의 눈, 귀, 입을 통한 3채널을 중요한 통로로 인정한다.

1. 눈을 통한 말씀의 전달

이 채널은 두 형태로 분류된다. 하나는 메시지를 담은 그림이다. 글이 있기 전에 인간의 의사소통은 그림을 통하여 형성되었고 지금도 활발하게 활용되고 있다. 십자가 위에 처형당한 모습을 보여주는 성화를 비롯한 많은 그림은 지금도 생생하게 메시지를 전하고 있다.

다른 하나는 말씀을 눈으로 보고 읽어 메시지를 받는 성경이다. 1455년경 독일의 구텐베르크가 금속활자 인쇄술을 발명하여 『구텐베르크 성경』을 출판하기 전까지는 필사본이나 목판인쇄에 의존했던 성경이 있었지만 일반인들에게는 거리가 멀었다. 그러나 성경번역이 활발해지고 인쇄술이 발전함으로 하나님의 말씀인 성경을 누구나 눈으로 보고 읽고 깨달을 수 있는 새로운 시대를 맞이하게 되었다. 성경은 더이상 특정인의 전유물이 아니라 인류의 보고(寶庫)로 언제 어디서나 쉽게 접할 수 있게 되었다.

성경은 하나님의 계시로 이루어진 내용이기에 어떤 설교보다 그 위력과 감동이 크다. 하나님은 성경을 가지고 "진리를 가르치고 잘못을 책망하고 허물을 고쳐주고 올바르게 사는 훈련을 시켜야 함"(딤후 3:16 참조)을 밝히신다. 그러기에 설교에만 신앙의 성패를 의존하는 그리스도인들은 눈으로 보고 읽은 성경에서 삶의 원동력을 찾아야 한다.

2. 귀를 통한 메시지의 전달

하나님의 메시지는 인간의 청각을 통하여 일찍부터 선포되었다. 믿음의 선조들과 그 많은 선지자들은 모두 귀로 듣는 기능이 우선이었다. 예수님의 사역도 회중의 청각의 기능을 매우 중요시하였다. 그래서 사역의 초기부터 "들을 귀 있는 자는 들으라"(막 4:23)고 말씀하셨고, 요한계시록에도 "귀 있는 자는 성령이 교회들에게 하시는 말씀을 들을지어다"(3:22)라고 강조하였다. 청각을 통한 메시지의 전달은 성경이 보편화되기 전까지는 유일한 소통의 수단이었다. 그래서 파송받은 전파자의 중요성이 강조되었고, 그들의 외침이 아름다운 행진으로 칭찬을 받았다. 또한 "믿음은 듣는 데서 생기고 듣는 것은 그리스도의 말씀에서 비롯됨"을 강조하였다(롬 10:14-17).

이러한 청각을 활용한 메시지의 전달은 지금도 설교라는 이름으로 메시지의 운반에 최우선적인 방편일 뿐만 아니라 개신교에서는 예배의 정점으로 여기고 있다. 문제는 듣는 귀의 분별력과 설교자의 본질 상실이다. 여기서 발생한 갈등은 매우 심각한 지경에 이르고 있다. 그래서 설교보다 내가 보고 읽고 깨달을 수 있는 성경에 절대 의존할 필요성이 강조된다.

3. 입을 통한 예수 그리스도님과의 연합

　　예수님을 따르던 사도들의 특권은 눈과 귀를 비롯한 오감을 가지고 주님의 가르침을 받을 수 있었던 점이다. 특별히 예수님이 제정하신 성찬성례전은 눈과 귀뿐만 아니라 입을 통하여 성물(聖物)을 받아먹게 하신 메시지의 방편이었으며 극치를 이룬 예전이었다. 예수님이 잡히시던 밤 제자들과 마지막 유월절 식사를 하시던 때, 제자들에게 빵을 주시면서 "받아서 먹어라. 이것은 내 몸이다" 하시고, 잔을 주시면서 "모두 이 잔을 마셔라. 이것은 많은 사람의 죄를 용서하기 위해 흘리는 내 언약의 피다"(마 26:26-28)라고 하신 새로운 예전은 입을 통하여 받아먹은 새로운 말씀의 통로였다. 그래서 초기 기독교 예배는 설교 없이 성찬성례전만을 통하여 주님과 만남을 경험하면서 감격하였다. 자신들의 생명을 순교의 제물로 바치는 것을 영광으로 생각하였다. 지금도 동방정교회나 천주교는 이 예전이 핵심을 이룬다. 현대의 평신도들이 설교가 불만스러우면 그날의 예배에 실망하는 것은 바로 입으로 먹고 다짐하는 주님의 몸과 보혈의 은총과 접하지 못했기 때문이다.

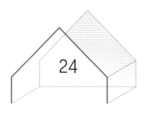

설교의 기본 유형을
알아둘 필요가 있다

인간이 함께 공존하고 사는 데 가장 중요한 것은 언어이다. 종족마다 그들은 고유한 언어를 통하여 집단을 형성하고 의사소통을 하면서 거듭거듭 발전해 왔다. 고대 그리스에서는 어느 세계보다 언어의 효율적인 사용을 위한 연구가 활발했다. 그리고 마침내 이 연구는 독자적인 학문의 세계로 발전하였고, 아리스토텔레스(B.C. 384-322) 때는 수사학이라는 이름으로 대단한 관심의 대상이 되었다. 더 나아가 중세 유럽에서는 대학교육의 중요한 과목으로 인정받기에 이르렀다.

수사학의 목적은 언어의 구사를 질서정연하게 하고 자신의 주장이나 이념을 효율적으로 설득하는 학문으로서 주목을 받았다. 수사학 교수로서 그리스도인이 된 어거스틴은 어떻게 하면 그리스도교의 진리를 효율적으로 전달하여 그들을 설득시킬 것인지에 대한 지대한 관심을 가졌다. 그래서 그는 수사학에서 얻은 지식을 바탕으로 설교를 어떻게 조리 있게 할 것이며, 어떻게 효과적인 진리의 설득을 가져올 것인지를 연구하면서 교회 역사에 최초의 설교학 교과서를 내놓게 되었다. 어거스틴은 인간 언어를 사용하는 설교가 질서정연한 논리가 있어야 함을 강조하였다. 이러한 가르침은 대를 이어 현대 설교학에서도 매우 중요한 교육의 한 부분으로 가르치고 있다. 그 중에 평신도들이 눈여겨보아야 할 부분은 설교의 기본 유형이다.

설교의 기본 유형은 크게 3가지 형태로 분류한다. 첫째는 본문설교이고, 둘째는 강해설교이며, 셋째는 주제설교이다.

첫째, 본문설교(Textual Preaching)란 10절 미만의 본문을 선택하고 그 본문에서 설교해야 할 메시지를 찾는다. 우선 설교자는 그 본문이 있기까지의 정황(context)을 충분히 이해하고 회중에게 알려준다. 그리고 주어진 메시지는 그날의 본문으로 설명하도록 한다. 본문설교는 우선적으로 설교자가 본문의 깊은 뜻을 이해하기 위하여 본문에 나타난 핵심단어들을 연구한다. 그리하여 그 본문의 해석에 매우 깊은 관심을 기울이고, 그 해석된 말씀이 회중의 삶에 적용되도록 한다.

둘째, 강해설교(Expository Preaching)는 성경 한 권을 선택하여 한 절한 절을 풀어나가는 형태를 취한다. 설교마다 선택한 성경의 한 장씩을 공부하는 형식으로 말씀을 봉독하고, 그 말씀의 깊은 뜻을 주석하면서 메시지를 들려주는 유형이다. 이 설교는 기독교 역사에 가장 오래된 전통을 가지고 있는 성경 중심의 설교이다. 이 설교는 잡다한 설명이나 예화의 도움이 없이 한 장의 본문을 해석해 주고 거기서 현재적 의미를 찾아주는 데 주안점을 둔다. 인간의 흥미 본위가 아니어서 지루한 감이 없지 않으나 설교자의 말보다 순수한 하나님의 말씀을 갈망하는 회중에게는 가장 각광을 받는 설교 유형이다.

셋째, 주제설교(Topical Preaching)는 설교자가 섬기고 있는 회중의 삶의 장에서 설교의 주제를 찾거나, 성경을 읽다가 떠오르는 주제를 가지고 설교를 하는 유형이다. 주제에 따라 설교자가 임의로 본문을 선택하고 메시지를 구성하여 논리정연하게 전개하는 이 설교는 수사학의 영향을 가장 많이 받은 설교이다. 이 설교는 현대인들의 감각에 맞는 부분이 많으나 거기에 따른 부정적인 면도 많다. 그것은 설교자가 성경의 진리보다 자신의 견해를 집중적으로 설파하는 오류가 많이 따른다. 자신의 판단과 지식과 경험과 삶의 이야기로 설교를 다 채우고 어느 부분에서 본문을 언급하는 실수를 많이 범한다. 또한 본문의 철저한 분석이나 연구를 거치지 않고 흥미로운 예화나 자료 중심으로 설교를 진행하여 마치 종교수필과 같은 현상을 나타내기도 한다.

설교는 위와 같이 세 부류의 기본 유형을 가지고 있다. 대부분의 설교자들은 이 기본 유형을 가지고 설교를 진행한다. 물론 설교자의 선호도에 따라 어느 한 유형에 치중하는 경우를 종종 본다. 그러나 한국교회는 설교하는 횟수가 워낙 많기에 설교자들은 이 유형들을 균형 있게 사용하고 있다. 예를 들어, 수요기도회나 주일 오후 찬양예배 때는 강해설교를 이어간다. 그리고 주일예배에서는 본문설교나 주제설교를 한다. 그래서 한국교회의 강단은 언제나 풍요롭다. 매주일 설교를 들어야 할 평신도들이 이러한 설교의 기본 유형을 이해한다면 설교 이해의 폭과 깊이가 달라지리라 본다.

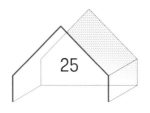

설교의 전개형태는
다양하다 (1)

어느 날 그리스도인으로 평생을 살아온 평신도와의 만남이 있었다. 대화 중에 그는 예배에 임할 때마다 누구보다 설교에 깊은 관심을 가지고 있는 분임을 알게 되었다. 우리의 대화는 장시간 설교의 중요성을 비롯하여 설교 사역에 관한 다양한 이야기를 나누면서 아주 값진 시간을 보내게 되었다. 대화의 마지막 부분에 그가 매우 중요한 문제를 제기하였다. 그 내용은 몇 년 전에 새로 부임한 목사가 설교를 하는데 원로목사의 설교 전개형태와 차이가 많아 매우 큰 혼돈을 일으킨다는 것이었다. 원로목사는 언제나 대지 셋을 정하여 질서정연하게 설교하기 때문에 받아쓰는 데 매우 편하고 메시지가 간결했는데, 현 설교자는 일정한 형태를 갖추지 않고 임의대로 설교를 전개함으로 갈피를 못 잡을 때가 많아 고민이라는 이야기였다.

지금까지 거의 모든 설교자들이 본문이나 자신이 설정한 주제에서 주안점(대지)을 3개 정도로 설정하고 거기에 대한 설명을 이어가는 형태를 선호하고 있다. 그 대지마다 적절한 예화를 붙여 흥미를 끌면서 고정 틀을 가지고 메시지를 전달하는 사례가 보편화되어 있다. 그래서 누구나 예화 3개만 있으면 한 편의 설교를 완성할 수 있다는 상식 밖의 이야기를 하기도 한다.

미국 루터교의 지도자이며 설교학자인 제라드 노체(H. Gerard Knoche)는 그의 저서 *The Creative Task: Writing the Sermon*에서 설교 전개 형태의 다양성을 주장했다. 그는 성경의 기록은 다양한 형태를 취하였고, 예수님도 자유자재로 아무런 형태의 구애를 받지 않았음을 강조한다. 그러면서 설교자와 회중은 전통적인 3대지 설교로부터 자유자가 되어야 한다고 말한다. 이러한 주장은 3대지 설교에 익숙해 있는 설교자들의 공감대를 불러일으켰고, 설교의 전개형태에 신선한 변화를 일으키게 되었다.

설교학에서는 앞에서 언급한 본문설교, 강해설교, 주제설교를 설교의 기본 유형으로 설정하고, 그 유형을 전개하는 형태에는 대지설교, 분석설교, 상관설교, 서사설교(설화체. 이야기체), 예화설교, 인물설교, 대화

설교, 독백설교 등의 다양한 형태를 제시하고 있다. 여기에서는 8가지의 전개형태에 대한 요약된 설명을 통하여 평신도들의 설교 경청에 도움을 주려고 한다.

1) 대지설교는 설교자가 정한 본문이나 주제를 가지고 3~4개의 주안점을 먼저 설정한다. 전하고자 하는 메시지의 핵심 요점을 추려 대지로 정하고 거기에 따른 해석과 적용을 이어간다. 적용에서 대부분이 예화를 가져와 말씀의 현장화를 시도한다. 문제는 여기서 제시한 대지(major point)들이 거의 모두가 설교자의 착상으로 채워진다는 점이다. 그럴 때 말씀의 주인이신 하나님이 등장하지 않고 설교자가 등장하는 오류를 범하게 되는 경우가 많다.

2) 분석설교는 대지설교의 형태와 비슷한 인상을 주지만, 사실은 인간 이성에 맞추어 합리적으로 메시지를 풀어가는 전개형태이다. 이 설교는 설교의 본론에 들어가기 전에 주제에 대한 정의와 필요성을 먼저 회중에게 던진다. 그리고 주제의 실천방안으로 3~4개의 주안점을 제시한다. 이때의 주안점 표기는 설교자가 임의로 표현하는 것이 아니라, 본문을 통하여 하나님이 주신 실천방안을 제시하는 특성을 가지고 있다. 실천방안 다음에는 주제 실천의 결과를 복된 소식으로 들려준다. 여기서 실천방안대로 했을 때 성공하는 예화를 들려준다.

3) 상관설교는 가장 단순한 설교 전개형태이다. 강해설교에서 흔히 볼 수 있는 형태로서 성경의 구절이나 문단을 해석하고 이어서 바로 회

중의 삶에 말씀을 적용한다. 본문이 기록된 때의 말씀이나 사건으로 끝나지 않고 오늘로 이어지는 진리의 불변성 또는 연속성을 보여주는 설교로서 가장 오랜 역사를 가지고 있는 설교의 형태이다. 마치 서당에서 한문의 한 문장을 풀어주고 그 말씀이 오늘의 삶에 무슨 의미를 주고 있는지를 역설하는 전통적인 교육형태와 매우 유사하다.

설교란 그 시대의 언어와 사고능력에 따라 그 전개형태를 달리한다. 구태의연한 전개형태로만 설교를 진행해서는 안 된다. 그러기 때문에 설교자는 좀 더 효율적이고 신속한 진리의 소통을 가져오기 위해 갖은 노력을 기울이게 된다. 설교자들의 이러한 내면을 이해한다면 평신도들은 고정된 설교의 틀보다 다양한 설교의 전개형태를 수용할 수 있는 능력을 키워 나가야 할 것이다.

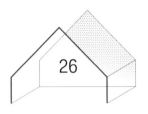

설교의 전개형태는
다양하다 (2)

　앞에서 설교자들이 다양하게 사용하고 있는 설교의 전개형태를 8가지로 분류하면서 일차적으로 대지설교, 분석설교, 상관설교의 3가지 전개형태를 알아보았다. 이어서 남은 5가지의 설교 전개형태는 어떤 것들인지를 살펴보고자 한다.

　4) 인물설교는 성경에 실린 인물을 통하여 하나님이 어떤 메시지를 주시는지를 찾는 형태이다. 여기서는 하나님이 어떤 시대에 무엇을 필

요로 하여 그를 부르셨고, 어떤 도구로 사용하셨는지를 살핀다. 하나님이 그 인물을 통하여 보여주신 인간의 모습과 신앙의 양질, 그리고 그가 남긴 기록을 통하여 오늘 우리에게 필요한 메시지를 찾는 설교이다.

5) 예화설교는 주로 집회의 장에서 회중의 흥미를 유발시키고 손쉬운 이해를 가져오는 방편으로 활용하는 전개형태이다. 이 형태의 설교는 교육수준이 낮았던 한국교회의 초기에 왕성했던 설교인데, 지금도 설교학교육을 제대로 받지 못한 설교자들에 의하여 사용되는 것을 종종 본다. 이 형태는 설교자가 본문의 석의작업이나 기타의 노력 없이 흥미로운 예화로 설교시간을 모두 장식하는 경우가 많다. 그 결과 회중은 하나님의 말씀에 뿌리를 내리지 못하고 구수한 이야기에 몰입하는 오류를 범하기 쉽다.

6) 서사설교에는 이야기체 설교, 설화체 설교, 4페이지 설교 등의 유사한 형태들이 있다. 본 설교는 성경에서 줄기가 이어지는 인물이나 사건 또는 비유를 본문으로 정한다. 이 형태는 설교자의 문학적 표현과 상상력, 그리고 깊은 통찰력을 가지고 본문을 각색하여 회중의 동참을 유도하는 전개형태이다. 이미 들어서 알고 있는 내용이겠지만, 서사설교는 설교자의 효율적인 서사적 전개에 따라 깊은 영성의 눈이 뜨일 수 있고 진리를 새롭게 깨달을 수 있는 효과가 있다. 이 설교의 특징은 설교자가 메시지를 들고 회중을 설득하는 데 초점을 두는 것이 아니라, 마치 한 편의 영상을 보고 깨달은 것처럼 회중이 메시지를 발견하고 가져가는 새로운 설교의 형태로서 설교자들의 관심을 끄는 것이 특징

이다. 단, 문제는 설교자의 과욕으로 본문과 위배되거나 지나친 묘사와 상상력에 의하여 "진리의 허구화(fictionalized truth)"를 범할 수 있는 위험성을 안고 있다. 진리를 쉽고 가볍게 받아먹고 소화해 온 회중에게는 생소할 뿐만 아니라 부담을 안겨주는 부작용도 수반한다. 그리고 상상력과 묘사력이 빈약한 설교자가 이 형태를 응용했을 경우 오히려 역효과를 가져오기도 한다.

7) 대화설교(Dialogue Preaching)는 한국교회에서는 좀처럼 찾아보기 힘든 설교 전개형태이다. 1970년대에 대화설교는 미국교회의 설교에 신선한 바람을 불러일으켰으나 보편화되지 못하였다. 본 설교는 두 설교자가 등장하여 한 사람은 질문을 하고 한 사람은 그 질문에 답을 하는 형태이다. 질문자는 회중의 입장에서 그날의 본문을 가지고 메시지를 찾기 위한 4~5개 정도의 질문을 한다. 이때 응답하는 설교자는 주어진 질문에 말씀의 해석과 적용을 하면서 답을 한다. 이러한 설교는 회중에게는 매우 유익하였지만 설교자가 질의와 답을 작성하는 그 준비과정이 너무 부담이 되어 지금은 거의 찾아볼 수 없는 설교형태가 되었다.

8) 독백설교(Monologue Preaching) 역시 1970년대 초 미국교회의 침체된 교회의 강단을 살려보려는 뜻있는 설교자들에 의하여 개발된 설교형태이다. 이 설교는 설교자가 본문에 등장하는 인물로 가장(假裝)을 하고 그 인물의 입장에서 메시지를 전하는 드라마틱한 설교 형태이다. 예를 들면, "베드로의 배반"을 통하여 들려주어야 할 메시지를 재래적인

언어의 서술로서가 아니라, 베드로로 분장하여 그 순간의 위험, 갈등, 아픔, 변심, 애통, 회개를 실토하는 것을 실감나도록 전개하는 설교 형태이다. 한때 본 형태가 회중으로부터 매우 열광적인 반응을 불러일으킨 바 있다. 그러나 이 설교는 설교자가 연출과 연기에 천성적으로 소질이 있어야 하는 부담 때문에 이 설교 역시 더이상의 발전을 거듭하지 못하였다.

이상에서 설교의 기본 유형과 설교 전개형태를 살펴보았다. 평신도가 필수적으로 알아야 할 의무는 없다. 그러나 회중 앞에 나타난 설교자가 주일마다 설교의 전개를 달리 엮어 나갈 수 있다는 것을 알 필요는 있다. 설교자는 보다 더 신선하고 효과적으로 메시지를 전해야 한다는 의무감 때문에 오늘도 "설교를 위한 인생"으로 고민을 거듭하며 하나님의 말씀을 선포하는 자리에 서고 있다.

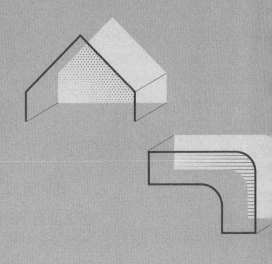

3장
평신도가 취해야 할 자세

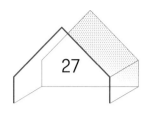

예배와 집회를
분별할 줄 알아야 한다

교회의 출발은 예배가 첫 단계가 아니다. 사람을 찾아 만나고 대화를 나누고 복음을 전하는 일이 먼저이다. 그 복음이 전달되고 수용되어 진리를 터득하게 되면 자신이 구원받아 하나님의 자녀 됨을 깨닫고, 자신의 일차적인 임무가 하나님을 경배하고 예배하는 데 있음을 알게 된다. 이때부터 진지한 예배 행위가 시작된다. 그리고 그 예배를 통하여 주신 하나님의 말씀에 의하여 영육의 생명을 지탱하게 된다. 그래서 성숙한 그리스도인은 "교회는 예배하는 공동체"라는 사실에 수긍하고,

"예배하는 하나님의 백성"으로서 오늘을 살아간다.

그런데 많은 그리스도인들이 문제를 안고 있다. 그것은 안타깝게도 집회와 예배를 구별하지 못하고 혼동한다는 사실이다. 교회가 정착하기까지는 사람을 모이게 하는 데 초점을 두기 마련이다. 사람들이 교회에 관심을 가지게 하기 위해 교회는 사람들이 흥미를 갖게 하는 각종 프로그램을 진행한다. 설교도 그들에게 위로와 기쁨을 안겨주는 데 초점을 둔다. 그래서 많이 웃기고 울리는 설교자 앞에 사람들이 많이 모여든다. 자신의 심금을 울리고 위로해 주는 메시지만이 최고라고 생각한다. 불안과 아픔과 절망으로 상처받은 현대인들에게는 이러한 메시지가 필요하다. '소원성취', '부귀영화', '무병장수'만을 인간 삶의 전부로 알고 살아가는 사람들에게는 이러한 메시지가 각광을 받는다. 이러한 메시지와 찬양을 중심으로 한 모임을 '집회'라고 칭한다. 즉, 인간을 중심으로 하고 인간의 심성을 충족시키려는 의도를 앞세우는 모임이다.

그러나 기독교 예배의 본질은 인간 중심이 아니다. 진정한 기독교는 인간의 욕구를 채우는 데 목적을 두고 있지 않다. 인간의 제일 된 목적을 풍요로운 인간 삶에 두지 않는다. 여기서 오늘의 예배자들에게 주신 다음의 말씀들을 먼저 깊이 상고해야 할 필요가 있다.

"너희가 먹든지 마시든지 무엇을 하든지 다 하나님의 영광을 위하여 하라"(고전 10:31)

"그들은 사람의 영광을 하나님의 영광보다 더 사랑하였더라"

(요 12:43)

성숙한 교회는 하나님의 영광에 모든 초점을 둔다. 이 목적을 달성하기 위하여 예배가 존재하고, 예배를 통하여 하나님 중심의 세계를 펼친다. 여기서 말하는 하나님 중심의 세계란 바로 성경 66권에 나타난 말씀에 관심을 기울이고 그 말씀에 삶의 안테나를 맞추는 것을 의미한다. 그래서 진정한 예배에서는 성경을 통하여 주신 하나님의 말씀만이 선포되어야 한다. 이 말씀은 회중이 이해하도록 해석되고, 회중의 삶에 효율적으로 적용되어야 한다. 또한 찬송을 비롯한 모든 예배 행위가 하나님을 위한 것이어야 한다. 바로 이것이 그리스도교 예배에서 꼭 있어야 할 요소이며 설교의 근본이다. 그래서 성숙한 예배는 오직 하나님 중심이어야 한다.

한국교회는 참으로 복 받은 교회이다. 모이기에 힘쓰는 교회라는 특성을 가지고 있기 때문이다. 주일예배 외에도 주일 오후 찬양예배를 비롯하여 수요기도회, 금요심야기도회가 있다. 외국의 교회들이 갖고 있지 않은 이러한 다양한 모임을 통하여 한국교회는 예배와 집회를 분리하여 진행할 수 있다. 하나님만을 경배하고 찬양하면서 말씀에 초점을 맞춘 순수한 주일예배를 드릴 수 있고, 기타의 찬양예배와 기도회에서 다양한 집회를 가질 수 있는 여건을 갖추고 있다. 환언하면, 주일예배에서 성경에 기록된 순수한 하나님의 말씀만을 외치는 설교가 있어야 한다. 그리고 기타의 집회에서 신앙간증이나 성도들의 감성에 초점을 둔 설교를 진행할 수 있어야 한다.

이제는 한국교회가 성숙한 교회로서 예배와 집회를 구별할 필요가 있다. 평신도들도 인간 심성을 자극하는 집회설교만을 즐기는 취향에서 벗어나야 한다. 자신이 감당하기에 버겁더라도 하나님의 말씀을 받기 위해 마음을 열고 귀를 기울여야 한다. 그럴 때 말씀으로 무장된 하나님의 자녀로서 뿌리를 내리게 될 것이다.

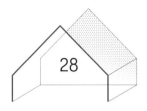

예화로 채색된 설교에
매료되지 마라

예배를 마치고 귀가하는 사람에게 그날의 설교에 대하여 질문을 던지면 그 대답은 거의가 설교자가 들려준 예화만을 떠올린다. 본문의 내용과 그 의미를 파악하고 그 말씀이 자신의 삶과 어떤 관계를 맺어야 하는지를 말하는 사람은 아주 드물다.

생각해 보면 우리는 기계문명을 뒤늦게 접하게 된 민족이다. 창의적인 세계를 접하기 위한 연구와 개발보다는 구전으로 이어지는 전통적인 전수와 답습에 의존해 왔던 우리의 사회였다. 70%가 넘는 산에 둘러싸여 골짜기마다 집단을 이루고 살아야 했던 환경에서, 해가 지고 일이 끝나면 옹기종기 모여앉아 각종 이야기꽃을 즐기며 살았다. 이곳의 스타는 단연 구수한 이야기꾼이었다. 머리를 싸매고 터득하고 연마해야 하는 글 위주의 세계는 선비들의 전유물이었다. 보통사람들은 부담 없이 이해되는 이야기 형태가 가장 으뜸가는 소통의 도구이며 즐거움 그 자체였다. 여기에서 삶에 필요한 지혜를 습득하였고, 식견의 폭을 넓혀갔다. 이러한 현상은 문명의 수준이 낮았던 세계의 공통적인 현상이기도 하다.

그리스도교의 복음이 의식(儀式) 중심이 아닌 언어 중심의 종교로 이 땅에 상륙했을 때, 이야기 문화로 장식된 이 민족은 새로운 이야기들과 만남을 이룩하였다. 그래서 거의 모든 설교자들은 흥미를 유발할 수 있는 예화의 발굴에 여념이 없었다. 때로는 하나님의 말씀인 본문은 뒷전으로 하고 흥미진진한 예화만 나열하여 회중을 매료시켰다. 그래서 많은 설교자들은 본문에 3대지를 설정하고 거기에 적절한 예화만 찾으면 '설교 준비 끝'이라는 말을 흔히들 하였다. 돌이켜보면 이러한 현상은 설교의 바른길이 왜곡되는 결과를 초래하였다. 설교자도 회중도 모두가 책임져야 할 설교의 탈선이다.

지금 우리는 이야기에 궁한 환경이 아니다. 설교자의 구수한 이야기에 그 소중한 시간을 보내야 하는 지적 수준을 벌써 넘었다. 설교자의 예화보다 훨씬 유용한 사례들이 우리 주변에는 즐비하다. 이제 그리스도인들에게 필요한 것은 흥미진진한 예화가 아니다. 현대의 바쁜 삶에 메말라 가는 그리스도인들이 찾는 것은 진지한 예배와 거기서 설교자를 통하여 들려주시는 하나님의 말씀이다. 하나님의 말씀이 보다 정확하게 내 삶의 장을 지배해 주기를 바라는 것이 현대 그리스도인이 가지는 으뜸가는 기대이다.

예화가 아니면 설교를 할 수 없는 설교자들이나, 예화가 없이는 설교를 외면하는 회중은 예수님도 비유를 즐겨 사용했음을 앞세운다. 예수님이 '하늘나라'를 전했을 때는 그 진리를 터득할 수 있는 사람들이 매우 드물었다. 하나님 나라에 대한 전이해도 없었고, 인류의 죄를 담당하기 위한 구속의 죽음에 대한 말도 들어본 적이 없는 수준의 사람들이었다. 오직 율법에 얽매인 당시 사람들은 복음을 접하기에는 매우 먼 거리에 있었다. 그러한 까닭에 비유는 회중의 수준에 맞게 엮인 해석의 방편이었다. 그러나 그 비유를 무수히 들었던 사도들을 통하여 들려주신 서신서의 말씀을 유심히 관찰해 보면, 거기에는 예화가 거의 없다. 말씀과 그 말씀이 역사하는 현장을 추려 우리에게 복음의 내용과 적용을 섬세하게 밝혀주고 있다. 결코 오늘처럼 하나님의 말씀이 예화에 가려 저 멀리에 있는 경우는 없었다. 이제는 우리 회중이 입을 열어 말할 때가 되었다.

"이제 우리는 초등학문에 머무는 어린이들이 아니오니 예화로 그 아까운 설교시간을 다 쓰지 마시오. 구수한 설교자의 예화보다 하나님의 말씀에 우리의 심령을 푹 잠기고 싶나이다. 말씀의 진리

알고 드리는 예배, 알고 듣는 설교

를 구체화시키는 보조수단으로서 짧은 예화는 용납하되 금쪽같은 시간을 다 차지하는 예화는 이제 그만두시오.”

이러한 주문과 함께 평신도들 자신이 예화를 즐기는 자세를 버려야 한다. 이제 한국교회의 평신도는 유아기를 벗어난 지 벌써 오래다. 세계 교회 앞에 자랑스럽게 나설 수 있는 성숙한 그리스도인들이다. 하나님의 말씀을 먹는 질과 양에 있어서 어느 나라 그리스도인들보다 차원을 달리해야 한다. 시대가 혼탁해질수록 하나님의 말씀이 깊이 뿌리내린 세계만이 건재할 수 있다. 설교는 예화의 진열장이 결코 될 수 없다. 진정한 설교는 하나님의 말씀이 내 영혼과 정신의 세계를 먹이고 살리는 하늘의 만나이다.

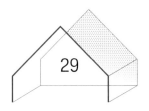

29

아무 때나 ‘아멘’을
남발하는 것이 옳은가?

한국교회는 부흥운동으로 이 땅에 하나님 나라의 확장을 이룩한 매우 특수한 교회이다. 1907년 장대현교회의 ‘대각성 부흥운동’을 기점으로 이어진 부흥집회는 김익두, 길선주 목사의 부흥운동(1920년대), 이용도 목사의 신비주의 집회(1930년대), 이성봉 목사의 부흥집회(1950년대) 등으로 그 연속성을 보여주었다. 이러한 행진은 1973년에 있었던 빌리 그래함(Billy Graham) 목사의 한국전도대회와 1974년 ‘엑스폴로 대회’를 통하여 그 절정을 이루었다. 이러한 집회 중심의 부흥운동이 한국교회의 양적 성장에 매우 중요한 역할을 했다는 사실에 이의를 제기할 사람은 아무도 없다.

모두가 이러한 자랑스러운 집회에 관하여 긍정적인 면만 이야기를 할 뿐, 전통적인 예배와 설교에 입힌 부작용은 언급하기를 주저한다. 1970년 초반에 '민족복음화 운동'이 전국 도처에서 진행될 무렵이었다. 전국을 누비고 다니던 부흥강사가 집회에서 웃음과 눈물을 자아내게 하는 설교를 하다가 잠깐 멈추더니 "여러분, 내가 섬기는 교회의 예배에서 이렇게 설교한다고 생각하지 마시오. 이것은 여러분의 흥미를 유발시키기 위한 노력의 한 방편이오. 나의 주일 설교는 이렇게 하지 않아요"라고 말했다. 그분의 말은 집회에서 행한 자신의 설교는 전통적인 교회의 예배에서 행한 설교가 아님을 스스로 밝히는 말이었다.

돌이켜보면 한국교회 설교자들은 집회와 예배를 분간하면서 예배 시간의 설교 전통을 지키려고 노력하였다. 그런데 최근에 이르러서 설교의 탈선이 심해지고 있다. 그 중에서도 설교자의 말끝마다 회중이 '아멘'으로 화답하기를 강요하는 이탈의 문제이다. 회중은 아무 생각 없이 목사의 강요에 무조건 '아멘'을 연발한다. 여기서 묻고 싶다. 우리의 회중은 아무 때나 '아멘'을 남발하는 것이 옳은가?

먼저, 66권의 성경에서 아멘이 어떤 경우에 있었는지를 살펴볼 필요가 있다. 성경에서는 약 50회 가량 '아멘'이라는 단어가 나오는데, 분석해 보면 다음과 같다.

1) 죄를 지은 자에게 저주를 내릴 때(14회-민 5:22)

2) 하나님을 찬양할 때(15회-대상 16:36)

3) 하나님의 말씀 앞에서(3회-렘 11:5)

4) 기도 끝에(1회-마 6:13)

5) 하나님께 영광을 돌릴 때(12회-롬 9:5)

6) 인간을 위한 경우(3회-갈 6:18)

7) 인용의 경우(1회-고전 14:16)

이러한 기록을 보면서 우리의 관심이 모아져야 할 부분이 있다. 그 것은 인간의 소원성취나 무병장수나 부귀영화를 추구하는 복, 그리고 인간들의 육적인 조건을 위한 기원의 말끝에는 '아멘'이 거의 사용되지 않고 있다는 점이다.

아멘의 신중성은 날이 갈수록 더욱 시급하다. 여기에 웃고 넘기기에 는 서글픈 이야기가 있다. 어느 목사가 초빙을 받아 설교를 하는데 교인 들이 말끝마다 '아멘'을 연발하기에, 그 진위를 알기 위하여 설교자가 터무니없는 탈성경적인 말을 해 놓고 "주님의 이름으로 축원합니다"를 했더니 그 교인들이 "아멘"으로 화답하였다고 한다.

'아멘'은 설교자를 신나게 하고 장단을 맞추는 응답의 행위로 사용 할 수 없다. 그러나 "우리 주님은 오늘도 변함없이 우리의 길이요, 진리 요, 생명입니다"와 같은 경우는 얼마든지 '아멘'의 함성을 지를 수 있다. 즉, 성삼위 하나님이 주어가 되어 선포되는 말씀의 응답으로 '아멘'을 하는 것은 장려할 수 있으나, 설교자가 주어가 된 "축원합니다, 믿습니다, 바랍니다"와 같은 경우는 좀 더 진지하게 생각해 보고 '아멘'의 응답을 해야 한다. 생각 없이 습관처럼 '아멘'이 이어진다면 그것은 설교자의 탈선을 부추기는 행위에 속한다. 설교의 파트너인 회중이 건전한 설교 풍토를 세우는 데 깊은 관심을 기울여야 교회와 성도들의 신앙이 바르게 나아갈 수 있다. 성숙한 그리스도인들은 설교자의 말의 진위를 파악해 볼 필요가 있다. 아무 생각 없이 맹목적으로 '아멘'의 함성을 지르는 것은 성숙하지 못한 그리스도인들의 모습이다. 이제는 회중이 영성과 지성의 성숙한 모습을 갖추어야 할 때가 되었다. 66권에 입각한 순수한 말씀의 선포 앞에 옷깃을 여미고 깊은 은혜에 젖은 회중의 노력이 있어야 한다.

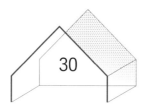

30

평신도도 설교할 수 있다.
그러나…

어느 교회에서 있었던 일이다. 새로 부임한 목사에게 당회에서 특별 요청을 하였다. 그 내용은 매주 수요기도회 설교는 평신도인 장로들이 하겠다는 것이었다. 부임해서부터 당회원들과의 마찰을 가져옴이 현명한 처사가 아니라고 판단한 목사는 그 요청에 동의해 주었다. 그 결과 그 교회는 수개월 동안 장로들이 수요기도회 설교를 진행하는 매우 드문 일이 벌어졌다. 그러나 반년을 채 넘기지 못하고 그 당회는 예배와 설교가 목사의 전적인 의무임을 강조하면서 더이상 설교를 계속하지 않았다. 설교를 해 보기 전에는 그들의 입에서 목사의 설교를 들을 때 '저 정도는 나도 할 수 있다'고 생각했는데, 막상 경험해 보니 한 편의 설교 준비 때문에 다른 일을 거의 할 수 없는 부담이 따랐다는 고백들을 하였다. 또한 당회원 모두가 설교가 그렇게 어려운 줄 몰랐다는 말과 함께 설교자를 새롭게 인식했다는 이야기다.

역사적으로 평신도 설교자의 등장은 다음의 세 줄기에서 그 근원을 찾아볼 수 있다. 첫 번째는 18세기 핀란드 루터교회의 대부흥운동이 한창일 무렵, 성직자의 부족으로 전국 교회의 예배와 설교를 다 수행할 수 없어서 평신도 설교자들을 세운 바 있다. 두 번째는 영국국교회(성공회)가 성직자가 미처 섬기지 못한 교회에 평신도 설교자들을 세웠다. 세 번째는 영국국교회로부터 분리하여 나온 감리교가 예배와 설교의 성직 수행을 평신도들에게 위임하여 목사를 대신하여 지방 교회를 섬기게 한 바 있다.

평신도 설교자(Lay Preacher)를 세우는 데는 다음과 같은 엄격한 규정을 만들어 철저한 검증을 거치도록 했다. 먼저, 하나님으로부터 소명을 받았는지를 확인한다. 둘째는 신학적인 훈련을 받아야 한다. 셋째는 설교자로서 필요한 부분들을 검증받아 자격을 받아야 한다. 이상과 같은 절차를 밟은 평신도들은 목사나 신부로 안수를 받지 않았을지라도 교회를 위하여 예배를 인도하고 설교와 교육을 담당하였다. 또 하나, 평신도 설교자와 유사한 형태의 설교 대독자(Lay Reader)가 있다. 이들은 목사가 없는 교회에서 교단 목사의 설교 원문을 가지고 주일 설교단에서 대독하는 사역자다. 지금도 네덜란드의 우륵(urk) 지역을 방문하면 이러한 설교 대독자를 볼 수 있다. 그 외에도 재세례파 계열의 교단들은 회중 가운데서 목사로서의 적절한 인성과 영성과 지성을 갖춘 평신도를 발견하면, 그들에게 안수를 하고 목사로 세워 교회를 지키게 한 기록을 볼 수 있다.

한국교회의 설교 역사를 살펴보면, 우리도 정규 신학과정이 미비했을 때 평신도를 전도사로 세우고 설교를 하게 한 바 있다. 그러나 최근에 이르러 평신도의 설교를 말함에는 그 사연이 다르다. 목사가 하나님의 거룩한 말씀을 철저히 석의하고 메시지를 찾아내고 그 메시지를 회중의 삶에 유효적절하게 적용하는 길에서 탈선하면서 문제가 발생했다. 평신도들이 탈선된 설교를 보면서 설교에 대한 비중과 이해를 달리하는 경우가 종종 발생했다. 예를 들면, 자신들의 경험을 나열하는 간증을 설교로 대체할 때, 설교를 예화의 진열장으로 만들어 이야기판으로 웃기고 울릴 때 설교는 그 본성을 이탈하게 된다. 이러한 설교를 듣는 회중은 '저 정도의 설교는 나도 할 수 있다'라는 반응을 보이기 쉽다. 그래서 아무나 설교단에 설 수 있다고 생각하고 '설교 도전장'을 내미는 평신도들이 종종 있다.

한국교회 평신도들은 이제라도 설교의 본질을 알고 설교는 그렇게 쉽게 함부로 할 수 없는 특별한 사역임을 인정해야 한다. 지금 한국교회는 어느 나라보다 많은 정규 신학대학을 가지고 있다. 이제는 설교자의 수급보다 공급이 훨씬 많아진 환경이다. 평신도가 설교 사역에 깊은 관심을 기울일 수는 있으나, 직접 설교 사역자로 등장하기에는 무리가 따르는 시대 환경이다. 삶의 장에서 경험한 놀라운 메시지가 있다면 적절한 시간에 간증을 통하여 회중과 공유하는 것은 가능한 일이다. 그러나 자신의 간증이 은혜를 끼쳤을 때 그것을 마치 설교보다 더 소중한 사역으로 여기는 것은 위험한 일이다. 설교는 개인의 체험적 사실의 전달이 아니라 언제나 66권에 수록된 하나님의 말씀이 원천이 되어야 한다. 이 말씀을 철저히 연구 분석하고 그 말씀에서 메시지를 받기 위하여 몸부림치는 말씀의 종으로서의 전적인 노력이 있어야 한다. 성언운반일념(聖言運搬一念)의 길은 단순한 흥미나 욕구로 이룩될 수 없는 매우 특별한 사명의 수행이다.

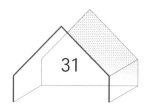

31

말씀이 싹틀 수 있는
나의 토양을 살펴본다

"귀 있는 자는 들을지어다"라고 외치셨던 주님의 말씀이 성경의 여러 곳에서 나타난다. 이 말씀을 씨앗과 토양의 관계 속에서 새롭게 음미해 본다. 뿌려진 씨앗이 싹이 트고 뿌리를 내리면서 성장하고 열매를 맺을 수 있는 것은 토양의 양질에 따라 영향을 받는다. 그래서 모든 농사는 준비된 씨앗을 뿌리기 전에 먼저 토양을 가꾼다. 잡초를 뽑고 불필요한 돌을 골라내면서 씨앗이 숨 쉬고 솟아 나올 수 있는 토양을 조성한다.

알고 드리는 예배, 알고 듣는 설교

예수님은 군중을 향하여 매우 평범하면서도 중요한 메시지를 주셨는데, 그것이 바로 농부의 씨 뿌리는 비유였다. 그 씨앗이 길바닥에 떨어졌을 때는 새들이 와서 쪼아 먹었고, 돌밭에 떨어졌을 때는 뿌리를 내리지 못하고 따가운 햇볕에 말랐고, 가시덤불에 떨어졌을 때는 잡초에 묻혀 자라지 못하고 숨이 막혀 죽게 되었다는 내용이다.

이 비유는 하나님 나라의 복음을 듣는 모든 사람들이 옥토가 아님을 뜻한다. 동시에 주님은 복음의 씨앗이 뿌리를 내리면서 성장하고 결실을 맺을 수 있는 비옥한 옥토를 찾고 계신다는 의미도 포함하고 있다. 이러한 옥토를 소유한 사람들이 곧 "귀 있는 자"로서 말씀의 진정한 파트너임을 주님은 밝히셨다. 그럴 때 그곳에서 뿌려진 말씀은 백 배, 육십 배, 삼십 배의 열매를 맺게 된다는 사실을 강조하셨다.

오늘의 설교 현장에 앉아 있는 파트너인 평신도들의 그 마음 바탕은 다양하다. 혹자는 말씀이 안착할 수 있는 토양을 갖추지 못하고 있다. 마음의 기본이 세속의 사연들에 너무 깊이 젖어 말씀이 전혀 들리지 않는 귀를 가지고 있다. 잡다한 사연들에 짓눌려 정신이 모이지 않고 귀가 열리지 않는 안타까운 그리스도인들이 적지 않다. 그렇지 않아도 사탄은 하나님의 말씀을 듣지 못하도록 줄기차게 공격을 하는데, 이러한 심성을 가진 사람은 아주 쉽게 혼돈의 사탄에게 지배를 받게 된다. 마침내는 하나님의 말씀이 전혀 그 가슴에 스며들지 못하고 말씀으로부터 멀어진 세계를 달리게 된다.

그러나 많은 그리스도인은 하나님의 말씀이 설교를 통하여 들릴 때 온 정성을 기울인다. 그 말씀이 있어야 자신의 영육이 바르게 성장할 수 있다는 확고한 신념을 가지고, 자신의 믿음과 마음이 옥토가 되어 단 한마디라도 놓치지 않고 모두 알차게 심어지기를 소망한다. 이러한 그리스도인들은 속세의 한복판에 살면서 매일 영적인 싸움을 이어간다. 한 인간으로서 매일 접하게 되는 유혹과 사악한 사연들의 지배를 받지 않으려고 몸부림을 친다. 또한 하나님의 말씀 앞에 부끄러운 사연들을 접할 때마다 고통스러워한다. 이러한 하나님의 자녀들은 주님의 날이 되면 성스러운 예배당을 찾아 하나님을 향하여 경배와 찬양과 감사와 참회의 가슴을 열고 예배를 드린다. 그리고 설교자를 통하여 전달되는 하나님의 말씀에 온 정성을 기울여 경청한다. 결국 이러한 그리스도인들은 "귀 있는 자"로서 인정을 받게 된다. 성령님의 도우심으로 남다른 깨우침을 얻게 되고, 말씀을 통하여 은혜의 샘물을 마신다.

주님의 말씀대로 "귀 있는 자"가 되어 진리를 들을 수 있기를 바라는 것은 평신도들의 가장 큰 소망사항이다. 이제 이 소망의 달성을 위한 방안을 찾아야 한다. 설교 사역이 활기차게 움직이기 위해서는 좀 더 새로운 노력을 기울일 필요가 있다. 설교만을 주시하고 나의 귀만을 열고 있는 것이 그 해결책의 전부가 아니다. 설교의 파트너로서 분명히 맡아야 할 항목들이 있고, 이 항목들을 하나하나 찾아 구체화해야 할 필요가 있다. 과거와는 다른 노력이 있어야 이 시대 속에 설교가 살아나게 된다. 설교자만을 바라보면서 구태의연한 자세와 방법으로는 무섭게 변천하는 이 시대 속에 설교의 활성화를 기대하기가 어렵다.

오늘날 인터넷을 통하여 대변혁을 이룩한 3차 산업혁명이 설교에 끼친 영향이 대단하다. 이제는 4차 산업혁명을 통하여 지능과 정보기술이 보편화되는 날이 다가오고 있다. 즉, 기계가 인간과 같은 지적 능력을 갖추게 되는 시대의 변화이다. 하나님의 실존과 그 말씀을 비롯한 창조의 질서가 어떤 손실을 입게 될 것인지 아무도 예측할 수 없다. 이러한 시대 변화는 설교 사역의 장에 평신도의 적극적인 "설교 파트너" 시대를 가져오게 된다.

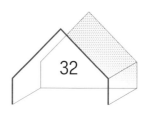

설교의 옥토는
기도로 일군다

기도는 은혜의 창문을 여는 열쇠이고, 죄악의 문을 닫는 빗장이다. 그리스도인들이 죄악의 문이 닫히고 은혜의 창문이 열려 하나님의 말씀만 듣는 세상을 살 수만 있다면, 그것은 천국 시민이 찾는 최선의 이상향이다. 이러한 이상향이 우리에게는 진정 불가능한 것일까?

점점 더 복잡하고 잡다한 사연들의 소용돌이에 휘말린 삶의 무대는 이러한 이상향을 아예 구상하거나 희망하는 것마저 포기하게 한다. 이제는 세상이 온통 화려한 빵만을 최우선으로 여기는 풍조로 가득하다. 그리스도인들마저도 인간은 빵으로만 살아야 한다는 현실적인 유혹을 물리치지 못하고 있다. 이러한 현장에 주님은 오셔서 빵만을 쳐다보고 그것만을 추구하는 삶은 멸망의 길임을 지적하신다. 또한 육적인 조건만을 위하여 몸부림치는 사람은 슬픈 종말을 맞게 될 것을 쉼 없이 말씀하신다. 하나님의 자녀는 하나님의 말씀으로 튼튼한 영적인 성장을 거듭해야 온전한 사람으로 미래를 맞이할 수 있음을 가르치신다.

이토록 소중한 하나님의 말씀이 인간에게 주어지는 세 가지 통로가 있다. 첫 번째는 가장 원초적인 통로로 성경 66권에 기록된 방대한 말씀이다. 하나님은 바울을 통하여 성경 전부가 하나님의 계시로 이루어졌음을 밝히고 있다. 그리고 이 말씀을 통해 인간이 살아가는 데 필요한 절대적인 진리를 가르칠 뿐만 아니라, 그릇된 사연은 책망하고 인간의 허물은 고쳐주면서 올바르게 살도록 훈련을 시키는 하나님의 말씀(딤후 3:16)임을 강조하고 있다. 두 번째는 설교자를 통하여 성경에 기록된 말씀을 가지고 장소와 때에 따라 거기에 유효적절한 말씀을 회중에게 선포하고, 그 말씀을 회중이 알아듣도록 해석해 주고, 회중의 삶의 현장에 효율적으로 적용하는 설교이다. 세 번째는 성례전을 통하여 십자가 위에서 우리의 죄를 담당하시고 대속의 죽음을 감수하신 주님을 회상하고, 그 가르침과 명령을 재현하는 예전을 통하여 받게 되는 생생한 말씀의 경험이다.

여기서는 두 번째 통로인 설교 사역을 통하여 회중이 하나님의 말씀과 만남을 가져오는 데 중점을 두고 있다. 이 시대의 회중이 예배를 드리면서 설교를 통하여 주신 말씀과 만남을 이룩하지 못한다면 그것은 참으로 안타까운 손실이다. 이 손실이 거듭될수록 하나님의 품으로부터 서서히 멀어지게 된다. 오직 육적인 세계만을 추구하는 '속물'로 추락하는 고통을 겪게 된다.

그래서 설교를 듣는 회중은 언제나 말씀의 씨앗이 유유히 피어오를 수 있도록 옥토를 갖추어야 한다. 그 씨앗이 나의 심장의 옥토에서 자라면서 나의 호흡을 일으키고 전신에 활기찬 맥박을 움직이게 해야 한다. 이러한 토양을 가꿀 수 있는 최적의 지름길은 기도이다. 기도가 쉬지 않을 때 말씀을 쏟아내는 은혜의 창문이 열리고, 그 앞에서 언제나 신선한 말씀을 받아먹을 수 있게 된다.

여기서 말하는 기도는 흔히들 생각하는 대로 나의 소원성취와 부귀영화와 무병장수를 구하는 것이 아니다. 돌아보면 이 땅의 그리스도인들은 가난과 질병과 전쟁과 고통 속의 긴 터널을 통과하면서 기도의 본질이 많이 변했음을 알 수 있다. 하나님의 나라와 그 의를 구하는 기도는 희미하게 들리고, 모두가 육적인 조건을 위하여 함성을 지르는 경향이다. 어떻게 보면 하나님을 피곤하시게 만드는 기도가 주종을 이루고 있다. 말씀을 사모하고 그 말씀이 내게 생명의 만나로 다가오도록 해달라는 간절한 기도가 매우 희박한 우리의 현실이다. 세계교회에서는 기도하는 교회로 한국교회가 인식되어 있다. 그러나 그 기도의 실상을 알고 보면 실망스러운 부분들이 적지 않다.

하나님의 말씀을 애타게 간구하는 기도의 함성은 성숙한 그리스도인들의 당연한 모습이다. 하나님의 말씀을 생명의 만나로 삼고 살아가는 그리스도인들만이 이 험준한 세속의 파도를 넘길 수 있다. 설교 사역에서 말씀이 올바르게 운반되고 그 말씀이 뿌리를 내릴 수 있는 옥토를 가꾸기 위하여, 그리스도인들은 어디에 일차적인 관심을 두고 기도해야 할 것인지를 깊이 생각해야 한다. 그 관심의 대상은 설교자와 설교를 듣는 자신이다. 설교자와 설교를 듣는 자신을 위한 기도가 말씀의 토양을 비옥하게 만드는 지름길이다.

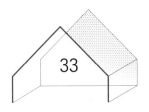

33

설교를 듣기 전
나를 점유(占有)하고 있는 것들을
내려놓자

인간은 1차 산업혁명이 일어나기 전까지 육체의 노동을 통하여 모든 것을 진행해 왔다. 그러나 1차 산업혁명과 함께 기계문명이 발달하면서 육체의 일은 기계가 맡아 하게 되었고, 인간은 머리를 쓰는 고등동물의 궤도에 들어서게 되었다. 또한 전기와 컴퓨터와 인터넷을 통한 2, 3차 산업혁명은 무서운 속도로 인간의 삶을 바꾸어 놓았다. 더 많은 일을 더 빨리 더 편하게 해 낼 수 있는 인간사회로 변화시켰다. 그런데 인간사회는 시대의 발전이 계속될수록 전에 없던 질병에 시달리고 있

알고 드리는 예배, 알고 듣는 설교

다. 육체의 땀이 필요했던 1차 산업 이전의 사회에서 느끼지 못했던 심적 갈등과 고통이 따르고 있다. 바른길이 눈앞에 보이는 데도 그 길로 발길을 옮기지 못하고 자신을 짓누르는 각종 사연의 종들로 살아가고 있다.

밀레의 〈만종〉을 보노라면 저녁노을과 함께 세상은 평화로운 무대이다. 젊은 부부는 자신들이 땀 흘려 수확한 감자를 바구니에 담고 멀리서 들려오는 교회의 종소리를 들으면서 창조주 하나님께 감사의 기도를 한다. 그 한 폭의 그림에는 창조주 하나님, 그 백성, 주신 자연, 인간의 땀, 일용할 양식, 신앙과 감사가 선명하게 보여 눈길을 멈추게 한다. 인간이 이러한 그림 속의 삶을 살아갈 때는 예배가 순수하였고, 설교가 하나님의 말씀으로 들려지고 있었다. 밀레보다 20년 젊은 영국의 설교가 스펄전이 20세의 나이로 런던의 유명한 뉴 파크 스트리트 채플 목사가 되었던 것도 그 시대의 회중이 얼마나 말씀 앞에 순수하였던가를 말해준다.

21세기를 달리고 있는 현대인들, 특히 전쟁으로 초토화되어 세계의 최빈국으로 추락한 나라를 오늘의 선진국 대열로 이끌어 낸 우리 민족은 도전과 땀과 눈물이 남달리 많은 민족이다. 지금도 어느 민족보다 근면하고 창의적이고 도전적이다. 그 결과 경제, 정치, 교육의 발전을 빠른 속도로 가져왔다. 그러나 인간본성은 상처투성이다.

그래서 치열한 경쟁의식은 쉼이 없다. 복잡하게 얽힌 가족관계와 사업과 직장의 문제 등이 언제나 긴장을 하면서 살아가게 만든다. 아무리

신앙심이 두터운 성도라고 해도 이러한 현실적인 문제를 초연하게 넘기는 사람은 매우 드물다. 다시 말하면 모두가 세속의 한파에 선점(先占)당하고 있다는 사실이다.

여기에 하나님께 마음과 뜻과 정성을 다하여 예배에 임하고, 설교를 통한 하나님의 말씀을 경청해야 할 성도들에게 문제가 생겼다. 자신이 집중하고 있는 사연으로 자신의 심신의 공간이 가득 차 있다는 사실이다. 육체가 가는 곳에 정신이 함께하고, 정신이 모아진 곳에 자신을 에워싸고 있는 항목들이 자신을 지배한다. 이것을 가리켜 무엇인가에 '선점된 인간'이라 한다.

설교를 듣는 순간에 그리스도인들이 반드시 챙겨야 할 것이 있다. 그것은 지금 자신의 정신을 점령하고 있는 것들을 뒤로 하고 말씀을 받아야 하는 당연성이다. 실내에 들어가면 외투를 벗듯이 설교를 듣기 전에 자신을 휘감고 있는 희로애락의 외투를 벗어야 한다. 그리고 마음 바탕에 말씀이 들어갈 공간을 만들어야 한다. 말씀을 위한 공간이 자신의 영육에 없다면 설교는 공중을 떠도는 메아리가 되고 오수에 젖게 하는 자장가에 불과하다.

말씀을 담기 위한 자신의 심신에 공간을 마련하고 설교를 경청한 사람과 그렇지 못한 사람과의 차이는 실로 크다. 동일한 장소에서 동일한 설교를 들었어도 어떤 사람은 설교를 통하여 깊은 감동에 젖어 기쁨과 감사로 가득한가 하면, 반면에 어떤 사람은 그날의 예배가 시간 낭비인 듯 반응한다. 맑은 영혼의 가락이 울려 퍼지는 심신의 공간을 마련하고 예배의 현장에서 말씀을 들을 수 있는 사람, 바로 그가 진정 복된 심령이다.

하나님은 히브리서를 통하여 온전하신 예수님을 바라보기를 원하는 성도들에게 "모든 무거운 것과 얽매이기 쉬운 죄"(히 12:1)의 옷을 벗어 버릴 것을 명령하신다. 세상의 무거운 짐과 얽매이기 쉬운 죄의 종으로 산다는 것은 참으로 피곤한 일이다. 그 피곤은 하나님을 예배할 때 가장 많이 느끼게 된다. 나를 점유하고 있는 것들을 마음대로 훨훨 벗어 버릴 수 있는 능력이 없어 고민할 때가 많다. 사도 바울의 입을 통해서 들려준 "오호라 나는 곤고한 사람이로다 이 사망의 몸에서 누가 나를 건져내랴"(롬 7:24)는 말씀은 하나님 존전에 나아가는 인간의 갈등과 고통을 잘 보여주고 있다. 이때 가장 현명한 길은 성령님의 힘에 의하여 그 순간 말씀을 받도록 "주리고 목마른 심령"으로 만들어 달라는 간절한 기도와 자신의 노력이다.

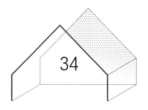

34

설교의 파트너는
맑은 정신을 갖추어야 한다

인간은 어떤 피조물도 따를 수 없는 높은 수준의 정신을 부여받았다. 정신에 대한 사전적 분석은 크게 두 가지로 분류된다. 먼저, 종교적인 이해로서 정신은 육체나 물질에 대립되는 영혼이나 마음을 지칭한다. 또 하나는 일반적인 정신 이해로서 사물을 느끼고 생각하고 판단하는 능력 또는 그러한 작용을 말한다. 여기서 언급하고자 하는 '맑은 정신'은 설교자의 설교를 듣고 판단하는 능력을 뜻한다.

설교 현장에서 설교자는 정신을 똑바로 차리고 초긴장을 하면서 설교를 할 수밖에 없다. 그러나 설교를 듣는 사람은 사람에 따라 맑은 정신으로 경청을 하는가 하면, 어떤 이는 흐린 정신 상태에서 설교를 듣는다. 흐린 정신은 메시지의 판단이나 소화능력을 거의 포기해 버리고 설교의 내용을 거의 기억하지 못하는 결과를 초래한다. 그 이유는 초점을 붙잡고 싶은 마음보다는 모든 것을 외면하고 싶은 마음 상태가 작동하기 때문이다.

이러한 현장을 볼 때마다 뮐러(F. M. Muller)를 생각한다. 그는 비교언어학의 세계적 권위자로 영국에서 활동을 하면서 쓴 소설『독일인의 사랑』에서 다음과 같은 말을 남겼다. "육체가 없는 정신이 있다면 그것은 유령에 지나지 않으며, 정신이 없는 육체가 있다면 그것은 시체에 지나지 않는다." 이 말 속에서 육체와 정신은 혼연일체가 되어 인간의 생명을 유지시킨다는 공식을 재확인하게 된다. 그런데 문제는 설교가 진행되는 현장에 앉아 있는 평신도가 '맑은 정신'을 차리고 있는지, 아니면 '흐린 정신'에 묶여 있는지를 살펴보는 일이다. 만일 흐린 정신에 붙잡혀 있다면 그 육체는 깨어 있지만 그 정신은 휴면 상태이다. 이러한 정신의 휴면 상태가 계속된다면 뮐러의 "정신이 없는 육체가 있다면 그것은 시체에 지나지 않는다"는 말을 다시 음미해 볼 필요가 있다.

설교의 파트너는 우선적으로 '흐린 정신'을 어떻게 퇴치시키고, 선포되는 메시지를 어떻게 온전히 받을 것인지에 대한 효율적인 방안을 평범한 상식선에서 찾아야 한다. 그것은 육체의 건강과 피곤한 정도에 따라 정신도 맑았다 흐렸다 하기 때문이다. 여기에서 매우 단순하지만 실질적인 다음 몇 가지의 항목을 찾아본다.

1) 주일 전날, 곧 토요일에 '주님의 날'을 위해 나의 육체와 정신이 피곤하지 않게 주의를 기울여야 한다. 그리스도인들이 토요일에 등산이나 격렬한 운동을 하는 것은 지혜롭지 못하다. 주일을 모르는 사람들은 토요일에 쌓인 피곤을 일요일에 푹 쉬면서 풀 수 있다. 그러나 그리스도인들에게는 토요일이 준비일이고, 주일은 육신과 정신이 가장 바쁘게 움직이는 날이다.

2) 자신의 정신이 주일 전에 상처를 받지 않도록 각별한 유의를 기울여야 한다. 가족이나 이웃과의 관계, 또는 사업 등등에서 상처받을 언행이 발생하지 않도록 사전에 주의를 해야 한다. 신실한 그리스도인들에게는 토요일이면 뜻밖에 상처를 받을 일들이 자주 발생한다.

3) 맑은 정신을 갖게 하는 데는 충분한 수면이 아주 큰 도움을 준다. 그리스도인들이 주일을 휴일로 생각하고 밤늦은 시간까지 TV 프로그램을 즐기는 때가 있다. 토요일 밤 충분한 수면에는 별 관심을 두지 않는다. 그러나 이것은 매우 지혜롭지 못한 일이다. 토요일에 수면을 줄인다는 것은 주일예배에 졸음을 재촉하는 길이다.

4) 토요일 밤에 주말의 분위기를 찾아 평소에 삼가던 술잔을 기울이는 일은 주일에 여러 면에서 도움을 주지 못한다. 맑은 정신보다는 흐린 정신이 자신을 지배하게 한다. 취중에 어떤 실수를 할지 예측을 불허한다. 그래서 하나님은 말씀하신다. "너와 네 자손들이 회막에 들어

갈 때에는 포도주나 독주를 마시지 말라 그리하여 너희 죽음을 면하라 이는 너희 대대로 지킬 영영한 규례라"(레 10:9).

5) 토요일에는 긴장을 풀고 화평의 공기가 가정에 가득하도록 평일보다 더 많은 노력을 해야 한다. 사탄은 언제나 주일을 앞두고 주님의 자녀들이 예배하는 데 온전함을 갖추지 못하도록 역사한다. 여기에 그리스도인들이 무관심하고 무방비 속에 있게 된다면 주일은 상처로 얼룩진다. 설교를 통한 바른 메시지를 소화하지 못한다.

위와 같은 항목들이 평신도들에 의하여 지켜진다면 '맑은 정신'은 활기를 띠고 제기능을 발휘하게 되며, 그때 말씀이 심령 깊숙이 들어와 자리를 잡게 된다.

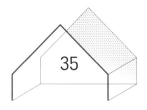

35

졸음은 설교의 경청을 해치는
가장 심각한 적이다

설교자의 심기를 가장 불편하게 만드는 것은 설교를 하는 동안 졸고 있는 평신도를 보는 일이다. 그때마다 설교자는 힘을 잃고 안타까운 심정을 갖게 된다. 졸음을 이기지 못하고 몸부림치는 사람이 여기저기 보일 때 설교자는 착잡한 심정을 안고 설교를 이어간다. 그 순간 설교자는 자신의 설교가 자장가로 들려질 정도로 힘을 잃은 것인지, 졸고 있는 평신도의 육체적인 피곤 때문인지, 아니면 자신의 설교를 외면하고 있는 자세 때문인지 하는 생각을 거듭하게 된다. 그리고 예배를 마치

알고 드리는 예배, 알고 듣는 설교

고 나면 실패한 연출자처럼 사기가 저하된다.

이러한 일을 경험할 때마다 주님이 십자가의 가장 어렵고 아픈 대속의 죽음을 앞두고 겟세마네 동산에서 기도하시던 때의 일이 연상된다. 예수님은 가장 핵심적인 제자 베드로와 요한과 야고보를 근거리에 머물게 하면서 "내 마음이 심히 고민하여 죽게 되었으니 너희는 여기 머물러 깨어 있으라"는 간절한 부탁을 세 번이나 하셨다. 그러나 그들은 잠에 취하여 정신을 차리지 못했다. 예수님은 체포를 당하시게 되는 절박한 순간까지 졸음을 못 이긴 제자들을 보시면서 "네가 한 시간도 깨어 있을 수 없더냐" 하시면서 착잡한 심정으로 "마음에는 원이로되 육신이 약하도다"(막 14:32-38)라는 말씀을 남기셨다.

예배의 역사에서 초대교회 성도들이 드렸던 예배의 실태를 보면 오늘의 그리스도인들이 반성할 부분이 많다. 그 가운데 주목해야 할 부분 중의 하나는 예배하는 자세이다. 현대교회는 신체적인 불편을 최소화시키기 위하여 쿠션이 있는 의자에 편히 앉아 예배를 드린다. 예배시간도 한 시간을 초과하면 지루한 감정을 유발한다. 이러한 현상은 초대교회에서 상상할 수 없는 일이었다. 그들은 앉아서 드리는 예배가 아니라 시작부터 마칠 때까지 계속 서서 긴장과 위엄과 감격의 심성을 안고 예배를 드렸다. 예배시간이 두세 시간을 소요해도 지루함보다 깊은 감회와 감격으로 예배하는 기쁨을 누렸다. 졸음이 찾아올 틈새가 없었다. 지금도 동방정교회에는 의자 없이 서서 몇 시간이고 예배를 드리는 전통을 이어가는 교회가 많다. 이러한 예배 전통을 체험하고 싶어 러시아의 정교회 예배에 참여했던 필자는 고통스러웠다. 변형된 개신교의 예배에 익숙해진 몸과 알아들을 수 없는 언어에 귀를 기울이면서 세 시간을 서 있는다는 것이 쉽지 않았다. 거기에서는 마땅히 찾아와야 할 졸음도 없었다.

설교를 경청하는 데 가장 달갑지 않은 불청객은 졸음이다. 졸음은 청각을 잠재우고 말씀과의 만남을 차단시키는 무서운 적이다. 흔히들 설교가 흥미롭지 않기에 지루하여 졸음이 찾아온다는 말을 한다. 설교가 자신의 관심을 끌지 못하기에 눈을 감고 차라리 잠을 청한다고 한다. 그때마다 설교자는 말씀에 집중하지 못하고 졸고 있는 그들을 위해 갖은 노력을 다한다. 웃기고 울리는 연출을 하는가 하면, 고성을 지르면서 설교단을 내리치기도 한다.

회중을 깨우고 흥미진진하게 말씀과 만남을 이룩시키지 못한 책임은 설교자의 설교에 있음이 사실이다. 그러나 설교를 듣는 사람에게 아무런 책임이 없다는 말은 수긍하기 어려운 면이 있다. 졸지 않고 맑은 정신을 가다듬어야 하는 책임은 설교자보다는 설교를 듣는 사람의 몫이다. 맑은 정신은 상쾌한 육체와 가장 밀접한 관계를 가지고 있다. 피곤한 육체는 예배시간에 졸음을 물리치려고 몸부림치지만 결국 졸음에 정복을 당한다.

거듭난 그리스도인의 최우선의 목표는 하나님을 예배하는 우등생이 되는 데 두어야 한다. 이 길이 하나님을 영화롭게 하기 때문이다. 그 예배 가운데서 하나님의 말씀을 듣고 영혼이 살찌기 때문이다. 그래서

알고 드리는 예배, 알고 듣는 설교

거듭난 하나님의 자녀는 내일의 예배를 위하여 토요일 오후부터 '예배 준비'에 들어가는 변화된 삶을 보여주어야 한다. 그리스도인으로 거듭나기 전에는 토요일에 과격한 운동을 하고, 또는 밤을 지새우면서 영화도 감상하고 먹고 즐기는 삶이 큰 낙이었을지라도, 변화된 그리스도인은 토요일을 '예배의 예비일'로 여기며 심신이 상하지 않고 피곤하지 않도록 각별한 주의를 기울여야 한다.

초대교회 성도들과는 비교가 안 될 정도로 안정된 세계에서 편안히 앉아 드리는 오늘의 성도들에게 오늘도 우리 주님은 "네가 한 시간도 깨어 있을 수 없더냐"라는 말씀을 주신다. 토요일부터 예배를 생각하는 그리스도인은 이 말씀을 가슴에 품고 예배를 드려야 한다. 깨어 설교의 경청에 힘쓰는 자가 말씀과 만나게 된다.

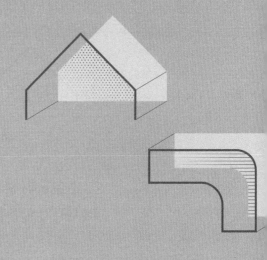

4장
설교를 들은 후에 취해야 할 일

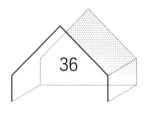

36

설교의 완성은
메시지가 실천될 때이다

실용주의(Pragmatism)는 19세기 후반부터 20세기 중반까지 미국인들의 교육과 사회에 큰 영향을 끼쳤던 철학사상이었다. 그 대표적인 인물은 존 듀이(John Dewey, 1859-1952)였다. 이 사상은 관념에 머무는 진리보다 인간의 삶에 도움이 되는 실용적 가치를 추구하는 데 주안점을 두었다. 미국의 신학계에서도 실용주의 여파에 힘입어 실천신학이 대단한 활성화를 이루었다. 이 무렵에 미국사회에 시와 수필을 통하여 등장했던 반다이크(H. Van Dyke, 1852-1933) 목사는 미국의 실용주의 사상과 그리스도교의 실천주의 사상의 접합에 공헌을 하였다. 그는 "아무리 고상하고 진정한 교리라도 실생활에 옮겨지기 전에는 인간을 행복하게 할 수 없다"는 유명한 말을 남기면서 그리스도교의 진리가 삶의 장에 실천되어야 그 가치를 인정받게 됨을 강조하였다.

이상과 같은 철학이나 신학의 "진리의 현장화" 주장은 일찍이 하나님이 야고보를 통하여 주신 말씀에서 그 뿌리를 찾아보게 된다. "영혼 없는 몸이 죽은 것 같이 행함이 없는 믿음은 죽은 것이니라"(약 2:26). 이 말씀은 주님의 증인으로 나선 모든 이들이 복음의 진리를 품에 안고 인간들의 삶의 장에서 꽃을 피워야 함을 강조한다. 그 결과 역사적으로 수많은 그리스도인들이 한적한 곳에서 "복음의 수호자"로 머물지 않고 죽음을 두려워하지 않는 "복음의 실천자"로서 살았다. 그리스도교가 유대 땅을 벗어나 '땅 끝까지' 그 영역이 확대되었다. 마침내는 이방 지역인 한반도의 우리까지 하나님의 백성이 되는 특권을 누리게 되었다.

설교의 완성은 어느 지점에서 이루어지는지를 알고 싶어 하는 사람들이 많다. 흔히들 설교는 설교자가 예배시간에 외치면 그것이 전부라고 생각한다. 그러나 그것은 설교자의 단회적인 설교 사역을 의미할 뿐이다. 진정한 설교의 완성은 그 설교에서 받은 메시지를 가지고 세상 속에 나아가는 평신도들에 의하여 완성을 가져온다. 이웃과 더불어 사는 삶의 장에서 자신이 받은 메시지가 살아 움직여야 한다. 그 메시지의 특유한 향기를 발해야 한다. 그리고 자신이 받은 메시지가 이웃들에 의하여 읽혀야 한다. "너희는 우리로 말미암아 나타난 그리스도의 편지니 이는 먹으로 쓴 것이 아니요 오직 살아 계신 하나님의 영으로 쓴 것이며 또 돌판에 쓴 것이 아니요 오직 육의 마음판에 쓴 것이라"(고후 3:3). 이 말씀의 뜻은 그리스도인들이 마음판에 새긴 진리를 생활 속에서 "행동하는 메시지"로 전하여 이웃들이 읽게 해야 함을 뜻한다.

그리스도교가 위축되고 쇠약해지는 현장에는 어디서나 공통적인 분모가 있다. 그것은 자신이 그리스도인임을 드러내기를 꺼려하는 경향이다. 가급적 그리스도인의 색채를 감추려 한다. 주변과의 어울림을 위해 '이색인간'으로 주목받는 것을 거부한다. 그 결과는 뜻하지 않게 소극적인 그리스도인으로 머물게 한다. 여기서 말하는 진리의 실천은 그리스도인으로 명찰을 달고 다니는 것을 뜻하지 않는다. 조용하고 엄숙한 분위기 속에서 난데없이 '예수 천당'을 부르짖으라는 뜻이 아니다. 청교도들의 설교에 큰 영향을 끼쳤던 버로스(J. Burroughs)는 "그리스도인들이 어떻게 하나님의 이름을 거룩하게 할 수 있는지"를 삶의 질과 형태 속에서 언제나 고민하게 되면 실천의 길이 쉽게 열린다고 말하고 있다.

우리의 교회가 행함이 없는 지식과 믿음은 쉽게 사라진다는 사실에 관심을 둔다면 침체된 교회가 소생할 수 있을 것이다. "하나님의 이름을 거룩하게" 하려는 의지를 마음판에 새긴 성도들이 이 사회 속에서 움직인다면 문제는 달라진다. 한국교회가 직면한 문제는 어느 나라에서도 볼 수 없는 수많은 설교를 매주 듣지만 그 메시지들이 "행함이 없는 메시지"로 사라진다는 점이다. 그럴 때 설교는 미완성의 메아리로 끝이 난다. 유대인들의 제2 경전인 탈무드에서는 그 책의 내용을 다 외우는 것보다 그 중에 한 가지라도 몸소 실천하는 것이 더 중요함을 가르친다. 그래서 유대인들은 막연한 이상이나 공상의 세계보다 현실적이고 실용적인 세계를 추구한다. 우리 그리스도인들도 자신이 받은 메시지를 실천으로 현장화했을 때에 그 진리는 꽃이 피고 그 믿음은 더욱 견고해진다.

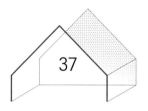

메시지의 실천은
진정한 변화가 우선이다

17세기 영국 청교도운동의 지도자로서 많은 활동과 저서를 통하여 지대한 영향력을 발휘했던 스윈녹(George Swinnock) 목사는 매우 흥미로운 말을 남겼다. "예수님은 맹인에게 새 눈을 주신 것이 아니라, 이미 있는 눈을 가지고 보게 하셨다. 죽은 나사로에게 새로운 몸을 주셔서 살아나게 하신 것이 아니라, 세마포로 싸인 시체가 살아나게 하셨다. 오늘도 하나님은 인간들에게 새 영혼을 주신 것이 아니라, 이미 주신 영혼을 깨워 새로운 생명으로 변화시키신다." 생각해 보면 매우 타당한 해석이다. 하나님의 역사는 새로운 창조에 초점을 두는 것보다 피조물들이 창조의 질서를 회복하는 변화를 원하신다. 하나님의 형상을 따라 지음 받은 인간이 으뜸가는 피조물로서 그 본래의 모습을 회복하는 데 깊은 관심을 기울이신다. 독생성자 예수 그리스도님이 이 땅에 오심도 하나님과 인간과의 단절된 관계가 회복되는 변화에 그 목적이 있었다. 십자가 위 속죄의 희생은 인간들의 이상과 같은 변화를 위한 구체적인 대역사였다.

오늘의 교회가 존재하는 목적 역시 새로운 세계의 기적이나 창조가 아니다. 교회란 예수님을 구원의 주님으로 영접하고 그분이 길이요 진리요 생명임을 믿고 따르는 하나님 자녀들의 모임이다. 이들이 하나님을 기쁘시게 하고 영화롭게 하는 예배를 드리는 가운데 말씀으로 매일 새롭게 변화되는 것을 최우선의 목적으로 한다. 문제는 오늘의 교회가 이 본래의 목적을 상실해 가는 데 있다. 특별히 설교의 내용이 시대의 변천에 따라 변질되거나 퇴색되는 경향이 많다. 어떤 설교자는 말씀을 전하는 데 역사적으로 이어진 전통적인 해석보다는 전혀 새로운 설명으로 성경을 해석하려는 시도를 한다. 회중은 그러한 새로운 해석에 귀를 기울이고 거기에 발길을 옮기는 경우가 종종 있다. 거기에서 '새로운 창조' 혹은 '기적'을 경험하고자 한다. 이러한 부류의 추종자들을 모으는 데 혈안이 된 설교자는 때로는 반신적(半神的)인 존재로 둔갑을 하고, 때가 되면 교주로 군림한다.

설교는 결코 기적을 창출하는 도구가 아니다. 새로운 계시를 받아 새로운 공동체를 만드는 요술이 아니다. 나의 감성을 자극하여 눈물 흘리게 하는 만담의 진열장도 아니다. 정상적인 설교는 하나님의 말씀을 들려주고 그 말씀의 뜻을 풀어주면서 삶의 변화를 일으키는 데 주안점을 둔다. 그러한 변화를 보이는 교회가 살아 있는 주님의 몸 된 교회이다. 베드로가 설교를 했을 때 3천 명이 넘는 사람들이 "이 말을 듣고 마음에 찔려 베드로와 다른 사도들에게 물어 이르되 형제들아 우리가 어찌할꼬"(행 2:37) 하면서 회개의 무릎을 꿇었던 사건은 설교를 통하여 성령님의 역사가 발생한 대표적인 변화의 현장이었다.

"실천하는 믿음"은 설교의 완성을 가져오는 가시적인 현상임에 틀림이 없다. 거기에는 반드시 실천하는 믿음의 주체가 진리의 조명을 받고 변화되어야 한다는 단서가 따른다. 서두에서 언급한 스윈녹 목사는 누구보다 새로운 변화에 초점을 두고 청교도 목회를 하였다. 그가 펴낸 『그리스도인의 소명』(The Christian Man's Calling)이라는 책에서 새로운 변화가 청교도의 갈 길임을 주장하면서 3가지 분야를 구체적으로 제시하고 있다. 먼저, 교만한 마음의 인격체가 겸손의 주인으로 바뀌는 변화이며, 둘째는 세상적이고 육적이며 악하고 거친 성격의 인간이 변하여 새로운 인격체가 되는 변화이고, 셋째는 사탄의 노예로 살다가 말씀 앞에서 자유로운 그리스도인으로 바뀌는 변화를 언급하고 있다.

여기서 그리스도인들이 유의해야 할 것은 변화가 일시적인 현상이 될 수 있다는 사실이다. 말씀을 듣고 새 사람으로 변화를 가져왔을 때 승리의 환호성을 지르게 된다. 그러나 그때부터 변화된 그리스도인은 사탄의 집요한 공격의 대상이 된다. 옛 사람 속에 머물고 있던 속성이 눈앞을 막고, 드나들던 구습의 발길이 새 길을 걷는 데 터덕거린다. 이때 인간의 의지는 점점 식어진다. 변화된 인간으로 살아갈 수 있는 능력은 인간의 힘보다는 성령님의 손에 붙잡힌 자신의 실체를 확인하는 데에서 나온다. 하나님을 향한 예배의 현장에 굳건히 서서 말씀으로 무장하고 기도로 영력을 키우는 길이 최선의 길이다. 하나님은 베드로를 통하여 하나님의 자녀로 변화된 사람들에게 지금도 경고하신다.

"근신하라 깨어라 너희 대적 마귀가 우는 사자 같이 두루 다니며 삼킬 자를 찾나니 너희는 믿음을 굳건하게 하여 그를 대적하라"

(벧전 5:8-9a)

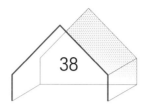

38

설교의 파트너는
능동적인 참여를 해야 한다

"당신은 설교를 경청하기 위해 무엇을 어떻게 준비하십니까?"라는 질문을 던지면서 구체적인 답을 요구한다면, 그 대답을 하기가 그리 쉽지만은 않다. 그 이유는 거의 모두가 예배를 드리면서 듣게 되는 설교를 수동적인 자세로 듣기 때문이다. 자신의 의견이나 질문이 용납되지 않는 일방적(one-way)이고 특수한 언어구사의 환경이 지배적이다. 오직 눈을 뜨고 쳐다보고, 귀를 열어 들려오는 소리를 '수신(受信)'하는 것이 설교 현장의 일반적인 모습이다. 이렇게 고정된 형태를 지속하는 것을 당

알고 드리는 예배, 알고 듣는 설교

연시하고 더이상의 노력을 기울이지 않는 것이 오늘의 평신도들이 취하는 태도이다.

설교의 현장에는 두 갈래의 회중이 있다. 한 부류는 앞에서 언급한 대로 설교자를 통하여 들려주는 메시지를 기계적으로 받고 '아멘'으로 응답(?)하다가 예배를 마치는 성도들이다. 어떻게 생각하면 매우 편하게 사는 '수동적'인 성도들이다. 그 설교가 자신의 흥미를 끌지 못하면 부담 없이 졸거나 다른 생각에 젖어 있다가 돌아간다. 다른 한 부류는 그날의 설교를 통하여 주실 메시지에 처음부터 깊은 관심을 기울이는 성도들이다. 설교자를 통하여 주시는 하나님의 말씀과의 만남을 이루어야 한다는 간절함을 가지고 준비와 경청의 자세를 취하는 성도들이다. 곧 '능동적'인 설교의 파트너들이다.

여기에 설교를 통하여 귀한 메시지와의 만남을 이루겠다는 의지를 가지고 예배에 임한 K 집사의 사례가 있다. 그가 보여준 다음의 능동적인 참여는 매우 모범적이다.

1) K 집사는 예배당에 언제나 예배 시작 15분 전에 도착한다. 그리고 설교자를 정확히 바라보면서 메시지를 경청할 수 있는 자리를 잡는다. 그 시간 그 자리에 불러주신 하나님을 생각하면서 "감사합니다"를 연발한다.

2) 3분 정도의 기도를 한다. 이때 기도의 내용은 자신의 개인이나 가정이나 사업에 대한 것은 전혀 없다. 오직 성삼위일체 되신 하나님만

을 위한 온전한 예배를 드리게 해 달라는 것이 첫 항목이다. 그리고는 자신의 마음판에 심어야 할 생명의 만나인 메시지를 간구하는 내용이다. 여기서 그는 먼저 설교자를 위해 기도한다. 주님의 종이 오직 하나님의 말씀만 하나님의 마음에 들도록 선포하게 해 달라는 내용이다. 그의 설교 정신이나 언어구사가 말씀의 도구로 온전하게 사용되기를 기도한다.

3) 주보에 실린 그날의 설교 본문을 찾는다. 그 본문에서 무엇을 말씀하시는지 스스로 메시지를 찾는다. 본문의 이해를 위해 나름대로 노력을 기울인다. 오늘 설교자가 이 말씀을 가지고 무슨 메시지를 전해줄 것인지 예상을 하면서 반복하여 읽고 또 읽는다.

4) 설교가 진행되는 동안 설교자를 통하여 질서정연한 메시지가 들릴 때 깊은 감사를 한다. 더 나아가 자신이 전혀 예상하지 못했던 메시지가 선포될 때는 말씀의 경이로움에 놀라면서 '감사의 아멘'을 조용히 속삭인다.

5) 주신 말씀을 자신의 삶 어느 부분에 적용할 것인지를 생각한다. 그리고 그 메시지의 실천에 걸림돌이 무엇인가를 찾아보면서 성령님의 도움을 간구한다.

이러한 태도는 설교의 파트너가 보여주는 능동적인 행위이다. 그러한 파트너의 신앙은 자연적으로 성숙의 계단을 오르면서 하나님의 자녀로서의 제 길을 걷게 된다.

알고 드리는 예배, 알고 듣는 설교

1933년 히틀러가 집권하자 미국으로 망명하여 사회심리학의 개척자로 둥지를 튼 에릭 프롬(Erich Fromm, 1900-1980)은 『소유냐 삶이냐』라는 명저를 남겼다. 그는 이 책에서 "생산적인 능동성"을 강조하면서 이것은 "생명력을 증대시키고 소생시키는 동력"이라고 설명한다. 생각하면 인간은 살아가는 모든 삶의 과정에서 수동과 능동의 갈림길을 만나게 된다. 수동적인 삶은 일시적인 안일에 머무를 수 있다. 그러나 그 안일은 더이상의 진전을 기대하기가 어렵다. 반면에 능동적인 삶은 프롬의 말대로 생명력을 키우고 새롭게 일어서게 한다. 스스로 헤쳐 나가야 하는 그 길이 때로는 평탄치 못할 때가 있고 남다른 노력이 필요할 때도 있다. 그러나 거기에 비약적인 발전과 기쁨과 감사가 있다. 수동적인 설교의 파트너는 설교자에게 의존하여 맹종의 길을 걷고 때로는 파멸의 길도 동행한다. 그러나 설교의 파트너로서 능동적인 자세를 취하는 성도는 생명의 만나를 분별하여 알차게 먹고 자라는 특권을 누리게 된다.

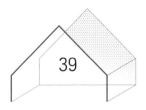

39

설교의 경청에는
거듭난 사람의 귀가 필요하다

어느 날 목회자들의 모임에서 설교자의 막중한 책임을 강조하는 열강을 마치고 어느 설교자로부터 심각한 질문을 받은 바 있다. "A라는 설교자가 정성을 다하여 설교를 했는데 어느 교인은 감명 깊은 은혜에 젖어 설교자의 손목을 붙잡고 놓을 줄을 모르는데, 어떤 교인은 전혀 말씀과 접하지 못하고 싸늘한 반응만을 보이고 오히려 설교의 흠을 지적합니다. 이러한 경우도 설교자의 책임을 물어야 합니까?" 매우 진지한 연구를 해야 할 질문이라는 생각을 하면서도 필자의 대답은 간단하

알고 드리는 예배, 알고 듣는 설교

였다. "네, 일차적인 책임은 설교자에게 있고, 이차적인 책임은 회중에게 있습니다."

필자는 연구실로 돌아와 유명한 설교 신학자들은 이러한 경우를 어떻게 설명하고 있는지를 찾기 시작하였다. 마침내 제이 아담스 (Jay Adams)가 평신도들의 설교 경청을 다룬 *A Consumer's Guide to Preaching*에서 그 해답을 찾았다. 그는 지금까지 수십 권의 설교에 관한 책을 집필했지만 모두가 설교자를 향한 것이었는데, 이 책은 회중을 향하여 진솔한 안내와 충고를 주고자 하는 목적으로 집필했다고 서문을 통하여 말하고 있었다. 그는 설교를 통하여 하나님의 말씀과 진정한 만남을 이룰 수 있는 "최선의 절대 조건"을 참 그리스도인으로 "거듭난 사람"에 두고 있었다. 즉, 중생의 변화를 거쳐야 하나님의 말씀에 귀가 열린다는 주장이었다. 그리스도인으로서 진정한 변화가 없으면 설교는 귀에 들리지 않고 아무런 유익을 가져오지 못하게 된다는 점을 다음의 말씀을 들어 강조하고 있었다.

"육에 속한 사람은 하나님의 성령의 일들을 받지 아니하나니 이는 그것들이 그에게는 어리석게 보임이요, 또 그는 그것들을 알 수도 없나니 그러한 일은 영적으로 분별되기 때문이라"(고전 2:14)

그렇다. 그리스도의 사람으로 거듭난 사람은 그 신분을 지키기 위하여 영적인 삶의 지속과 향상을 추구하기 마련이다. 그러한 사람은 언제나 눈과 귀를 열고 육적인 감각을 즐겁게 하는 세계에는 둔감하고, 영적인 세계를 살찌게 하는 사연들 앞에는 민감하게 움직인다. 영혼의 양식 앞에서는 언제나 허기진 심정으로 갈급해한다. 이러한 그리스도인들은 예배하는 현장에서 선포된 설교를 대하는 태도가 다르다. 그들은 설교를 하나님이 주신 만나의 통로로 맞아들임에 주저하지 않는다. 바로 이 부분에서 육에 속한 사람과 영에 속한 사람의 갈림길이 생긴다.

하나님은 바울을 통하여 "누구든지 그리스도의 영이 없으면 그리스도의 사람이 아니라"(롬 8:9b)는 말씀을 하신다. 거듭난 그리스도인의 눈과 귀에는 자신이 영적으로 성장하는 데 필요한 말씀만 보이고 들린다. 불필요한 편견이나 잡다한 내용은 쉽게 지운다. 설교자가 진부하고 고리타분한 내용으로 웃기고 울리는 데 많은 시간을 보내거나 자기자랑으로 시간을 채울 때, 영상이나 예화로 흥미를 돋우기에 열심을 다할 때에도 거듭난 그리스도인들은 거기에 침몰되지 않는다. 그들은 쉽게 외면하고 지울 수 있는 능력이 있다. 그러나 아직 거듭남의 세계에 들어오지 못한 사람들은 거기에 박수를 보낸다.

여기에 또 하나 우리의 관심을 기울여야 할 문제가 있다. 그것은 죄의 문제이다. 오늘의 설교들이 죄에 대한 예리한 지적을 피하고 격려와 위로만으로 메시지의 주종을 이루는 현상이다. 거듭난 그리스도인이 되면 속세를 떠난 것이 아니라, 그 안에서 소금과 빛이 되어야 하는 사명을 부여받는다. 그런데 오히려 오늘을 살아가는 그리스도인들이 세

알고 드리는 예배, 알고 듣는 설교

상의 한복판에서 하나님의 말씀에 불순종하는 삶을 이어가고 있다. 웨스트민스터 신앙고백에서는 이 상태를 '죄'라고 정의한다. 거듭난 그리스도인들이 아름다웠던 초심을 잃었을 때 설교와 거리가 멀어지는 비극이 발생하게 되는 일이 많다. 그 초심은 나의 죄를 담당하시고 십자가 위에서 대속의 죽음을 담당하신 예수 그리스도님을 자신의 길, 진리, 생명으로 영접하고 기뻐하고 감사하던 그 감격이다. 이 감격이 시들지 않은 그리스도인들은 어떠한 환경에서도 죄를 멀리하고 영의 양식을 흠모하는 꾸준한 노력을 지속한다. 그럴 때 하나님은 우리가 예배하는 현장에 설 때마다 눈과 귀를 열어주시고, 우리는 주시는 하나님의 말씀을 온전히 받아먹게 된다. 그리하여 건강한 그리스도인으로 성숙을 거듭하는 삶을 누린다. 이것이 바로 하늘나라의 시민으로 사는 특권이다.

5장
설교자를 향한 평신도의 소망

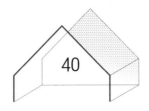

나단을 탓하지 않았던
다윗을 보라

어느 설교자의 안타까운 사연이 있다. 그 설교자는 아무런 사심 없이 순수하게 다가오는 주일 설교 메시지를 찾기 위하여 기도하고 성경을 읽고 있었다. 물론 그 시간 그의 기도의 내용은 "무슨 말씀을 가지고 어떻게 말씀을 전하오리까?"였다. 그때 그는, 아직까지 죄악을 경계해야 하고, 범한 죄를 회개해야 한다는 메시지를 전한 적이 없었던 자신을 발견하게 되었다. 그는 그동안의 편중된 설교 사역에 대한 반성을 하고 경고와 회개를 촉구하는 예언적 메시지를 준비하였다. 이 순간을 성

알고 드리는 예배, 알고 듣는 설교

령님의 인도하심이라 확신하면서 한 주간 동안 주일 설교를 성실히 준비하고 설교단에 올랐다. 그런데 설교가 끝난 다음날, 새벽기도회가 끝나자 교회의 중책을 성실히 맡아 수행해 온 집사가 목양실 문을 두드렸다. 반가이 맞이하는 목사에게 그는 대뜸 다음과 같이 항의를 하였다.

"목사님! 어떻게 개인의 사생활을 그렇게 사정없이 교인들 앞에서 지적하고 망신을 주십니까? 그것도 설교입니까? 개인적으로 조용히 불러 타이를 수도 있을 터인데, 꼭 그렇게 하셔야만 합니까? 대실망입니다."

이러한 사례는 설교 사역에서 흔히 생기는 일이다. 설교자는 어느 특정인을 전혀 생각하지 않고 성령님의 인도함을 따라 말씀을 준비했는데, 그 메시지에 찔림을 받은 개인은 엉뚱한 반응을 일으킨다. 이러한 현장 이야기를 들을 때마다 설교학 교수로서 필자는 사도행전에서 보여주신 설교자 스데반과 그 현장을 이야기한다. 스데반의 예리한 예언적 설교를 듣고 있던 회중이 양심의 가책을 느끼다 못해 돌을 들어 그를 쳐 죽였던 사실을 상기시키고 있다.

여기서 설교를 듣는 평신도들이 마음에 꼭 갖추어야 할 상식이 있다. 무엇보다도 참된 설교는 인간의 이성으로 전하는 단순한 메시지가 아니라는 사실이다. 하나님이 시간과 장소와 환경과 대상에 따라 필요한 말씀을 설교자를 통하여 선포하게 하신다는 점이다. 그래서 설교를

"신비의 사역(mysterious ministry)"이라고 일컫는다. 그날의 말씀이 나에게 충격을 안겨주고 고통을 느끼게 할 때가 있다면, 그것은 참으로 기쁘고 감사한 순간이다. 그 이유는 하나님이 그 자녀를 외면하시지 않고 사랑하신다는 증거이기 때문이다. 또한 사탄의 영역 속에서 헤매는 자녀를 바로잡아 하나님의 품으로 부르시는 순간이기 때문이다. 이는 참으로 큰 은혜이다. 그러므로 이때 회중은 설교자에 대한 거부감이나 반감보다는 성령님의 역사로 맞이하는 성숙한 자세가 있어야 한다. 이 현장을 가리켜 "주님의 은혜가 임한 특별한 순간"이라 하며, 이것을 인식할 수 있는 성숙한 그리스도인들이 되어야 한다.

한국교회가 가장 알차고 자랑스럽게 성장할 때의 설교는 지금과는 많은 차이점이 있었다. 부정과 부패의 온상을 결단코 묵과하지 않았다. 각종 범죄 행위를 교회에서는 조금도 용납하지 않았다. 나라의 통치자를 비롯하여 일반 시민에 이르기까지 하나님 앞에서 잘못된 길을 걸을 때, 교회의 강단은 하나님의 말씀으로 조명하였고 바른 길로 재촉하였다. 그 결과 한국교회는 사회의 존경을 받았고, 그리스도인들을 성도(聖徒)라고 일컫게 되었다.

설교자가 부정한 지도자나 개인과 결탁되었을 때 거기에는 예언의 소리가 존재할 수 없다. 자칫 거짓 선지자의 길을 걷게 된다. 가장 좋은 실례는 다윗 왕 앞에 나타나 하나님의 말씀을 전했던 용감한 선지자 나단의 경우이다. 나단이 우리아 장군을 전사하게 하고 밧세바를 취한 다윗 왕의 행위를 가난한 자를 늑탈한 부자로 비유했을 때 다윗 왕은 분노하였다. 그 순간 나단 선지자는 "당신이 그 사람이라"는 직선적인 메시지를 전하였다. 그때 다윗 왕은 자신의 죄를 깨닫게 되고 금식하고 땅에 엎드렸다. 이 장면은 오늘의 설교자들과 평신도들이 가슴에 깊이 새겨야 할 모범 답안이다. 설교자는 죄의 종으로 신음하는 양들을 위해 메시지를 때에 따라 전해야 하고, 양들은 필요에 따라 주는 메시지를 겸허히 받아먹어야 하나님의 건강한 자녀로 양육될 수 있다.

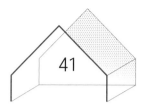

41

설교자를 위해
이러한 항목의 기도가 있어야 한다 (1)

설교 사역(preaching ministry)은 언어를 매체로 한 매우 특수한 사역이다. 언어를 사용하는 유사한 어떤 연설이나 강의와 비교할 수 없는 고유한 사역이다. 여기에는 성경의 진리(biblical truth)와 설교자, 회중이라는 3대 구성요소가 함께 얽혀 있다. 설교는 일반적인 강의나 연설과는 차원이 전혀 다르다. 언어를 사용하는 일반 강의나 연설에서는 화자(speaker)가 중심이 되어 자신의 지식과 의사를 임의대로 진행한다. 그러나 설교는 성령 하나님이 그 주권을 행사하신다. 그분이 설교자를 선택하시고,

그에게 성경의 진리를 터득하게 하시고, 그가 섬기는 회중을 위한 메시지를 받아 설교단에 서게 하신다. 여기에서 설교자의 존재 가치와 이유가 특별하다. 그러나 모든 설교자들이 목사로 안수를 받았다고 해서 이러한 절차가 자동으로 부여되는 것은 아니다. 오직 성령 하나님의 손에 의하여 도구로 쓰임 받은 설교자만이 온전한 설교자의 기능을 수행하게 된다.

여기에서 평신도들이 깊은 관심을 기울여야 할 문제가 있다. 그것은 성령님의 온전한 도구로 자신의 교회 설교자가 그 기능을 소유한 설교자인지에 대한 의심보다는, 온전한 설교자가 되도록 도움을 주는 일이다. 그 일차적인 도움의 단계는 다음과 같은 항목을 위해 기도하는 일이다. 그 이유는 회중이 직접 설교자에게 필요한 조언을 한다는 것은 우리의 문화에서는 쉬운 일이 아니기 때문이다. 그래서 설교자를 도구로 쓰시는 성령 하나님께 그 내용을 간구하여 이상적인 설교자가 되도록 도와야 한다.

1) 설교자가 "육정이 빚어내는 일"에 휩싸이지 않고, "성령님께서 맺어주시는 열매"(갈 5:19-23)만 맺도록 인도하소서.

하나님은 바울을 통하여 하나님 나라를 차지해야 할 그의 백성들에게 말씀하신 것이 있다. 그것은 육체의 행위를 따르지 말고 성령님께서 맺어주시는 열매를 맺도록 하라는 명령이다. 이러한 명령의 수행은 모든 그리스도인들의 의무사항이다. 그러나 이 명령의 실천은 누구보다도 하나님의 말씀을 전하는 설교자가 솔선수범해야 한다. 그 이유는 설교자가 육신적인 욕구에서 해방되지 못하고 끌려갈 때 설교가 힘을 잃게 되기 때문이다. 성령님이 맺어주시는 열매를 맺고 살아가는 설교자가 말씀의 능력을 소유한 종의 신분을 갖출 수 있기 때문이다. 그뿐만 아니라 성령님의 9가지 열매인 사랑, 기쁨, 평화, 인내, 친절, 선행, 진실, 온유, 절제가 말씀의 종이 삶으로 보여주어야 하는 설교 내용이기 때문이다.

2) 설교자가 하나님의 말씀을 깊이 깨닫고 우리에게 "생명의 만나"를 가져오도록 섭시(攝示)의 은혜를 날로 더해 주소서.

66권의 성경에 수록된 하나님의 말씀과 역사적인 사건들을 인간의 지성으로 그 내용과 함축된 의미를 완전히 알기에는 언제나 한계가 있다. 그래서 2천 년의 그리스도교 역사에 우뚝 선 설교의 거성들은 언제나 성령님이 속삭여 보여주시는 섭시(攝示)에 정신을 모아 귀를 열고 눈을 떴다. 성경을 읽을수록 깊고 오묘한 진리에 깊숙이 빠져 영적인 혜안을 뜨게 되었고, 인간 이성으로 다 헤아릴 수 없는 진리의 말씀을 설교하였다. 오늘의 평신도들은 자신들의 교회 설교자가 이러한 설교의 바른길을 걷도록 성령님께 마땅히 간구해야 한다.

3) 설교자가 하나님의 말씀만 전하겠다는 성언운반일념(聖言運搬一念)을 가슴에 품게 하소서.

현대교회의 설교를 위기로 몰고 가는 가장 큰 요소 중에 하나는, 그 날의 설교를 위해 봉독한 본문이 바르게 해석되지 않고 설교 내용이 본문을 벗어나는 현상이다. 설교자가 자신이 하고자 하는 말을 위해 성경 말씀을 '징검다리'로 사용하는 경우가 날이 갈수록 많아지고 있다. 심지어는 설교 중에 본문에 대한 배경과 핵심단어의 해석, 그리고 본문이 주고 있는 메시지 한마디 없이 자신의 생각을 펼치다가 설교를 끝내는 모습을 본다. 바로 이러한 문제를 오늘의 평신도들이 지켜보면서 비난만 하는 자세는 바르지 않다. 성령님께서 설교자로 하여금 순수한 하나님의 말씀만을 전하도록 해 달라는 간절한 기도를 드려야 한다. 이는 성령님만이 설교자를 바르게 잡아 줄 수 있는 능력이 있기 때문이다.

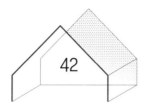

42

설교자를 위해
이러한 항목의 기도가 있어야 한다 (2)

4) 설교자가 회중의 찬사에 둔감하고 하나님의 칭찬에 민감하게
하소서.

4세기의 크리소스톰은 그리스도교 설교 역사에서 으뜸가는 말씀
의 종이다. 그를 가리켜 "황금의 입"이라 부르면서, 그를 하나님이 사도
이후로 보낸 탁월한 말씀의 종으로 여기고 있다. 그는 설교자가 가장 경
계해야 할 항목을 강조하고 있다. 그것은 바로 설교자가 "회중의 찬사
에 민감하고 그것에 귀를 기울이는 문제"를 지적한다. 이어서 그는 설교

자란 자신이 행한 설교를 하나님이 어떻게 평가하실 것인지에 대해 두려운 마음으로 스스로를 살펴야 함을 강조한다. 그러나 오늘의 설교자들은 회중의 찬사에 우선적인 관심을 기울인다. 이러한 탈선은 회중에게 '아멘'을 강요하고, 그 '아멘'의 강도에 따라 설교의 성패를 가늠하는 큰 모순이 일반화되고 있다. 여기에 평신도들은 자신들의 설교자가 인간의 반응보다 하나님의 칭찬에 우선적인 관심을 기울이게 해 달라는 기도를 쉬지 않아야 한다.

5) 설교자가 목회 현장의 문제나 자기주장을 설교에서 펼치지 않
   게 하소서.

성도들에게 설교에서 가장 거북스러운 부분이 무엇인가를 질문하면, 설교자가 당회나 제직회 등에서 교인들의 동의를 얻지 못한 부분을 설교에서 다루는 것이라는 답을 많이 한다. 즉, 목회 중에 발생한 문제들을 설교를 통하여 변명하거나 관철시키려는 의도가 보일 때마다 회중은 몹시 괴로워한다. 이러한 설교가 반복될 때마다 회중은 마음 아파하고, 곧 역겨운 심정으로 이어지면서 목회자와의 갈등이 깊어진다. 그렇다고 평신도의 신분으로 설교자를 찾아가 불평불만을 털어놓는다는 것은 매우 어려운 일이다. 이때마다 우리는 성령님의 역사가 설교자의 심중을 움직여 목회 중에 발생한 인간적인 문제들이 설교로 스며들지 않도록 해 달라는 기도를 쉬지 않아야 한다.

6) 설교자가 교회에 부임할 때 보여주었던 그 아름다운 초심을 잃지 않게 하소서.

목회자가 부임할 때 품은 초심은 대단하다. 그의 가장 아름다운 마음과 자세를 삶의 장이나 설교에 보이려고 갖은 애를 쓴다. 그러나 교회가 성장하고 자신의 기반이 뿌리를 내리면 그 초심이 변색된다. 성도를 대하는 자세나 언행이 거칠어지고 실망에 가까운 일들이 보이기 시작한다. 그 파장은 바로 설교에까지 미치면서 설교의 정도를 벗어나는 경우가 많다. 여기에 평신도들의 기도가 필요하다. 순수하고 착하고 아름다웠던 설교자의 초심이 흔들리지 않도록 성령님이 관여해 달라는 기도가 필연코 있어야 한다. 그럴 때 설교를 통한 하나님의 말씀이 늘 신선한 생명력을 유지할 수 있다.

7) 설교자가 어떤 유혹에도 흔들리지 않도록 성령님이 강권적으로 붙잡아 주소서.

첨단의 물질문명이 펼쳐지는 세상의 한복판에서 설교자들이 받는 유혹은 실로 다양하다. 자연 속에서 땅을 경작하고 그 결실을 먹으면서 하나님을 예배하던 농경사회에서 보편적이었던 순박한 삶과 사고의 유형들을 오늘의 사회에서는 찾아보기 힘들다. 4차원 산업혁명시대를 맞고 있는 현대인들은 주변에 가득한 유혹에 시달리고 있다. 여기에 설교자들마저 합류되는 현상이 속출하고 있다. 이때마다 평신도들이 받는 상처는 실로 이루 말할 수 없다. 설교자만은 세상의 유혹을 초월하

알고 드리는 예배, 알고 듣는 설교

여 성스러운 삶을 지탱하면서 하나님의 말씀을 운반하는 도구가 되기를 바라는 것이 평신도들이 갖는 기대이다. 어떻게 보면 순수 인간인 설교자에게 무척 부담되는 요구이다. 그러나 성령님의 장중에 있는 설교자의 영육은 이 어려운 길을 걸어야만 한다. 설교자들이 언어만을 통한 설교가 아니라 그 영육의 모습에서 말씀이 더욱 돋보이게 해 달라는 기도와 평신도들의 협조는 매우 필수적인 과정이다.

8) 그 외에도 설교자를 위해 기도해야 할 숱한 항목들이 있다.

어느 나라 교회보다 설교를 몇 배나 많이 해야 하는 한국교회 설교자들을 위한 성도의 기도는 위에 열거한 항목에서 끝나면 안 된다. 설교자가 초연하게 말씀만을 붙들고 살 수 있는 가정과 경제적인 여건, 설교자의 건강, 설교자로서 갖추어야 할 영력과 지적인 능력, 모두가 우러러볼 수 있는 높은 도덕률과 선한 양심, 사랑의 화신으로서의 모습, 성도들보다 앞서 보는 혜안, 삶으로 말씀을 보여줄 수 있는 솔선수범과 청렴결백한 삶 등등은 평신도들이 설교자를 위해 진지하게 드려야 할 기도의 항목들이다. 그럴 때 하나님이 기뻐하시고 우리가 우러러볼 수 있는 설교자가 속출하게 된다.

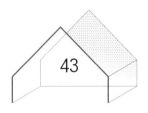

설교의 요청이 도를 넘으면
편법에 눈이 간다

설교의 세계를 유심히 살펴보면 매우 우려되는 부분이 많다. 그 중에 가장 눈에 띄는 것은 설교를 듣는 사람과 설교를 하는 사람의 관심과 견해가 다르다는 점이다.

설교를 하는 사람은 한 편의 설교를 완성하기까지 평온을 유지하기가 힘들다. 설교 본문의 선택에서부터 설교를 마치는 순간까지 긴장을 늦추지 못한다. 설교의 준비가 순조롭게 진행되지 못할 때 설교자의 심기는 불편해지고 당황하게 된다. 설교를 하고 돌아서면 다음의 설교 준비가 기다리고 있다. 그래서 미완성의 설교 원고를 가지고 단에 서는 경우가 적지 않다. 그것도 인간이 마음대로 조작하여 설교할 수 없다는 기본 울타리가 쳐져 있다. 오직 하나님의 말씀만을 운반(運搬)해야 하는 엄격한 룰(rule)을 지켜야 한다. 그래서 설교는 목회자의 가장 무거운 멍에이다. 또한 이 무거운 멍에에는 목회의 다양한 의무와 함께 수행해야 함으로 그 무게가 날로 막중해진다. 이 멍에를 슬기롭게 대처하지 못한 설교자는 건강에 이상을 일으키기도 한다.

이러한 설교자의 고충에 비례하여 설교의 파트너인 평신도들의 관심과 기대는 다른 양상을 보인다. 무엇보다도 설교자의 고통을 이해하면서 설교를 듣는 평신도들이 그리 많지 않다. 마치 설교자에게는 말씀의 생수가 언제나 솟아나는 것처럼 착각을 한다. 언제나 설교자의 입에서는 자신을 감동시키는 "은혜의 말씀"이 터져 나오리라 생각한다. 나의 감성을 움직여 울고 웃게 만들어 주기를 기대한다. 거기에 더하여 신앙의 연륜이 깊은 평신도는 설교의 내용과 전개를 유심히 살핀다. 설교 준비의 정도가 성실한지를 들여다본다. 뿐만 아니라 설교의 내용이 본문에 충실한지, 혹은 자신의 지식과 경험과 판단을 나열하고 있는지 싸늘한 눈으로 살펴본다. 심지어 설교 전달의 형태까지 눈여겨보는 자칭 설교 평론가들도 있다. 이런 사람들은 대체로 설교자의 준비 부족을 지적할 뿐 애정어린 원인 분석은 드물다. 설교자가 힘이 빠진 상태로 설교를 하면 안타깝게 생각하면서도 건강에 이상이 있는지를 알아보고자 하는 사람은 없다.

지금이라도 늦지 않았다. 설교의 파트너인 평신도들이 설교자의 고뇌를 파악하고 그를 도와서 건전한 설교가 나오도록 환경을 조성해 주는 데 힘을 모아야 한다. 또한 평신도는 설교를 무겁게 생각하고 설교 요청에 신중을 기할 필요가 있다. 사소한 사연을 가지고 목사의 심방이나 상담을 요청하여 설교자의 시간을 빼앗는 일이 없도록 유의해야 한다. 평신도들이 이러한 항목만이라도 고려하여 설교 사역을 도와줄 수 있다면, 설교자는 설교 사역에 더 많은 정성을 기울이게 될 것이다. 그러나 평신도들로부터 이러한 배려가 없거나 협조의 마음이 보이지 않고, 그 많은 설교마다 감동의 설교를 기대한다면 설교자는 깊은 고민에 빠지게 된다. 그래서 설교자는 경우에 따라 어찌할 수 없이 편법에 눈을 돌리기 쉽다.

여기서 언급하고자 하는 설교자의 편법 또는 요령이란 남의 설교를 통째 복사하여 그대로 단에 들고 서는 경우이다. 또는 여러 설교의 부분들을 가져와 짜깁기를 하고 싶은 시도이다. 거기에 더하여 자신의 설교를 '재탕'하려는 유혹이 있다. 요즈음 어떤 교회에서는 이러한 편법을 활용한 설교자와 결별하는 사례가 종종 발생하고 있다. 어느 날 필자에게 어느 교회의 중직자가 자기 교회 목사의 설교문과 인터넷에 뜬 특정 목사의 설교문을 가지고 와서 이렇게 남의 설교를 '도용'해도 되는지를 물을 때, 그 순간 필자는 설교학 교수로서 몹시 당황하지 않을 수 없었다.

설교자가 편법을 동원했을 때 찾아오는 다음과 같은 부작용에 설교자와 평신도들은 깊은 관심을 두어야 한다. 먼저, 무엇보다도 설교자가 편법을 시도했을 때는 양심의 두근거림을 갖게 마련이다. 그러나 그 횟수가 잦아지면 양심의 소리는 들리지 않고 습관화되어 생명력이 없는 설교로 이어진다. 둘째, 설교자가 말씀의 메시지를 직접 듣고 설교를 작성하는 능력이 소멸되어 설교 발전의 길이 막힌다. 셋째, 설교 열정이 없어지고 설교가 환희의 사역이 되지 못하고 환멸의 사역으로 변할 가능성이 많다. 넷째, 말씀에서 메시지를 듣고 보면서 명상하고 성령님의 섭시(攝示, 속삭여 보여주심)와 만남을 이룩하지 못한다. 다섯째, 설교자 앞에 있는 회중의 현장과 동떨어진 설교를 하게 됨으로써 말씀의 현장화가 이루어지지 못한다. 끝으로, 설교는 주어진 시간을 메우는 데 급급하게 사용됨으로 설교가 자연적으로 형식화되는 경향으로 변질된다. 그리고 설교자는 자신의 능력의 한계에 대한 좌절감과 '회칠한 무덤'의 주역으로 삶을 이어가게 된다.

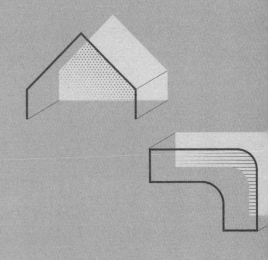

6장
평신도가 알아야 할 설교자의 내면

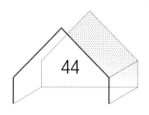

44

여기에
설교자의 고뇌가 있다

목사로서 안수를 받는 순간에 세 가지의 중요한 기능이 부여된다. 첫째는 하나님의 말씀을 선포하는 설교자의 임무이고, 둘째는 하나님의 백성들이 하나님을 온전히 예배하도록 정성을 모으는 예배 인도자의 임무이다. 그리고 셋째는 하나님이 맡겨주신 성도들을 섬기고 보살피는 임무이다. 목사는 평생 동안 이 임무를 '수행'하는 것을 인생의 전부로 알고 땀을 흘려야 한다. 사전에서 '수행(修行)'이라는 용어는 종교의 세계에서 사용되는 것으로, 그 뜻은 "생리적 욕구를 금하고 정신과 육체를 훈련함으로써 정신의 정화나 신적(神的) 존재와의 합일을 얻으려고 하는 종교적 행위"라고 정의하고 있다. 다시 말하면, 목사는 일반 직업 중의 하나가 아니라, 성스러운 하나님의 종으로서 차원이 다른 삶의 길을 걸어야 하는 실존임을 뜻한다. 그래서 목사는 하나님으로부터 소명(召命, Calling)을 받지 않고서는 수행할 수 없는 특별한 사명인으로 인식하게 된다.

문제는 하늘을 바라보고 땅을 기경하는 1차 산업 때는 단순한 삶의 문화와 환경 때문에 성스러운 삶을 지키는 데 큰 어려움을 겪지 않고 목사의 임무 수행을 감내하고 지탱할 수 있었다. 그러나 이어지는 사회의 변화는 목사로서 지켜야 할 성(聖)과 속(俗)의 분별에 대혼돈을 일으키고 있다. 하나님만을 바라보던 인간들이 '물질만능'의 바다에 뛰어들자 모두가 물질의 노예로 전락하는 현상이 뚜렷해지고 있다. 여기에 세속의 한복판에 머물고 있는 목사 역시 육체와 정신이 많이 시달리고 흔들린다. 자신을 부르시는 하나님의 "거룩하라"는 명을 지키려고 많은 목사들이 경건하고 고고(孤高)한 삶을 추구한다. 그러나 적지 않은 목사들이 초심을 잃고 세속에 합류되어 버리는 부끄러운 기록을 남긴다.

성경에서 목사란 "하나님의 청지기로서 책망할 것이 없고 … 더러운 이득을 탐하지 아니하며 … 신중하며 의로우며 거룩하며 절제하며 … 가르침을 받은 대로 진리의 말씀을 굳게 지켜야 함"(딛 1:7-9)을 강조하고 있다. 목사 안수의 현장에서 무릎을 꿇은 사람들은 이와 같은 준엄한 명령을 평생 동안 지키겠다는 결심을 한다. 그러나 그러한 의지가 거센 세파(世波) 앞에 힘을 잃는 경우가 많다.

여기에 설교자의 고뇌가 있다. 목사로서 자신의 설교에서 전하는 메시지와 자신의 삶이 일치하지 못하는 괴리현상 앞에 깊은 고민을 하고 눈물을 흘린다. 설교단의 설교자를 쳐다보고 말씀을 경청하는 평신도는 설교자가 안고 있는 이 내면의 세계를 이해하기 힘들다. 오직 설교자 자신만이 안고 있는 고뇌로 아픔을 겪고 있다. 어느 의사 출신의 대학총장이 "의사의 말을 들으면 살고, 의사의 행동을 따르면 죽는다"라는 간단한 농담을 필자에게 한 바 있다. 그 순간 나의 귀에는 그 말이 "목사의 설교를 들으면 살고, 설교자의 행위를 따르면 낙심을 하게 된다"는 말로 각색되어 들려온 적이 있다. 설교자들이 자신의 '언행 불일치'에서 오는 갈등과 모순을 이야기할 때마다 필자는 그 심정을 십분 이해한다. 그 이유는 설교자가 설교하는 대로 살아간다는 것이 얼마나 어려운지를 경험했기 때문이다.

평신도들이 설교자에 대하여 진지하게 고려해야 할 부분이 여기에 있다. 그것은 설교자를 말씀의 종이라고 일컫는 것은 좋으나, 그가 순수한 한 인간임을 마음에 두어야 한다. 하나님의 종이기에 모든 면에 반신적(半神的)인 존재로 살아가는 특수한 존재로 여기지 말아달라는 부탁이다. 성스러운 직책이기에 평신도들이 따를 수 없는 삶의 철학과 실천이 있으리라는 지나친 기대를 삼가 달라는 주문이다. 단에서 외친 설교를 통한 메시지에는 눈을 뜨고 귀를 기울이되 설교자의 삶에는 지나친 기대를 삼가달라는 부탁이다. 그 기대가 크면 클수록 실망이 크기 때문이다. 설교자가 현대인들의 대열에서 첨단을 달리는 사회적 구조를 외면하고 성스러운 망대에 올라 기도와 명상만을 일삼으며 말씀만을 붙들고 거룩하게 살아간다는 것이 그리 쉬운 일이 아니기 때문이다. 설교자들의 깊은 내면을 들여다보면 그들은 말씀대로 살면서 인성, 지성, 영성의 균형을 잡으려 애를 쓴다. 그러나 실패의 잔을 마실 때마다 무릎을 꿇고 다음의 말씀을 힘껏 외친다. 그러면서 참회의 눈물을 흘린다.

"아, 나는 비참한 사람입니다. 누가 이 죽음의 몸에서 나를 건져 주겠습니까? 우리 주 예수 그리스도를 통하여 나를 건져 주신 하나님께 감사를 드립니다"(롬 7:24-25a, 새번역)

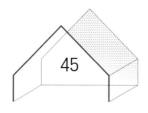

어느 설교자가 보내 온
소중한 이야기

설교를 듣는 사람들은 자신도 모르는 사이에 모두가 좋아하고 따를 수 있는 순결한 인성을 설교자가 갖추고 살아간다고 생각한다. 그리고 설교자는 평신도들의 수준을 훨씬 초월한 깊고 넓은 지적인 수준을 갖추고 있다고 착각한다. 거기에 더하여 설교자는 평신도들이 도달할 수 없는 경지의 영적인 삶을 지속하고 놀라운 영력을 발휘할 수 있는 특별한 존재라고 믿는다. 이러한 평신도들의 기대는 설교자에게 깊은 고민을 더하게 한다. 이러한 평신도들의 관념은 곧 설교자의 고뇌로서 다가온다는 사실을 이미 언급하였다.

설교자의 고뇌를 읽은 어느 목사가 설교자로서 겪고 있는 인간적인 내면의 깊은 갈등을 다음과 같이 적어 보내왔다.

교수님! 연재하고 계신 글을 항상 기다리고 있는 설교자입니다. 그 가운데 지난 강의는 저의 마음을 우울하게 만들고 있습니다. 저의 고뇌를 새롭게 조명해 보면서 제가 하는 설교의 내용과 저의 삶의 괴리현상을 살펴보았습니다. 그리고 깊은 고민을 하면서 하나님이 바울의 입을 통하여 들려주신 "오호라! 나는 곤고한 사람이로다"라는 고백의 의미를 실감했습니다.

여기 제가 실질적으로 직면한 몇 가지 항목들을 추려서 말씀드리려 합니다. 저의 육적인 욕구와 청빈한 삶을 지향하는 설교자의 정신이 얼마나 심각한 고통을 당하고 있는지를 말해주는 실례들입니다.

<사례 1> 저는 저녁 뉴스 전에 즐겨보는 일일연속극을 무척 좋아합니다. 사정상 그 시간대를 놓치면 셋톱박스에서 찾아볼 정도입니다. 그런데 어느 날 저녁 TV 앞에 앉아 연속극을 보고 있는데 어느 교인이 찾아와 초인종을 눌렀습니다. 그때 저는 도둑질을 하다 들킨 사람처럼 얼마나 당황하고 부끄러웠는지 모릅니다. 그들에게는 성경을 읽고 기도하는 저의 모습을 보여주어야 하는데 그렇지 못했기 때문입니다.

<사례 2> 10년이 넘은 낡은 차를 타면서 아무 불편 없이 잘 살고 있는데 교인 한 분이 고급 외제차를 선물로 주었습니다. 행복했습니다. 꿈

도 꿀 수 없던 일이 현실화되는 기쁨의 순간이었습니다. 그런데 지금까지 그 차를 운전해 보지 못하고 있습니다. 가난한 교인들 앞에서 고급차를 몰고 다니는 모습을 보여줄 수 없기 때문입니다.

<사례 3> 어버이날이었습니다. 자식들이 큰 선물을 마련했다고 그곳에 함께 가야 한다고 하기에 따라나섰습니다. 간 곳은 동네 노래방이었습니다. 당황하면서도 어느 때인가 불렀던 대중가요를 신나게 아이들과 함께 부르면서 아버지의 순수한 인간 모습을 보여주면서 행복한 시간을 가졌습니다. 그런데 노래방을 나오는 순간 교인들을 만나게 되었습니다. 범죄자의 심정으로 그들 앞에서 당황하면서 변명을 늘어놓았습니다. 그리고 곧 후회했습니다.

<사례 4> 어느 교인이 특별 초대라고 하면서 저를 차에 태우고 고급 양복점에 이르러 가장 값비싼 양복 한 벌을 선물로 맞추어 주었습니다. 평생에 처음 만져보는 양복이었습니다. 입고 보니 제 인물이 다르게 보이는 참 좋은 옷이었습니다. 그런데 아직껏 한 번도 입어보지 못한 채 옷장에 있습니다. 가난한 제 교인들과 거리감이 너무 심할 것 같아 입지를 못하고 있습니다.

<사례 5> 저는 건강관리를 제2의 생명처럼 여깁니다. 건강은 하나님이 주신 선물이기에 소중히 간수해야 할 책임 또한 저의 몫이라 여깁니다. 그러한 저에게 제 아우가 고급 골프채와 회원권을 선물해 주었습니다. 필드를 돌며 건강관리를 하라는 고마운 선물이었습니다. 그러나 이것 또한 실천하지 못하고 있습니다. 아직 이 운동은 대중화되지 못한

알고 드리는 예배, 알고 듣는 설교

중상층의 사람들이나 즐길 수 있는 운동이라는 고정관념 때문입니다. 하루하루 땀 흘리면서 사는 우리 교인들을 생각하면 용기가 나지 않습니다.

그뿐만 아닙니다. 설교자로서 저의 내면의 갈등은 헤아릴 수 없이 많습니다. 아는 일도 모르는 척해야 하고, 제 눈으로 목격한 일도 못 본 척해야 하고, 제 귀로 직접 들은 사연도 못들은 척하면서 살아야 하는 부분이 너무도 많습니다. 그래도 이 형태의 삶이 설교자로서 하나님의 말씀에 상처만 입히지 않는다면 그대로 전진하렵니다. 그래서 저의 언행심사는 성령님의 인도가 없이는 한 발자국도 움직일 수 없습니다. 제게 맡겨주신 교인들에게 한 번도 해 보지 못한 말들을 이렇게 드리게 되어 후련해지는 저의 심정입니다. 감사합니다.

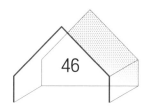

46

성숙한 설교의 파트너에게
당부하고 싶은 고언(苦言)

한국교회의 평신도는 다른 나라 교회와 비교할 때 유난히도 설교를 많이 경청해야 하는 환경에 놓여 있다. 설교의 구성과 내용이 어떠하든지 간에 무조건 듣기만 해야 하는 교회의 구조 안에 살고 있다. 인간 사회에서 진행되는 거의 모든 모임에서 주고받는 메시지는 질문과 답변이 허용된다. 그 이유는 인간 모임은 수평적인 인간관계 속에서 형성되기 때문이다. 학교를 비롯한 모든 교육의 장이나 사회의 각종 회의에서는 동의할 수 없거나 의문스러운 문제 앞에서는 맹종이 아니라 질의 또는 항의를 할 수 있다. 그러나 예배는 매우 특수한 환경이다. 예배란 하나님을 향하여 경배, 감사, 찬양, 죄의 고백, 봉헌을 드리고, 목회자를 통하여 하나님의 말씀을 듣는 수직적 관계로 형성되어 있다. 그 예배 가운데서 이행되는 설교는 "하나님이 인간을 통하여 주시는 메시지"라는 인식이 보편화되어 있다.

참으로 감사한 것은 하나님이 아끼시는 착하고 충성된 말씀의 종들이 있었기에 교회가 오늘까지 지탱해 오고 있다. 그러나 작금의 한국교회는 올바른 설교교육을 받지 못한 설교자들로 인해 설교의 탈선이 심각한 지경에 이르렀다. 성스럽고 고유한 말씀의 사역이 잡다한 인간 언어와 불필요한 예화들로 장식되어 설교자만 보이고 하나님의 말씀은 보이지 않는다. 이때마다 선지생도들에게 필수적으로 외우게 했던 다음의 말씀이 생각나 말씀 사역의 소중함을 되새기게 한다.

"여호와께서 내게 이르시되 선지자들이 내 이름으로 거짓 예언을 하도다 나는 그들을 보내지 아니하였고 그들에게 명령하거나 이르지 아니하였거늘 그들이 거짓 계시와 점술과 헛된 것과 자기 마음의 거짓으로 너희에게 예언하는도다"(렘 14:14)

"너희가 두어 움큼 보리와 두어 조각 떡을 위하여 나를 내 백성 가운데에서 욕되게 하여 거짓말을 곧이 듣는 내 백성에게 너희가 거짓말을 지어내어 죽지 아니할 영혼을 죽이고 살지 못할 영혼을

살리는도다"(겔 13:19)

이 책은 설교자의 책임을 묻는 데 주안점을 두지 않았다. 오히려 설교를 수없이 듣고 있는 평신도들에게 설교에 대한 깨우침을 주고자 하는 것이 목적이었다. 지금까지 설교는 설교자의 전유물이며, 그 설교자 앞에 있는 회중은 맹종의 호흡만을 지속해야 한다는 고정관념에 사로잡혀 있었다. 한국교회가 이러한 속수무책의 관습을 벗어나지 못하고 그 울타리 안에 계속 머문다면 그 미래가 어둡게 될 것이 뻔하다.

설교는 하나님이 주시는 생명의 만나이다. 이 만나가 갖추어야 할 진리의 자양분을 상실한다면 그 앞에 있는 영육은 피폐해지기 마련이다. 눈을 크게 뜨고 좀 더 진지하게 설교자를 볼 필요가 있다. 여기저기서 하나님의 종이라는 고결한 명찰만 붙이고 생명력을 잃은 설교 사역을 수행하는 설교자가 많다는 아우성이 터지고 있다. "거짓 계시와 점술과 헛된 것과 자기 마음의 거짓으로" 설교하는 현장을 보면서 한탄의 기도를 드리는 성도들이 날이 가면 갈수록 많아지면서 교회를 향한 발길을 멈추고 있다.

이제 평신도들이 강단에서 외치는 설교가 과연 하나님의 말씀인지를 분별할 수 있는 실력을 키워야 한다. 설교자가 하나님처럼 둔갑하여 목청만을 높이고 있는지 냉정하게 판단해야 한다. 무조건 설교자가 유도하는 종결어에 따라 '아멘'만을 반복하면서 설교자를 신나게 하는 오류도 이제는 멈추어야 한다. 뿐만 아니라 설교자가 준비 없이 등장하여 남의 설교를 복사하거나 불필요한 자신의 경험과 예화들로 설교시간을 채우는 행위를 지적할 수 있어야 한다.

또한 평신도들은 진실한 말씀 앞에는 아낌없는 감사와 찬사의 반응을 보여야 한다. 수많은 설교를 해야 하는 설교자의 고뇌를 이해하고 격려하는 수준에 도달해야 한다. 동시에 지적해야 할 부분은 냉정하게 건의를 해야 한다. 실명이 어려우면 익명으로라도 탈선된 설교를 지적하는 건실한 설교의 파트너로서 설교를 경청해야 한다. 설교는 설교자의 단독으로 이루어지는 사역이 아니다. 평신도라는 설교의 동반자가 함께 노력하고 기도할 때 설교는 하나님의 진리가 소통되는 도구의 구실을 하게 된다. 명심하자. 설교가 살아야 교회가 산다. 교회는 하나님을 바르게 예배하고 진리의 말씀을 받아먹고 사는 공동체이다.

평신도가 알아야 할
예배 · 설교 상식

부록

1
우리의 심성과 접합된 예배를
드리고 싶다

여는 말

25년 전의 일입니다. 인도의 성토마스 대성전인 듯싶습니다. 그곳 성전 앞에 세워둔 십자가 밑에 몇 송이의 연꽃이 조각되어 있었습니다. 연꽃은 불교의 상징이라고 생각했던 저는 인도의 기독교는 불교와 함께하는 혼합종교인가 하는 생각을 했습니다. 그러나 1947년 인도의 제헌국회에서 국기를 정하고 나라꽃을 양귀비로 하기 전까지는 연꽃이 나라꽃처럼 인식되어 왔음을 알게 되었습니다. 그 사연을 알게 되자 저의 눈이 번쩍 뜨였습니다. 그 성전에 세워진 십자가와 그 밑에 놓인 연꽃은 불교와의 연접의 의미가 아닐 수도 있겠다는 생각이 들었습니다. 그들의 십자가는 기독교를 배타적인 종교가 아니라 인도인의 것으로 숭앙하고 있음을 알게 하는 표지와도 같은 것이었습니다.

귀국하여 우리의 예배당에 걸려 있는 십자가를 바라보았습니다. 선교사들이 들고 이 땅을 찾았던 십자가의 형태에서는 안타깝게도 우리의 심성과 문화와 연접된 면모를 찾아볼 길이 없었습니다. 그때부터 한 폭의 상상화(imaginary picture)를 그려보았습니다. 우리가 살고 있는 이 아시아-태평양에 속한 나라의 신학자들이 장신대에서 자신들의 나라꽃 위에 세운 십자가를 들고 한자리에 모였으면 하는 그림이었습니다. 중국의 매화 위에 빛을 발하는 십자가, 일본의 사쿠라 가운데 우뚝 솟은 십자가, 필리핀의 재스민으로 둘러싸인 십자가, 우리의 무궁화로 장식된 십자가를 들고 입장하여 매일 자신들의 언어와 특성을 가지고 자신들의 문화에 정착한 예배를 드릴 수 있는 날이 있었으면 하는 꿈을 꾸어보았습니다.

이제 그 꿈을 펼쳐보려는 시도가 장신대에서 일기 시작한 것은 참으로 반가운 일입니다. 이러한 자리에서 기조강연을 맡게 된 것은 저에게는 무한한 영광입니다. 그러나 여기 서 있는 기조강연자는 아시아-태평양에 자리잡은 각 나라의 교회 역사에 밝지 못합니다. 뿐만 아니라 그들의 고유한 문화를 연구할 수 있는 기회도 없었습니다. 그러므로 본

강연의 내용은 제가 섬기는 한국교회와 한국문화라는 테두리 안에서 오늘의 주제를 논하게 되는 한계를 가지고 있습니다.

1. 자신의 옷을 입지 못했던 한국의 기독교

문화의식이란 언제나 물질문명의 발달과 함께 그 성숙도가 달라지게 됩니다. 빈곤과 질병과 전쟁과 기근의 삶에는 전통이나 역사보다는 우선 의식주에 대한 관심이 최우선입니다. 그러나 교육·정치·경제·사회가 정상적인 궤도에 진입했을 때는 자신의 정체성을 찾기 마련입니다. 자신들의 고유한 역사와 문화의 소중함을 알게 되고 자신들의 현실을 성찰하는 여유도 갖게 됩니다.

기독교의 복음이 19세기 말 한반도에 들어왔을 때 조선의 운명은 기울기 시작했습니다. 일제의 손에 나라의 통치권이 들어가고 반백년 동안 일본의 문화와 사상을 따라야 했습니다. 1945년에야 비로소 대망의 광복을 맞이했습니다. 그러나 그 기쁨도 제대로 누리지 못한 채 6·25의 참화를 겪고 그 복구과정에서 우리는 우방국인 미국을 비롯한 서구의 문화에 젖어 살아야만 했습니다. 1970년대에 겨우 의식주가 해결되자 우리의 잊었던 역사와 문화의 회복을 주창하는 소리가 높아갔습니다.

한반도에 말씀 중심의 복음을 들고 와서 문을 두드렸던 기독교는 우리의 문화나 심성을 깊이 고려할 이유가 없었습니다. 1887년 이 땅의 제의문화(祭儀文化)와 약간의 충돌이 있었으나 말씀 중심의 사역에는 큰 어려움이 없었습니다. 오히려 "구원의 종교"라는 기독교의 본질은 방황하던 한민족의 피난처가 되었고, 이 민족이 의지해야 할 종교로 맞아들이기 시작했습니다. 특별히 칼뱅과 츠빙글리의 신학을 바탕으로 했던 미국의 개혁교회와 18세기의 변방예배(Frontier Worship)의 영향을 받은 선교사들은 오직 복음을 전하는 데 열중하였을 뿐 이 민족의 심성이나 문화적 절충이나 고려는 거의 관심 밖의 것이었습니다. 그러한 가운데 선교사들이 가져다준 제반 신학과 교리와 예배 행위는 절대적인 것으로 정착을 하게 되었습니다. 한국인의 심성이 표현된 신앙 행위가 과연 필요한 것인지조차도 생각할 겨를이 없이 기독교는 이 땅에 뿌리를 내리게 되었습니다.

교육과 경제에 있어서 우리나라가 선진국 대열에 들어서자 우리의 눈은 성찰의 세계에 접어들었고 우리의 것과 남의 것을 분별할 줄 아는 의식이 향상되기 시작했습니다. 교계에 있었던 역사를 살펴보면 1970년대에 접어들자 "기독교의 토착화"라는 기치를 들고 활발한 토론이 전개되었습니다. 그때 우리의 심성과 문화와 접목되지 못한 부분들이 지적되기도 하였습니다. 특별히 예배예전에 있어서 서구 기독교의 옷을 입고 있는 것을 부끄럽게 생각하는 자성의 소리가 높았습니다. 좋은 글들도 많이 발표되었습니다. 그러나 지금 우리의 예배 현장은 조금도 달라진 것이 없습니다. 오히려 우리의 문화를 더 외면하고 있음을 봅니다. 필자도 우리의 옷을 입고 하나님을 예배해야 한다는 목소리를 함께 높였던 사람 중의 하나였기에 이 현상 앞에 일말의 책임을 느끼면서 허탈한 감정을 억제하지 못합니다.

지금 기독교가 한국문화권에 상륙한 지 한 세기 반이 되었는데 아직도 우리의 문화와의 연접을 기피하고 서구 기독교의 옷만을 고집해야 할 것인지 고민을 거듭해 봅니다. 최소한 예배예전만은 그 백성들의 옷을 입고 하나님을 예배함이 올바르다는 생각을 또다시 펼쳐봅니다.

2. 문화의 본질로서의 종교

일찍이 틸리히(Paul Tillich)는 "문화는 종교의 형태(form)이고, 종교는 문화의 본질(substance)이다"라고 갈파한 바 있습니다. 생각해 보면 인류는 종교와 문화 사이에 밀접한 관계를 형성하면서 역사를 이어왔습니다. 모든 종족은 자신들의 고유한 문화를 소유하고 있으며 그 안에 종교성이 표현되어 왔습니다. 그래서 흔히들 문화와 종교는 한 민족을 존속시키는 근원이라고 말을 합니다. 그 대표적인 예는 유대민족과 그들의 종교입니다. 그들의 히브리문화는 유일신 하나님을 예배하기 위한 예배 행위가 주축을 이루고 있습니다. 그 결과 그들의 종교는 문화의 바탕이 되었고 어느 민족도 모방할 수 없는 특유한 문화를 이룩했습니다. 이러한 문화와 종교의 결합은 비록 디아스포라로 불리는 삶을 살 수밖에 없는 민족이었지만 시공간을 초월하여 단단하게 결속하게 하는 힘이 되었습니다.

자신들의 고유한 문화와 함께하는 종교는 단순한 결속만이 아니라 미래까지를 보장해 주는 거대한 힘이 있습니다. 환언하면, 문화를 외면한 종교란 민족 전체를 이끄는 힘이 결핍되게 된다는 말입니다. 그 민족 속에 보편타당한 진리를 확산하는 데 힘이 모자라게 됩니다. 그 래서 모든 종교는 문화적 속성과 표현을 최대한 활용하려는 노력을 기울입니다.

여기서 말하는 문화라는 것은 단순한 삶의 양태를 말하지 않습니다. 니버(Richard Niebuhr)가 언급한 대로 문화는 어느 민족이 그들의 자연 조건 속에서 생성된 언어, 습관, 사상, 신앙, 풍습, 사회의 구조와 가치관을 내포하는 매우 광범위하고 뿌리 깊은 세계입니다. 종교가 이러한 문화의 요소들에 대해서 접목을 전혀 시도하지 않는다면 언제인가는 외면을 당하게 됩니다. 아니면 그들의 고유한 문화 밖의 종교로 머물게 됩니다. 비록 경전이나 교리의 근본은 어떤 문화와도 타협을 할 수 없다 하더라도, 적어도 예배예전만은 그 문화권 사람들의 심성이 최대한 표현되도록 배려함이 현명합니다.

예를 들어, 마틴 루터가 종교개혁을 하면서 특수층의 언어에만 머물 던 라틴어 성경을 모국어로 번역하여 그 민족의 언어로 진리와의 만남을 가능하게 한 것은 단순한 번역의 범주를 뛰어넘는 것이었습니다. 그 것은 기독교를 게르만민족의 언어문화와 연접시키는 큰 사역이었습니다. 20세기에 거대한 개혁을 일으킨 로마 가톨릭의 제2차 바티칸 공의회(1965)도 동일한 사례입니다. 그들이 사용했던 성경과 미사에 사용된 언어는 모두 라틴어 일변도였습니다. 현지의 언어문화나 종교적 심성의 표현 등에 대해서는 매우 배타적이었습니다. 그러나 그들은 뒤늦게나마 각처의 문화와 연접한 종교로서 탈바꿈을 한 바 있습니다. 성경을 그 나라 모국어로 번역을 하고 미사를 그 지역의 언어로 집례하도록 하는 것을 비롯하여 그 나라 문화를 존중하고 수용하도록 하여 제2의 번성을 가져왔습니다. 그들이 "민족의 특성과 전통에 적응시킴에 관한 규정"에서 서술한 다음의 말은 우리 모두가 음미해 볼 가치가 충분합니다.

성 교회는 신앙이나 공익에 관계없는 일에 엄격한 통일성을 강요하고자 하지 않으며, 전례에 있어서도 또한 그러하다. 오히려 여러 종족과 민족의 훌륭한 정신적 유산은 이를 보호 육성한다. 또한 민족들의 풍습 중에 미신이나 오류와 끊을 수 없는 관계에 있지 않은 것이면, 무엇이나 호의를 가져 고려하고, 할 수 있다면 잘 보존하고자 한다. 그것들이 참되고 올바른 전례 본 정신에 적합하다면, 때로는 전례 자체에도 이의 도입을 허용한다(제2차 바티칸 공의회 문헌).

여기서 오늘의 교회가 새롭게 인식해야 할 것은 종교는 그 해당 민족의 문화와 연접이 되었을 때 번성하고 뿌리를 내리게 되고, 반면 그 땅의 문화를 외면할 때는 어두운 미래를 가져온다는 사실입니다.

3. 제언 : 문화의 옷이 필요한 예배의 부분들

1990대 초반의 일이었습니다. 미국장로교 본부의 엘리트 그룹에 속한 한 목사가 한국을 방문하는데 필자를 꼭 만나고 싶다는 연락이 왔습니다. 어느 월요일로 시간약속을 했습니다. 초면이지만 매우 스마트하고 호감이 가는 친구였습니다. 초면 인사가 끝나자 주일예배는 어디에서 드렸는지를 물었더니 서울이었다고 했습니다. 한국교회를 갔었느냐고 묻자 "No"라고 대답을 했습니다. 그럼 외국인들이 영어로 드리는 Union Church에 가서 예배를 드렸느냐고 했더니 그 대답 또한 "No"였습니다. 연속된 "No"를 듣자 호기심보다는 이상한 생각이 들었습니다. 대화를 이어가던 중에 그의 입을 통하여 매우 의미심장한 말을 듣게 되었습니다. 자신이 갔던 교회는 분명히 한국의 장로교회였는데 예배당의 외형이나 내부가 모두 자신이 몸담고 있는 미국교회 예배당과 조금의 차이도 없었다고 합니다. 그리고 예배 때 부르는 찬송도 모두 자기들의 것이었다고 말했습니다. 요약하면 자신은 한국 땅에서 한국 사람들과 함께 미국식으로 건축된 예배당에서 서구의 전통적인 찬송을 부르면서 서구식 예배를 드렸다는 의미 깊은 풀이를 하고 있었습니다. 그리고 하는 말이 인도를 비롯한 외국교회를 많이 방문했지만 어제처럼 미국장로교의 예배를 판에 박은 듯 이어간 교회는 처음이었다고 말했습니다.

많은 생각을 하게 되었습니다. 특별히 장로교의 전통적인 예배신학과 그 내용과 순서를 열심히 가르치고 있던 나에게는 매우 충격적이었습니다. 한국적인 냄새가 전혀 나지 않는 예배를 드리고 있음이 마치 나의 연고인양 생각되어 아픔은 더욱 깊어만 갔습니다. 그때부터 장로교의 기본 예배신학이나 본질, 혹은 형태에 상처를 입히지 않고 우리의 옷을 입을 길이 없을까 생각해 보았습니다. 한국적 모양을 갖추고 냄새를 풍겨 이 땅에 사는 사람들의 심성에 친근한 예배를 드릴 수 있을지 가능한 분야들을 점검하기 시작했습니다. 이 자리에서는 가장 가능한 것 세 가지만을 추려 보려 합니다. 이 항목들은 문화와 연접하기 위하여 내딛는 첫걸음으로서 아주 적합한 부분들입니다. 이것은 한국교회만이 아니라 오늘 우리가 언급한 아시아-태평양에 자리잡은 기독교 모두가 시도해 볼 수 있는 항목들입니다.

먼저는 예배당이 그 문화의 옷을 입도록 합시다.

중국을 가면 중국의 고유한 건축양식을 보게 됩니다. 일본을 가면 일본의 냄새를 풍기는 건축물을 보게 됩니다. 아시아-태평양의 어느 나라를 가 보아도 그들의 고유한 문화적 성격을 주거문화에서 쉽게 찾을 수 있습니다.

저는 언제나 여당에 대해서는 예리한 비판적인 자세를 견지하고 있는 시민입니다. 탁월한 일이 아니고는 좀처럼 칭찬을 하지 않고 살아온 시민입니다. 그러나 1990년 초반에 준공한 청와대 건축은 박수를 쳤습니다. 그 이유는 우리 문화의 건축유산을 표출하고 있기 때문입니다.

또 한 곳이 있습니다. 강화도를 가면 천주성전(天主聖殿)이라고 새겨져 있는 대한성공회 강화성당을 보게 됩니다. 이 예배당은 1900년 대한성공회의 초대 주교 고요한(Charles John Corfe) 신부가 건립한 것으로 현존하는 한옥교회 건물 중 가장 오래되었습니다. 내외부는 서양식 장식이 거의 없는 전형적인 한옥의 형식을 갖추었습니다. 이 건물을 볼 때마다 고맙고 반가운 마음입니다. 서구식 예배당에 익숙해져 있는 교인들은 이곳을 보면 마치 사찰을 찾아온 기분일 수 있습니다. 그러나 조금만 의식을 달리하고 보면 우리의 문화를 품고 있는 예배당의 모습은 어머니의 품처럼 포근함이 느껴집니다. 거기서 하나님을 예배할 때 내 고향에서 하나님을 정답게 경배하고 감사하며 예배하는 것이 바로 이런 것이구나 하는 것을 어렵지 않게 체험하게 됩니다. 이러한 깊은 의미를 터득한 몇 교회들은 예배당을 한국인의 숨결이 살아 있도록 설계하고 있음을 봅니다. 참으로 반갑고 고마운 일입니다.

그러나 절대다수의 예배당은 한국인의 숨결을 느낄 수 있는 부분이 전무한 상태입니다. 서양인들의 건축문화만이 보이는 공간에서 예배드리는 것을 당연하게 여기는 현실입니다. 훗날 우리의 후손들이 문화의 정체성 회복을 부르짖을 때 우리의 교회는 무엇이라고 대답해야 할지 실로 염려가 됩니다. 예배를 드리기 위하여 지은 예배당 어느 부분에서도 한국인의 얼이나 냄새가 풍기지 않을 때 그들의 평가는 어떠할 것인지 깊은 성찰을 필요로 합니다.

둘째는 예배음악의 가락이 자신들의 감성과 접근되도록 합시다.

언제인가 매우 흥미로운 글을 읽었습니다. 한국의 보수교단 출신 유학생들이 네덜란드 어느 지역에서 국제학생들을 위로하는 파티에 갔습니다. 식사가 끝난 후에 자기네 나라 찬송가를 부르게 되었습니다. 한국 학생들이 음악성이 뛰어나니까 거기 모인 많은 교인들이 잔뜩 기대하고 있었습니다. 한국에서 많이 부르는 찬송가를 부르기 시작하자 누군가 손을 번쩍 들고 "그것은 우리의 국가다"라고 했습니다. 그래서 다른 찬송을 불렀더니 모두가 박장대소를 하면서 "그 곡은 우리가 술파티를 할 때 춤을 추면서 부르는 곡이요" 하더랍니다. 이번에는 "빈들에 마른 풀같이" 찬송가를 골라 불렀더니 아무 말 없이 그대로 통과를 하였습니다. 그런데 노래 파티가 끝날 무렵 어느 할머니가 가까이 와서 한국 학생들의 손을 잡으면서 아까 그 노래를 어디서 배웠는지 신기한 눈으로 쳐다보면서 "그 노래는 옛날 험한 바다로 떠나는 어부 남편들을 보내면서 이곳 아낙네들이 항구에서 눈물을 흘리면서 부르는 슬픈 노래"라고 일러주었답니다. 그 말을 듣고 정신이 번쩍 들어서 아리랑 가락에 찬송가 가사를 붙여서 신나게 다시 불렀답니다. 그제서야 많은 사람들이 환호성을 지르면서 열광적인 박수를 보냈다는 이야기입니다.

조금만 눈을 뜨고 살펴보면 그동안 한국교회는 유럽의 사교장에서 술잔을 기울이고 춤을 추는 무드를 조성하는 곡을 많이 불렀습니다. 그들의 국가나 민요곡에 맞추어 찬송을 부르는 것을 아주 당연한 것으로 여겼습니다. 이 분야에 관심을 기울인 나라의 교회들은 이러한 곡을 찬송가에서 제거하고 정비를 했는데도 한국교회는 아직도 거침없이 은혜롭게 부르고 있습니다. 더욱이 이해할 수 없는 것은 이러한 곡조의 찬송을 계속 부르면 좋은 신앙인들로 인정하고 은혜를 받았다고 한다는 점입니다. 그러나 우리의 심금을 울리는 가락을 가지고 작곡 작사된 찬송을 부르는 사람은 모두 자유신학 신신학의 후예들로 이단시하는 일이 생겨납니다.

오랜 문화 속에서 형성된 노래의 음률은 그 민족의 문화와 국민성을 품고 있는 하나의 공통분모입니다. 그래서 노래의 곡과 가사는 문화의 내용이며, 그 민족의 역사와 속성을 말해주는 가장 정확한 기록이라고 말합니다. 그러한 까닭에 음악을 통하여 민족을 결속시키고 사상까지 하나로 모으려고 시도하게 됩니다.

기독교의 예배음악 역시 같은 신앙과 예배의 마음을 모으는 가장 효과적인 도구입니다. 그래서 찬송은 성도들이 자신들의 지성을 감성으로 전환하고 거기에 곡을 붙여 드리는 경배의 행위이며 표현입니다. 그런데 문제는 찬송의 가사는 세계의 교회가 공용할 수 있으나 표현하는 곡조는 모든 문화에서 공감대를 형성하기가 어렵다는 데에 있습니다.

그 대표적인 예가 바로 루터와 칼뱅의 경우입니다. 루터는 라틴어 일변도의 가톨릭을 자신의 언어문화에 접목시키는 가장 큰 업적으로 성경을 독일어로 번역하였습니다. 거기에 더하여 찬송가의 가사를 그 문화권에 익숙한 국가나 민요 가락을 도입하여 누구나 쉽게 그들의 심성과 접합되게 하여 개신교의 특성을 유감없이 확산시켜 나갔습니다. 그러나 20년 후에 등장한 칼뱅은 인간 심성을 위주로 하는 찬송가 곡과 가사에 거부감을 나타내면서 30여 곡의 지정된 곡에 시편만을 찬송으로 부르게 했습니다. 저는 칼뱅을 사도 이후의 위대한 신학자로 여기면서 절대적인 영향을 받고 지금까지 장로교에서 살아왔습니다. 그의 예정론을 비롯한 말씀의 신학은 질문 하나 없이 따르고 있습니다. 그런데 이상한 현상은 칼뱅의 모든 분야는 개혁교회의 중추적인 신학과 지침으로 따르고 있는데 단 하나만은 예외입니다. 그것은 그의 찬송가에 관한 주장은 겨우 스코틀랜드 교회(Chunrch of Scotland)에서 명맥을 유지할 뿐 어느 나라의 개혁교회도 따르지 않고 있는 매우 흥미로운 기록입니다. 문화와 접목된 예배음악을 펼친 루터는 확산을 거듭하였습니다. 그러나 문화와의 접목을 거부했던 칼뱅의 예배음악은 실패했다는 사실입니다. 예배음악과 문화와의 연접은 실로 중요함을 보여주는 소중한 기록입니다.

저마다의 문화권마다 감성이 다르고 그에 따른 가락이 다르다는 사실을 먼저 우리는 인식해야 합니다. 여기서 한국교회뿐만 아니라 오늘 우리가 관심을 두고 있는 아시아-태평양 교회들의 예배음악 현장을 점검해 볼 필요가 있습니다. 아직도 자신들의 토착적 심성이 아니라 이입된 감정을 가지고 모방의 수준을 지킨다는 것은 분명히 되돌아봐야 합니다. 한국교회 안에 민족 조상 대대로 유전된 심성에 뿌리내린 음정과 가락으로 구성된 찬송이 가득하게 될 그날을 기다립니다.

여기 두 가지의 상반된 실례를 보여드리려고 합니다. 하나는 이입된 감정으로 남의 곡을 가지고 부르는 찬송입니다. 다른 하나는 선조부터 내려온 우리의 감성과 음률로 부르는 찬송입니다. 물론 동일한 가사입니다. 본교의 교회음악 전공학생들이 "변찮는 주님의 사랑과"(270장)를 먼저 현재의 찬송가 곡으로 부르고, 다음은 동일한 가사를 가지고 우리의 민요 "도라지타령" 곡으로 부르겠습니다. 생각하면서 들어보시죠.

셋째는 자신들의 악기가 연주하는 예배음악을 듣고 싶습니다.

우리나라의 고유한 악기를 예배시간에 사용하도록 했던 어느 목사가 노회에 고발이 되어 호출을 받게 되었습니다. 질문과 답변이 오갔던 장면입니다.

노회 : 그대가 예배 시간에 가야금이나 대금을 비롯한 한국의 전
　　　 통적인 악기들을 사용한 것이 사실인가요?

목사 : 예, 사실입니다.

노회 : 조상숭배를 비롯하여 각종 신을 섬기는 데 활용된 악기들
　　　 을 어찌 하나님을 예배하는 거룩한 장소에서 사용할 수 있
　　　 나요?

목사 : 피아노나 파이프 오르간은 술 마시고 춤추고 죄를 짓는 흥
　　　 을 북돋는 데 사용되는 도구입니다. 우리는 복음이 들어오
　　　 기 전에는 죄가 죄인지 알지 못하고 살았던 백성입니다. 우
　　　 상을 섬기는 곳에서 연주했더라도 이제 그 하나님을 예배
　　　 하는 데 사용된다는 것은 환영할 일입니다. 피아노나 오르
　　　 간은 우리의 감성을 미미하게 움직이지만, 우리의 악기는

우리의 심금을 울립니다. 함께 어울려 찬송을 할 때 그 감정이 전혀 다릅니다. 성경에 나오는 모든 악기는 우리의 것과 유사합니다. 피아노나 오르간하고는 거리가 먼 악기들입니다. 성경의 악기들을 사용하는 것이 예배 정신에 어긋나는지요?

젊은 목사의 대담한 대답이 상쾌한 판정승을 했다는 보고를 들었을 때 이 필자는 감사의 기도를 드렸습니다.

고유한 문화 속에서 개발된 음악과 그 음악에 따르는 악기의 제작은 나라마다 오랜 전통과 역사를 이루어 이어져 왔습니다. 비록 그 악기들이 그들의 고유한 종교를 위하여 사용되었더라도 그것을 우상종교의 도구로 볼 수는 없습니다. 한반도에서 수천 년의 역사와 문화를 남긴 한민족은 일찍부터 시와 문학과 음악을 사랑하는 높은 예술성을 가지고 있었습니다. 우리 선조들이 개발한 음악과 그 악기들은 대단한 수준이라는 평가를 받고 있습니다. 이러한 소중한 악기들을 우리의 예배에서 활용할 수 있다면 한국의 그리스도인들은 훨씬 더 깊은 예배의 심성을 더할 수 있을 것입니다. 이렇게 우리의 마음을 바탕으로 삼아 만들어진 고유한 악기를 예배음악에 도입한다면 그리스도인들의 예배 감각이 한 차원을 달리하리라 확신합니다. 우리의 이웃들인 아시아-태평양의 나라들이 개발한 고유한 악기도 우리의 경우와 조금도 다를 것이 없으리라 봅니다.

맺는말

아시아-태평양에 뿌리내린 기독교는 어느 지역보다도 수난의 길을 걸었습니다. 잔인한 일본의 침략과 통치가 있었습니다. 그리고 하나님의 존재 자체를 부정한 공산주의가 기세를 떨친 지역입니다. 환언하면 기독교가 핍박의 늪을 지나면서 숱한 순교의 피를 뿌린 지역입니다. 그러나 하나님은 교회의 촛대를 이곳에 옮기셨습니다. 예루살렘에서 안디옥으로, 로마로, 유럽으로, 북미로 이동하면서 타오르던 교회의 촛대는 분명 한국을 중심하여 아직도 타오르고 있습니다. 그러나 지금 그 촛대의 불길이 많이 시들어지고 활기를 잃어가고 있는 것이 현실입니다. 행여나 이 촛대가 다른 곳으로 옮겨가지는 않을까 하는 염려의 소리가 들립니다.

이러한 때에 교회의 촛대를 계속 타오르게 하려면 아시아 교회에 적합한 신학을 발전시켜야 합니다. 그 가운데서도 급속도로 다변화하는 문화 속에서 예배의 정체성을 확립하고 거기에 주축이 되는 예배음악의 미래를 염려한 이 학술대회는 매우 의미가 깊다고 봅니다.

이러한 취지를 이해한 필자는 문화와 예배의 연결고리를 견고하게 묶을 필요성을 강조하였습니다. 그러나 동시에 그 연접의 고리가 본연의 역할을 망각하고 과도하게 오용될 때에는 복음의 본질까지 상처를 입히게 된다는 사실 또한 조심스럽게 밝혀둡니다. 예배예전과 거기에 동반한 음악을 위하여 "문화의 수용이 지나치게 강조될 때 신학적인 내용과 예전의 형태가 대단한 혼돈을 가져올 것"(A. J. Chupunggo)이라는 우려는 귀담아들을 필요가 있습니다. 그래서 기독교의 예배와 음악의 세계가 고유한 문화 속에 둥지를 틀어 그 생명력을 북돋을 수 있도록 하는 데 그 주안점을 둘 필요가 있습니다. 그러한 입장에서 가장 손쉬운 것부터 조심스럽게 우리의 예배에 도입하자는 제안을 하는 바입니다. 생동력 있는 영(Spirit)과 올곧은 진리(Truth)가 가득한 예배를 하나님이 찾고 계신다는 예수 그리스도님의 말씀은 영원불변의 말씀입니다. 이 말씀의 실현을 위하여 우리는 전통의 맹종에 머물 것이 아니라 새롭게 전개되는 문화의 변혁에도 깊은 관심을 가져야 할 것입니다.

* 이 글은 장신대에서 2016년 5월에 개최한 "21세기 아시아-태평양 신학과 실천 학술대회" 에서 필자가 행한 기조강연의 원고이다.

2
코로나 시대에 음미해 본
예배의 본질

– 한국교회의 올바른 예배를 위한 제언 –

1. 누구를 위한 예배인가?

예배의 당위성을 삶의 기본으로 삼던 시대는 이제 끝이 났는가? 다시 그 시대로 돌아갈 가능성은 진정 없는 것인가? 첨단을 달리는 현시대를 보노라면 희망적인 대답을 기대하기 어렵다. 하나님만을 의지하던 농경사회나 유목(遊牧)사회에서 가졌던 하나님을 향한 경외감을 이 시대에는 찾아보기 힘들다. 하나님을 우러러 찬양하고 그 말씀에 절대

순종함이 인간의 도리라고 믿었던 인간의 기본자세가 많이 흔들리고 있다. 교회마저 잃었던 생명을 구원하신 주님의 놀라운 은혜에 감사하는 신앙고백이 희미하게 들린다. 더 나아가 예배 우등생이 되려는 노력들을 찾아보기 힘들다.

지금은 신본주의가 힘을 잃고 인간 위주의 삶의 철학과 양상이 솟아올라 하늘을 무찌르고 있다. 인간이 쌓은 바벨탑의 꼭대기가 하늘에 닿게 하여 인간의 명성을 길이 빛나게 하자는 노아 자손들의 함성만이 다시 들리고 있다(창 11:4). 지금 우리의 세계는 창조주 하나님을 외면하고 인간이 개발한 첨단 물질문명으로 제2의 바벨탑을 세우는 데 목숨을 걸고 있다.

이러한 시점에서 인간의 제일 된 목적을 논하고 그 목적이 **"하나님을 영화롭게 하고 그를 영원토록 즐거워하는 것"**이라고 외친다면, 요단강 언저리의 세례 요한을 구경하던 눈길들이 나타나 온전치 못한 인간으로 여긴다. 이러한 맹인 아닌 맹인들의 눈길이 싫어서 **"너희가 무엇을 하든지 다 하나님의 영광을 위하여 하라"**(고전 10:31)는 준엄한 명령마저 외면하는 것이 과연 타당한 일인지 반문해 본다. 인간의 으뜸가는 목적을 상실하고 만물의 근원을 물질로 보고 모든 정신과 육적인 삶이 유물주의에 예속되어도 좋은가? 그리스도인의 답은 "아니다"이다. 하나님을 창조주로 모시고, 예수 그리스도님을 구원의 주님으로 영접하고, 성령님의 인도하심에 따라 오늘을 달리는 성도들은 하나님의 준엄한 명령을 경청하고 실천하는 것을 최우선으로 삼아야 한다. 인간의 이름을 빛내기 위하여 바벨탑을 쌓을 때 그 자리에서 그리스도인은 목적을 달리하고 생각을 달리해야 한다. 그 바벨탑이 하나님의 영광을 위한 작품이 되어야 함을 목적으로 삼고 땀을 흘려야 한다. 그럴 때 하나님과 유관한 세상을 꾸밀 수 있다.

인간의 제일 된 목적이 실현되는 곳은 하나님이 원하시는 예배가 있는 세계이다. 하나님이 기뻐하시는 예배의 현장은 **"네 마음을 다하고 목숨을 다하고 뜻을 다하여 주 너의 하나님을 사랑하라"**(마 22:37)는 주님의 명령이 준행되는 최선의 시간이며 실천이다. 돌이켜보면 지난 수천 년의 역사 동안 그리스도인들은 이 명령을 준행하는 데 충성을 다하였다. 그 숱한 핍박과 환난 속에서도 이 명령의 준수는 자랑스럽게 지켜왔다. 하나님을 참되게 예배하는 데 다 헤아릴 수 없는 순교의 피를 흘렸다. 그 결과 **"하나님이 보시기에 심히 좋은"**(창 1:31) 결실을 거두었고, 그것은 가장 자랑스러운 유산으로 오늘 우리에게 상속되었다.

그런데 지금 '코로나19'라는 역병 때문에 세계 도처의 예배당 문이 닫혔다. 가장 거창한 바벨탑을 쌓고 세계를 호령하던 미국을 비롯한 대부분의 나라가 예배하는 발길들을 멈추고 있다. 이게 무슨 연고인지 아직 정확한 대답이 없다. 혹시 이것이 하나님이 원하시고 기뻐하시는 예배가 사라져 가기에 내려진 준엄한 재앙인가 하는 깨우침을 다음의 말씀을 명상하면서 나의 느낌을 넣어 이렇게 옮겨 본다.

"너희가 나를 진정 두려워하느냐? 너희가 바로 내 이름을 위함이 아니라 멸시하는 자들이다. 너희는 내 제단을 더럽힌 예물을 드리며 예배를 드린다. 하나님이 너희를 좋게 보시겠느냐? 누가 성전 문을 닫아걸어서 너희들이 내 제단에 헛된 예배를 드리지 못하게 하면 좋겠다. 나는 너희들이 싫다. 나 만군의 주가 말한다. 너희가 바치는 제물도 예배도 이제 나는 받지 않겠다"(말 1: 6-10 참조).

2. 너희는 알지 못하는 것을 예배하고…

하나님이 인간을 싫어하고 하나님의 백성들이 드리는 예배를 외면하신다면 그 세계는 참담한 비극의 소용돌이에 휘말리게 될 것이다. 종국에는 교회의 존재 의미와 그 가치마저 상실되고 교회 없는 세상으로 탈바꿈을 하게 될 것이다. 거기에는 하나님과의 소통은 두절되고 오직 흑암과 혼돈을 주무대로 하는 사탄의 기세만이 난무할 것이다. 그래서 그리스도교는 예배의 중요성을 어느 종교보다 우선할 뿐만 아니라, 예배를 교회가 존속하는 제2의 생명줄로 여긴다.

그런데 한 세기를 넘어 성숙한 나이에 접어든 한국교회가 시급하게 실천해야 할 과제가 있다. 그것은 예수님이 사마리아 여인에게 "**너희는 알지 못하는 것을 예배하고 우리는 아는 것을 예배하노니**"(요 4:22)라고 하신 말씀에 대한 민감한 반응이다. 많은 교회가 이 말씀에 관심을 기울인다. 그러나 아직도 상당수의 교회가 예배의 고유한 특성이나 기본적인 규칙을 모르고 예배라는 이름만 따르고 있는 현상이 여기저기서 보인다. 성도들은 자신이 몸담은 교회의 목사가 예배라는 이름만 붙이면 아무런 분별없이 맹종하면서 '아멘'을 연발한다. 물불을 가리지 않고 목사의 말만 따르는 것을 최상의 예배 행위로 여긴다. 심지어 목회자의 입신출세를 위하여 시간과 장소를 가리지 않고 성도들을 이끌고 다니면서 예배라는 이름을 붙여 오도(誤導)한다. 이러한 모습을 보노라면 깊은 한숨을 멈출 수가 없다. 아무데서나 찬송을 부르고 기도하고 설교만 있으면 예배가 된다고 생각하는 성직자들이나 성도들에게 묻고 싶은 말이 있다. 그것은 예배의 대상을 비롯하여 예배의 원칙과 규칙과 내용을 조금이라도 이해하고 있는지에 관한 것이다.

그리스도교의 예배는 타종교의 예배 행위와는 전혀 개념을 달리한다. 타종교는 예배하는 목적이 예배자의 소원성취와 부귀영화와 무병장수의 복을 받는 데 있다. 대부분이 오직 거기에 초점을 두고, 있는 정성을 다 기울인다. 즉, 그들의 예배는 예배자 또는 구도자의 희구(希求) 현장이다. 그러나 그리스도교의 예배는 응답의 현장이다. 그 예배의 자리는 무엇을 구하거나 한풀이를 하는 자리가 아니라 내가 이미 받은 은총에 대한 응답의 현장이다. 그 은총은 나의 육적인 조건의 충족이 아니다. 인간의 영육의 생명이 직결된 은총이다. 하나는 조물주 하나님이 우주 만물과 그 가운데 나의 생명까지 주신 창조의 은총이다. 그리고 또 하나의 은총은 죗값으로 죽은 나를 예수 그리스도님의 십자가의 대속을 통하여 살려주신 구원의 은총이다. 이 두 은총을 깨달은 사람을 그리스도인이라 부른다. 이 놀라운 진리를 알고 하나님의 자녀 된 신분을 얻게 된 성도는 삼위일체 되신 하나님을 향하여 "내가 어떻게 그 은혜를 보답하리이까?"라는 감격의 응답을 하게 된다. 그래서 예배신학자인 레이몬드 압바는 그의 *Principles of Christian Worship*에서 "예배는 계시와 응답이 있는 가장 실감나는 현장이다"라고 말하였다. 여기에서 계시란 개인의 미래를 알려주거나 금은보화의 저장소를 알려주는 세속의 개념이 아니다. 압바가 말한 계시란 하나님이 무엇을 하셨으며, 지금 무엇을 하고 계시며, 장차 무엇을 하실 것인지를 66권의 성경을 통하여 재조명해 주신다는 뜻이다. 그리고 응답이란 받은 바 창조와 구원의 은총을 되새기면서 보답의 차원에서 드리는 최선의 마음과 뜻과 정성을 말한다.

이 응답은 단순히 정적이고 육감적이고 감정적인 것만으로 이룩될 수 없다. 올바른 신앙이 뿌리내린 인간 이성이 매우 중요하다. 예배의 참뜻과 근본과 참모습을 터득하고 참된 예배자로 살기를 원하는 의지와 실천이 있어야 한다. 이러한 이성과 의지와 믿음을 소유하고 드린 성도들의 예배를 하나님이 원하신다. 이럴 때 우리의 성도는 사마리아인들처럼 예배의 대상이나 실상을 바로 알지 못하고 예배한다는 주님의 지적을 피할 수 있다. 그리고 다음의 말씀 앞에 경건한 마음으로 옷깃을 여미게 된다. **"참되게 예배를 드리는 사람들이 영과 진리로 아버지께 예배를 드릴 때가 온다. 지금이 바로 그때이다. 아버지께서는 이렇게 예배를 드리는 사람들을 찾으신다"**(요 4:23, 새번역).

3. 예배 우등생을 찾으시는 하나님

지존하신 하나님이 찾으시는 대상이 될 수 있다는 것은 인간으로서 누릴 수 있는 최상의 영예이다. 감히 우러러볼 수 없는 경지의 그림이다. 그런데 하나님이 찾으시는 예배 우등생은 우리가 생각하는 우등생의 개념과는 다르다. 최고의 성적을 올리기 위하여 무수한 경쟁자를 물리치고 소수의 반열에 들어가는 일반적인 우등생과는 그 내용을 달리한다. 하나님이 찾는 예배 우등생은 "참되게 예배하는 자들"(true worshipers)을 말한다. 예수님은 이러한 예배자들에게 영과 진리로 예배를 드리되, "마음을 다하고 목숨을 다하고 뜻을 다하여" 예배하는 신실함에 대해 가르쳐 주셨다(요 4:22-24; 마 22:37).

한국교회 성도들은 예배를 위한 모임이라면 최선을 기울이는 아름다운 전통을 가지고 있다. 세계의 어느 교회도 따라올 수 없는 "예배의 열정"으로 가득한 성도들이다. 그런데 최근에 '코로나19'라는 역병의 먹구름이 세계 곳곳에 확산하면서 가장 고통스러운 경험을 하는 곳은 바로 예배하는 공동체인 교회이다. 1, 2단계 조치를 통하여 소수만이 참석하는 대면 예배(offline worship)와 다수가 가정에서 드리는 비대면 예배(online worship)를 한국교회는 지난 6개월 동안 경험하였다. 여기서 처음으로 체험하게 되는 비대면 예배(online)를 통하여 나타난 두 갈래의 반응이 매우 흥미롭다.

먼저는 예배를 가볍게 여기는 성도들의 반응이다. "마스크의 착용이나 사회적 거리를 둘 필요가 없어 편했고, 경제적으로 어려운데 예물⁽현금⁾을 내는 부담이 없어 좋았고, 화장하고 옷 치장할 필요가 없었다." "만나고 싶지 않은 사람을 보지 않아 편했고, 남을 의식하는 나의 언행이 제약을 받지 않고 내 가족끼리 자유로운 분위기를 누릴 수 있어 좋았다." "교회를 오가는 번거로움이 없었고, 교회라는 틀을 벗어나 주일 하루를 마음껏 보낼 수 있어 유익했다. 특별히 코로나19의 감염에 대한 두려움이 없어 좋았다." 이러한 평가가 주를 이루었다.

또 하나는 예배를 진지하게 생각하는 성도들의 반응이다. "처음에는 코로나가 무서웠는데, 더 무서운 것은 영적인 침체였다." "하나님을 향한 나의 마음가짐이나 몸의 자세가 전혀 성스럽지 못하였고, 예배 중에 하나님을 향한 예배자의 앉고 서는 경배의 자세가 아쉬웠다." "기도와 찬송의 참여가 어색하였고, 예배 전체의 흐름이 하나님 앞에 내가 서 있다는 실감을 주지 못했다." "모든 면에 경건성이 낮아졌고 설교는 단순한 방송 설교처럼 중계의 감각이 작동되었다. 무엇보다 성찬성례전을 대체할 길이 없었다." "일상생활을 멈추고 예배당을 찾아가 주님의 날을 성수하면서 성도들이 함께하는 기쁨을 누릴 수 없었다." "예배당에서 예배함이 하나님의 은혜임을 새롭게 실감하였다. 그리고 우리 교회 예배당이 성삼위 하나님을 예배하는 성스러움과 신비의 역사가 함께하는 중심지임을 다시 깨달았다." 이러한 괴로운 반응이었다.

여기서 우리의 관심을 끄는 문제가 있다. 우리가 이 역병이 끝이 났을 때 온라인 예배를 거두어들이고 과거처럼 대면 예배로 회귀할 것인지, 아니면 두 종류의 예배 형태를 지속할 것인지의 문제이다. 여기에 대한 심각한 논의와 대책이 강구되어야 한다. 위에서 본 두 반응 가운데 첫 번째 것은 그 내용을 조금만 눈여겨보면 모두 내 육신의 편의와 욕구가 중심이 된다. 결국 온라인 예배에서는 예배 우등생이 나올 가망성이 보이지 않게 된다. 그러나 다른 반응은 예배를 목숨처럼 여기면서 살아온 성도들이 예배당을 떠나 드리는 예배에 대단한 거부감을 느끼고 있음을 알 수 있다. 과거에는 예배 중계로만 여겨졌던 영상이었는데 그것이 자신이 드리는 예배의 실제라고 했을 때 그 충격이 대단했다는 사실이다. 여기서 우리는 온라인 예배를 선호하는 무리가 늘어나게 된다면 예배하는 공동체로서의 교회 본질과 정체성이 흔들리게 된다는 무서운 결과가 올 수 있음을 알아야 한다.

우리의 현장은 총탄을 피하려는 일시적인 피난처로서의 온라인 예배를 수용하고 있다. 그러나 자신도 모르게 예배하는 공동체에서 이탈하는 결과를 초래한다면 우리의 장래는 참으로 암담하다. 예배를 통하여 하나님이 찾으시고 반기시는 대상이 되려는 성도들의 대열이 흐트러지고 나약해지는 훗날이 될까 두려움에 젖게 된다. 그러나 가슴에 새겨야 할 말씀이 있다. 하나님이 찾으시는 예배 우등생이 되기 위해서 "마음을 다하고 목숨을 다하라"는 주님의 생생한 가르침이 우리의 곁에 큰 교훈으로 남아 있다는 사실이다.

4. 올바른 예배를 위한 제언 10개 항목

지금까지 우리의 예배는 성실한 예배 참석과 뜨거운 열심만을 강조해 왔을 뿐, 참된 예배자로서 갖추어야 할 기본적인 신학과 예배 구조나 절차에 관한 교육이 매우 빈곤했음을 부인할 수 없다. 아직도 대부분 목회자가 설교에만 관심을 기울일 뿐 예배에는 큰 관심을 두지 않고 있다. 이제 예배를 소중히 여기는 목회자와 성도들에게 남기고 싶은 간곡한 부탁을 정리해 본다. 이 부탁은 예배를 주관하는 목회자들이 신령과 진정으로 예배하기를 원하는 성도들을 섬기는 데 필수적인 항목들이다.

첫째, 예배를 준비하고 인도하는 목사는 우리 주님이 사마리아 여인에게 "너희는 알지 못하는 것을 예배하고…"라고 지적하셨던 말씀에 깊은 관심을 기울이라. 예배에 대한 정확한 이해가 선결되지 않고서는 예배는 무질서와 혼돈의 세계에 머문다. 언제 어디서나 예배의 깊은 뜻을 질문할 때, "예배란 하나님이 주신 창조의 은총과 예수 그리스도님을 통한 구원의 은총을 깨닫고 감격하여 드리는 그리스도인들의 응답 행위이다"라는 확신의 답을 갖추라.

둘째, 예배는 인생의 제일 된 목적을 실천하는 현장이 되도록 하라. 인생의 궁극적인 목적은 하나님을 영화롭게 하고 그 하나님을 영원토록 기뻐하면서 모시는 것이다. 한 생명이 하나님을 가장 기쁘시게 해 드릴 수 있는 최선의 길은 하나님이 찾으시고 반기시는 참된 예배자가 되는 데 있다. 그 이유는 하나님은 지금 영과 진리로 예배하는 자들을 찾고 계시기 때문이다(요 4:22).

셋째, 예배의 내용과 절차를 자유자재로 변형시키는 일을 함부로 시도하지 말라. 예배의 역사를 보라. 동방정교회나 로마 가톨릭교회나 성공회, 루터교회와 같은 예배 전통을 소중히 생각하는 교회들은 철저히 역사와 전통을 벗어나지 않는 예배 절차를 지키고 있다. 사도적 전승을 자랑하는 모든 교회는 교단이 공인하는 예배예식서를 가지고 있다. 여기에서 제시하는 예배의 틀과 절차와 진행을 성실히 지켜야 예배의 탈선이 없어지고 역사와 전통의 맥을 이은 교회로서 존속할 수 있다.

넷째, 경건과 신비의 감각이 살아 숨 쉬는 예배당의 예배가 되도록 노력하라. 한국교회가 예배의 엄숙성이 결여된 것은 우선 예배당의 성단부터이다. 십자가와 성찬상과 설교대와 인도대가 있는 성단은 성전의 지성소에 그 뿌리를 두고 있다. 그러나 불행히도 우리의 성단은 모두가 무대의 개념으로 바뀌어 성스럽고 신비스러운 감각이 보이지를 않는다. 하나님의 성소라는 느낌이 심각할 정도로 훼손된 현실이다.

다섯째, 성삼위일체 되신 하나님만을 중심한 예배가 되도록 하라. 오늘의 탈선된 예배 현장을 유심히 보노라면 하나님의 임재는 느껴지지 않고 인간들이 날뛰는 현상이 가득할 때가 많다. 성전에 최첨단의 영상매체를 설치하고 인간의 말초신경계를 자극하여 함께 노래하고 춤추는 현상이 여기저기서 보인다. 이것이 과연 하나님이 원하시는 영과 진리로 드리는 참된 예배의 실상이라고 할 수 있을 것인가? 성찰을 거듭 요구하고 싶다.

여섯째, 회중을 이끌고 하나님께 예배를 수행하는 자는 우선적으로 몸과 마음이 정결한지를 점검하라. 성단에서 예배를 인도하는 일은 성스럽고 경건하며 온 정성이 갖추어진 사제의 기능을 수행하는 순간이다. 그 자리에 서기까지 철저한 준비와 기도와 맑은 영성에 흠이 없도록 해야 한다. "네 마음을 다하고 목숨을 다하고 뜻을 다하여 주 너의 하나님을 사랑하라." 주님의 말씀은 사제의 기능을 수행한 종이 먼저 솔선수범해야 할 엄중한 명령이다.

일곱째, 자신이 섬기는 교회의 성도들이 예배 우등생이 되도록 깊은 관심을 두라. 한국교회 성도들의 대부분은 목회자를 "주님의 종"으로 부르면서 아무런 주의나 비판이 없이 순종의 단계를 넘어 맹종하는 현실이다. 여기에서 목회자는 막중한 책임의식을 품어야 한다. 목회자는 성도들이 순수하고 참된 마음으로 하나님 앞에 예배드리도록 환경과 내용을 갖추는 데 최선을 기울이라. 하나님은 오늘도 예배 우등생을 찾고 계신다.

여덟째, 집회와 예배를 구분하라. 설교와 기도와 찬송만 있으면 예배가 된다는 경거망동(輕擧妄動)의 행동을 삼가라. "너는 네 하나님 여호와의 이름을 망령되게 부르지 말라"는 십계명의 3번째 계명에 언제나 주목하라. 최근에는 정상을 벗어난 망령스러운 언행을 남발하면서 예배라는 이름을 오용하고 있다. 그러한 예배는 하나님의 영광을 가리는 행위로서 하나님의 진노 대상이다. 집회는 인간을 위한 것이고, 예배는 하나님을 위한 것임을 명심하라.

아홉째, 예배를 위하여 정성을 모아 철저하고 섬세한 준비를 하라.
개신교의 목사들은 예배 준비보다는 설교와 기타의 일에 모든 시간을
소진한다. 그러나 예배의 존엄성을 인정하는 목회자는 토요일에 예배
드릴 성전에 나아가 예배를 위한 전반적인 점검을 한다. 성단과 회중석
을 살피고, 예배의 순서 하나하나를 섬세하게 살핀다. 성시교독이나 설
교할 본문을 성단에 올라가 소리내어 읽고, 그 주일에 부를 찬송을 불
러보면서 자신의 발음과 음향 장치를 점검한다. 그리고 성단에서 내일
의 예배를 위해 기도하면서 준비를 끝낸다. 예배는 목사가 정성을 기울
인 만큼 성령님의 역사가 더해진다.

끝으로, 코로나19라는 대유행병 이후의 변화에 민감한 대책을 준
비하라. 언택트(Untack) 시대가 선뜻 도래하면서 가장 큰 피해를 보게 된
곳이 바로 교회이다. 우리의 교회는 이름 그대로 "그리스도인들의 모임"
이다. 코로나19라는 팬데믹이 이 모임을 해체시키는 어이없는 무서운
결과를 초래하였다. 우선 일시적으로 사용한 'online 예배'가 예배의
본질과 가치를 무너뜨리고 새로운 변화와 주장을 펴낼 가능성이 매우
크다. 전통적인 예배의 형태와 평가가 새롭게 대두될 것이 명확하다. 이
때를 대비하여 현명한 방안을 미리부터 준비해야 다가올 거대한 충격
을 최소화할 수 있을 것이다.

---

* 이 글은 2020년 11월 17일에 프레스센터에서 한국교회언론회가 "코비드19 시대의 참된 예
배와 한국교회"라는 포럼을 개최하였을 때 필자가 주제강연을 맡아 발표한 글이다.

3
예배 없는 예배당을
보면서

세계의 이목을 사로잡을 정도로 우리는 '코로나19'의 확산을 막는 데 대단한 성과를 거두고 있었다. 그런데 안도의 숨을 쉬려는 찰나에 교회의 탈을 쓴 사이비 집단이 무모한 교세 확장과 맹종의 강요로 코로나 폭탄을 안고 있다가 대구 시민들뿐만 아니라 온 나라에 먹구름을 터뜨렸다. 이 무모한 행위는 우리의 경제, 사회, 정치, 산업, 모든 분야에 공포와 아픔을 안겨주어 시달리게 하고 있다. 그중에서도 집단을 이루어 예배를 드려야 하는 종교인들, 특히 성찬성례전이 예배의 축인 천주교회를 비롯하여 전통적인 교회가 감수해야 하는 아픔은 실로 막심하다.

지금 전국의 모든 교회가 예배당에 모여 드리는 예배를 고집할 것인가? 아니면 장소와 방법을 달리한 피난 형태의 예배를 드릴 것인가? 이 질문들을 안고 깊은 고민을 하고 있다. 여기에 예배학적인 측면에서 조심스러운 분석과 제안을 해 본다. 이 제안이 아무리 합리적이라 하더라도 예배제일주의를 부르짖고 살아온 신실한 그리스도인들의 가슴에 파고드는 아픔은 실로 크고 두렵다. 그 이유를 굳이 나열한다면 다음과 같다.

먼저, 하나님께 예배하는 것을 단절시키려고 기를 쓰는 무리가 기회를 만난 듯 춤을 추는 모습이 보인다. 여기서 사탄의 제일 된 목적은 하나님의 백성들이 하나님을 예배하는 행위를 차단하는 것임을 상기할 필요가 있다. 둘째는 교회의 본래 사명과 정체성에 있어 거대한 손실을 보게 된다는 사실이다. 교회란 예배하는 공동체(Worshiping Community)임을 세계교회가 하나같이 고백하고 있다. 함께 모여 예배하는 복수의 개념이 생동하지 못하고 흩어져, 예배가 단수의 개념으로 변질될 우려가 있다. 셋째는 인간의 육적인 속성은 예배 결석에 유혹을 느끼기 마련이다. 이것이 상습화된다면 예배를 생명으로 알고 살아온 영적인 속성이 피폐해질 우려가 짙다. 넷째는 한국교회를 분석한 외국의 신학자들은 한국교회의 특성을 ① 예배를 위해 모이기에 힘쓰는 교회, ② 성경공부 열심, ③ 전도 열정, ④ 지속적인 기도생활, ⑤ 십일조를 준수하는 생활 등을 말하고 있다. 여기에 작금의 사태는 첫째 항목의 실종과 기타 항목 모두에 극심한 손상을 안겨준다. 다섯째로, IT 기기를 사용하여 언제 어디서나 시공간을 초월하여 자유롭게 예배를 대체할 수 있다는 신무교회주의가 둥지를 트는 기회가 될 수 있다.

이상과 같은 무서운 함정들을 보면서 한편에서는 "예배를 드리다가 '코로나19'에 걸려 죽으면 그것은 곧 순교이다"라는 주장을 펴면서 예배당에서 예배와 각종 모임의 고수를 외치기도 한다. 생각하면 "예배 잠정 중단"이라는 팻말은 잔인한 일제의 핍박이나 어떤 사건에서도 찾아볼 수 없던 일이다. 진정 예배를 잠정 중단하게 된 이유가 예배자들의 신학사상이나 명예나 권세 등 육적인 이익을 쟁취하려는 방편이라면 순교를 각오하고 막아야 한다.

그러나 지금의 현상은 전쟁터에서 날아온 총탄을 피해야 하는 절박한 환경이다. 이때를 지혜롭게 대처하지 못하다가 제2의 신천지 모양이 된다면 우리 교회는 사회의 신뢰와 존경을 크게 잃게 되며, 온전한 예배의 회복에 극심한 타격을 입게 될 것이다. 그래서 피난길의 예배를 상기하면서 예배신학자로서 조심스러운 제안을 해 본다.

1) 무엇보다도 우리는 찬반의 흑백논리에서 벗어나야 한다. 지역과 환경에 따라 개교회가 적절한 결정을 하도록 해야 한다.
2) 각 가정에서 예배를 드림이 교회의 예배를 단절시키는 것이 아니라 장소의 일시적 변경임에 초점을 두도록 한다.
3) 환자라든지 불가피한 성도들을 위해서 인터넷 실시간 예배를 드

리도록 하는 범주 안에서 한두 주일 함께한다는 개념을 세운다.

4) 각 가정에서 동일한 시간에 동일한 순서로 예배하면서 동일한 메시지를 경청하는 예배 형태를 응급조치로 여기도록 한다.

5) 목회자는 평소보다 더 진지한 예배와 설교 준비를 하여 방영한다.

6) 목회자는 이 폭풍이 지날 때까지 교회를 떠나지 않고 텅 비어 있는 예배당에 엎드려 다음의 말씀 앞에 통회의 눈물을 흘린다. "혹 전염병이 내 백성 가운데에 유행하게 할 때에 내 이름으로 일컫는 내 백성이 그들의 악한 길에서 떠나 스스로 낮추고 기도하여 내 얼굴을 찾으면 내가 하늘에서 듣고 그들의 죄를 사하고 그들의 땅을 고칠지라"(대하 7:13b-14).

신앙의 눈을 크게 뜨고 보면 지금의 이 질병의 확산과 고통은 예사로운 일이 아니다. 분명히 하나님의 메시지가 담겨 있다. 단순한 회개의 차원을 넘어 우리가 예배당에서 지금껏 드려온 예배의 탈선과 의미상실이 그 원인 중의 하나가 될 소지가 많다. 피난길에서 돌아와 드리는 예배부터는 환골탈태하여 하나님이 기뻐하시는 예배가 되는 기적이 발생해야 할 것이다.

* 이 글은 코로나19로 인하여 예배당에서 예배를 드릴 수 없었던 2020년 3월 2일 「한국기독공보」에 특별기고한 글이다.

『예배학 개론』 수정증보판

정장복 저 | 신국판 | 416쪽 | 11,000원

예배학 교육의 가장 깊은 역사와 권위를 자랑하는 『예배학 개론』
수정증보판은 한국 최초의 예배학자인 저자가 한국교회 예배의
복원을 외치면서 펴쳐낸 책으로, 『한국교회의 설교학 개론』과
더불어 한국교회의 예배와 설교를 위한 훌륭한 길잡이가 될 것
이다.

『한국교회의 설교학 개론』

정장복 저 | 신국판 | 476쪽 | 13,000원

성언운반일념(聖言運搬一念)으로 한국교회의 강단에 신선한
도전을 제시했던 정장복 교수의 『설교학 서설』이 현대의 다양한
설교 이론들과 저자의 목회 경험에서 비롯된 현장에서 얻은
교훈과 한국 문화권에서 수용이 가능한 이론들을 담아서 새롭게
출간되었다.

『예배학 사전』

정장복 외 9인 공저 | 4×6배판 | 1,084쪽 | 39,000원

『예배학 사전』은 한국교회가 예배의 의미와 신학과 역사와 내용을
바르게 알고 하나님을 예배하도록 하는 데 그 목적을 두고 집필
되었다. 5개 교단 소속 8개 신학대학교의 예배학, 설교학 교수
10명이 이 사전을 만드는 작업에 심혈을 기울였다.

『설교학 사전』

정장복 외 8인 공저 | 4×6배판 | 1,124쪽 | 48,000원

한국교회 강단에 하나님의 말씀이 바로 전달되기를 염원하는
마음에서 교단을 초월한 6개 신학대학교 9명의 교수들이 이 사
전을 펴냈다. 목회자나 신학생뿐만 아니라 설교의 넓고 깊은 세
계로 들어가기 원하는 모든 분에게 좋은 안내서가 될 것이다.